岩波現代全書
051

アウンサンスーチーのビルマ

GendaIzensho
岩波現代全書
051

アウンサンスーチーのビルマ

民主化と国民和解への道

根本 敬
Kei Nemoto

目次

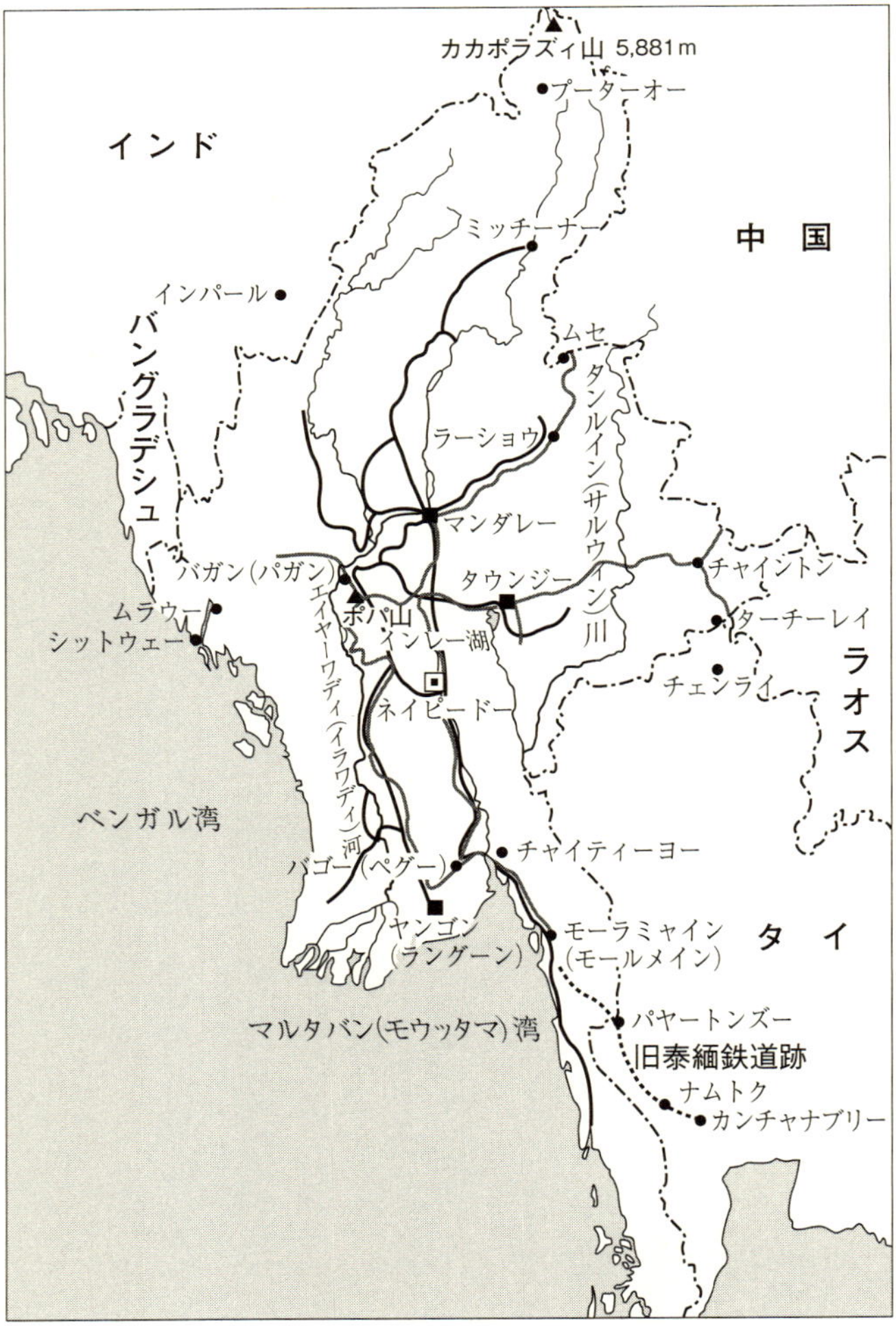
カカボラズィ山 5,881m
プーターオー
インド
中国
ミッチーナー
インパール
ムセ
バングラデシュ
ラーショウ
タンルイン（サルウィン）川
マンダレー
チャイントン
バガン（パガン）
タウンジー
ムラウー
ポパ山
ターチーレイ
シットウェー
インレー湖
エイヤーワディ（イラワディ）河
ネイピードー
チェンライ
ラオス
ベンガル湾
チャイティーヨー
バゴー（ペグー）
ヤンゴン
（ラングーン）
モーラミャイン
（モールメイン）
タイ
パヤートンズー
マルタバン（モウッタマ）湾
旧泰緬鉄道跡
ナムトク
カンチャナブリー
ビルマ（ミャンマー）地図

序　章

国民民主連盟（NLD）の集会で演説するアウンサンスーチー．背景には「国民民主連盟全国中央青年部第１回会議」と書いてあり，その上には同連盟の象徴である闘う孔雀をデザインした旗が掲げられている．
（2014 年 10 月 4 日．EPA＝時事）

二〇一三年四月、二七年ぶりにビルマ民主化運動の指導者アウンサンスーチー(Aung San Suu Kyi 1945-)が来日した。彼女はどういう人物なのか。どのような経歴の持ち主で、いかなる思想上の特徴を持った女性なのだろうか。

アウンサンスーチーは一九九一年のノーベル平和賞受賞者であり、その名前は世界的に知られている。彼女に象徴されるビルマ(ミャンマー)の民主化運動に関しても、一九八八年八月以来、実に多くの報道がなされてきた。

その反面、彼女の行動と密接なつながりを持つ思想に関して報道されることは稀であり、そのこともあって、彼女に同情的な報道や情報が目立つ一方で、外国のビジネス界や一部の経済学者、官僚たちのあいだでは評判が必ずしも良くなかった。そういう人々はアウンサンスーチーを「頑固な女性」「政治や経済の現実をよくわかっていない人」「妥協を知らない理想主義者」として受け止めがちであった。このような見方は、彼女を好意的に報道することの多いマスメディアにも見られなかったわけではない。たとえば、二〇〇二年五月に彼女が二回目の自宅軟禁から解放されたとき、彼女が軍事政権との対話発展に意欲を示し対立的な言動を控えたとして、それを「五七歳の脱皮」という小見出しを用い、頑固だったアウンサンスーチーもやっと柔軟な政治家に変身したかの如く報じた日本の全国紙があった。

はたして彼女は、一部で言われてきたように「妥協を知らない理想主義者」で「頑固な女性」なのであろうか。彼女の思想を知れば知るほど、そうではないことがわかる。本書はメディアがとりあげることの少ない彼女の思想に注目し、その特徴について論じる。なかでも彼女の非暴力主義と、それと密接に関連する和解志向をとりあげ、彼女がいかなる方向に国民を導こうとしているのかを示す。その際、彼女の歴史に対する見方についても検証することになる。

1　来日時の発言から

まずは本人の思想を端的に表している発言から紹介したい。次にとりあげる発言の抜粋は、いずれも二〇一三年四月一三―一九日に、日本政府の招聘で二七年ぶりに来日した際のものである。

「善きリーダーになるには、善きフォロワーになりなさい」

これは東京大学でおこなわれた講演で、壇上の横断幕に記された英語の講演題“Democracy and Expectations on Young Leaders of the World”を見上げながら、そのなかのLeadersという単語を指して、会場を埋め尽くした学生たちに冒頭で発言した言葉である(二〇一三年四月一七日)。アジアでトップレベルに位置する東京大学の学生たちは卒業後、世の中のリーダーになることが期待されていると言えるが、いきなりリーダーを目指そうとするのは間違いであり、まずは善きフォロワーになることに徹するべきであると彼女は語った。その際、フォロワーはリーダーに素直に従うのではなく、自分で考え、リーダーにアドヴァイスや時に批判をする自律的な姿勢を持つことが重要であると強調し、そのような「善きフォロワー」を経験して初めて「善きリーダー」を目指すことが可能となり、リーダーもこうした「善きフォロワー」に恵まれないと堕落していくと警告した。

「たとえ成功できなくても、正しい手段を用いたのであれば自信を持ちなさい」

これも同じ東京大学での講演のなかで語られた言葉である。目的達成の成否よりも、手段が正しかったかどうかのほうが本質的に重要であることを強調したもので、たとえ失敗しても手段が正しかったのであれば自信を持ってやり直せばよいと語った。「正しい目的は正しい手段によってのみ達成される」というアウンサンスーチーの思想的骨格に連なる発言だと言える。

「環境問題はゴミを捨てないことから」

東京大学で講演がおこなわれた日の午後、日本のＮＧＯ三団体（アムネスティ・インターナショナル日本支部、ビルマ情報ネットワーク、ビルマ市民フォーラム）との意見交換会がホテルニューオータニで開催され、そのとき環境問題に話題が及んだ際、この発言が出た。彼女はビルマの国民がふだんの生活において公共の場所に平気でゴミを捨てることを痛烈に批判し、環境に関わる自らの行動を直すことのほうが環境問題に関する高尚な議論をすることより先であると断言した。またこの点に関し、町のなかをきれいに維持し公共の場でゴミを捨てない日本人を見習うべきだと語った。規律を重んじ、思想は行動を伴わなければ価値がないとみなす彼女の基本姿勢が反映された発言だと解釈できる。

「人生で大切なのは〝したいこと〟をするのではなく、〝やるべきこと〟をすること」

これはＮＨＫ（日本放送協会）のインタビューに応じ、同局の番組「クローズアップ現代」で二〇一三年四月一七日に放映された発言に含まれていた言葉である。自分が生きている社会に積極的に関与する生き方を実践してきた彼女を象徴する発言である。「したいこと」は特段考えなくても自然に浮かぶものであるが、「やるべきこと」は社会が直面する課題や、あるべき未来について自覚と問題意識が深まらないとみつけることは難しい。常に「問いかける」姿勢を持ち続けることを重視するアウンサンスーチーの人生哲学から出た言葉だと言える。

「give and takeが大切なのであり、take and takeでは和解や交渉は進まない」

同じNHK「クローズアップ現代」で、キャスターが現政権（テインセイン大統領の政府）に彼女が譲歩しているように映ることの真意について質問した際に出た発言である。まずは「接近することと譲歩することは別です」と述べたうえで、自分が政権に接近するのは対話をおこなうためであり、譲歩をする・しないはその対話の進展次第だと語った。さらにビルマ国内における様々な対立状況をおさめるためには和解を推し進める必要があると指摘している。その際、和解の過程では相対立する当事者同士が「自ら犯した過ち」について自覚し、それぞれが相手に謝罪する勇気を持つ必要があると強調した。「間違っているのは相手側だけで自らは無謬である」というtake and takeのような姿勢からは、和解も政治的前進もけっして生まれないと説明した。これと関連して「勝利であれ敗北であれ、そこに至る方法の正しさが常に問われる」とも発言し、ここでも結果そのものより「手段の正しさ」の重要性を訴えている。

2 ビルマの「変化」とアウンサンスーチー

来日時の発言の抜粋から、アウンサンスーチーの思想の香りを少しは感じ取ることができたであろうか。その彼女はいま、下院議員として大きく「変化」するビルマで政治の最前線に立っている。

二〇一一年三月末に、それまで二三年間続いたビルマの軍事政権はその統治を自ら終え、「民政」に姿を変えた。しばらくは大きな動きが見られなかったが、その年の八月にテインセイン大統領と民主化運動指導者アウンサンスーチーとの直接対話が大統領執務室で実現すると、その後、民主化と経済改革に向けた動きが本格化し、国際社会を驚かせるような様々な「変化」が生じるようになった。メディアによる報道も増え、ビルマを視察する企業関係者も激増した。

ただ、一連の「変化」は国軍指導層が政治姿勢を転じたことによる「上からの改革」によって生まれたものであり、アウンサンスーチーに象徴される長年の民主化運動が勝利して始まった「下からの改革」ではなかった。民主化運動が一九八八年以来長期に継続し、欧米を中心とする国際世論が軍政に批判的だったからこそ国軍も姿勢を変えたという面もあるが、「変化」自体の主体は国軍出身者が多くを占める政府側にあることに注意する必要がある。

こうしたなか、アウンサンスーチーは、国民民主連盟（NLD）のリーダーとして、二〇一二年四月の補欠選挙に出馬し、同党からの当選者四三人（下院三七人、上院四人、地方議会二人）の一人として下院議員に就任した。その後は政府との対決姿勢を慎重に避けながら、国軍の特権を様々に認めた現行憲法の改正実現に向けて精力的に取り組んでいる。二〇一五年一一月に実施予定の次期総選挙までに憲法改正を実現させることが、彼女の当面の目標だと言ってよい。たとえ選挙前に改正が実現しなくても、その努力は継続されることになる。彼女にとって現行憲法を改正することは、単に国政から軍の影響力を取り除くだけでなく、国民和解の推進とそのための「法による支配」の確立へ向けた重要な一里塚として認識されているからである。

3　本書の目的と構成

アウンサンスーチーについては、これまで様々な本が海外や日本において出版されてきた。日本語で読めるものだけでも十数冊あり、それらは大きく三種類に分けられる。まずは彼女自身が著したものである。夫のマイケル・アリスが編集した『自由』（ヤンソン由実子訳、一九九一、原書名 *Freedom from Fear*）にはじまり、毎日新聞に連載されたエッセイをまとめた『ビルマからの手紙』（土佐桂子・永井浩訳、一九九六）および『新ビルマからの手紙――一九九七～一九九八／二〇一一』（土佐桂子・永井浩・毎日新聞外信部訳、二〇一二）、そしてアメリカ人の元上座仏教僧侶との対談から構成される『希望の声――アラン・クレメンツとの対話』（大石幹夫訳、二〇〇〇）および『増補版　希望の声』（同訳、二〇〇八）などが挙げられる。

二つ目はジャーナリストらによるアウンサンスーチー伝であり、英国のジャーナリスト、ピーター・ポパムがまとめたアウンサンスーチーの半生を扱った著作『アウンサンスーチー　愛と使命』

（宮下夏生ほか訳、二〇一二）がその代表格である。

三つ目は研究者によるアウンサンスーチーの思想と行動の分析である。なかでも伊野憲治による、アウンサンスーチーの初期のビルマ語演説の邦訳と解説（伊野憲治編訳、一九九六、『アウンサンスーチー演説集』）、また、彼女の思想とビルマ現代政治に関する詳細な学術的分析をおこなった著作は群を抜いている（伊野憲治、二〇〇一、『アウンサンスーチーの思想と行動』）。本書の筆者（根本）も共著形態の本を数冊書き著しているほか、専門論考もいくつか発表している（巻末の参考文献参照）。このほかに学術書ではないが、アウンサンスーチーとの個人的交流を回想しながら彼女の等身大の姿を描いた意義深い本もある（大津典子、二〇一二、『アウンサンスーチーへの手紙』）。ちなみに英語で書かれた学術書ではハウトマンの大著がその最高峰に位置する（Gustaaf Houtman, 1999, *Mental Culture in Burmese Crisis Politics: Aung San Suu Kyi and the National League for Democracy*）。

彼女に関するこうした一連の出版物や論考の蓄積があるなか、本書が目指すものは、より詳細な彼女の半生を記すことではなく、またアウンサンスーチーの思想全般を徹底的に再検証することでもない。もちろん彼女の生きてきた歩みや、彼女の抱く思想の骨格については丁寧に紹介するが、本書が力点を置くのは彼女の非暴力主義であり、さらにその延長線上にある和解志向の特徴を見ていくことである。それらと密接不可分の関係にある彼女のビルマ認識、とりわけ彼女が自国の歴史をどのように理解しているのか、その歴史認識についても検証することになる。本書が『アウンサンスーチーのビルマ――民主化と国民和解への道』と名付けられているのはそのためである。

なぜ、アウンサンスーチーの非暴力主義と和解志向に注目して論じる必要があるのか。それは、ビルマが歩んできた歴史(特に英領植民地以降の近現代の歩み)とここ数十年の政治状況から見て、この国の未来を考えたとき、彼女の思想と行動の中に見られるこれら二つの要素がきわめて重要な意味を持つと考えられるからである。現在のビルマで、国民に責任を持つ政治家として自国と自国民のあるべき未来を示しながら活動するアウンサンスーチーの意図は、その非暴力主義と和解志向の理解を抜きにして語ることは困難である。

アウンサンスーチーが最も重要な課題として認識しているのは、自国の近現代の歴史に貫かれた「暴力の連鎖」を断ち切ることである。そのためには非暴力を手段にして民主化を実現させ、その過程で「法による支配」を確立し、内部で分裂や対立をする国民の相互和解を推しすすめていくことが重視される。彼女の思想を見ていく場合、この一番大切な部分を見落としたり軽視したりすることは許されない。彼女が抱く祖国の歴史理解をとりあげる以上、本書では必然的に近現代を中心としたビルマ史についても必要最小限のレベルで振り返ることになる。

本書はこの序論を除く全四章から成り、その構成を示すと次のようになる。まず第1章では彼女の半生を振り返る。そこでは早くに父(アウンサン)を失った少女時代における母親の影響、一五歳からの外国生活(インド、英国、米国)、英人研究者マイケル・アリスとの結婚に伴う英国オクスフォードでの生活、日本での研究滞在、その間の祖国ビルマの政治的停滞と混乱、一九八八年以降の民主化運動への参加と軍政との闘い、それに伴う長期自宅軟禁、そして二〇一〇年一一月に最終的に解放されるまでの歩みがひとつひとつ叙述されることになる。

第2章では彼女の思想の骨格を検証する。「恐怖から自由になること」、「正しい目的」と「正しい手段」の一致、「真理の追究」という実践、「問いかける姿勢」の重要性、社会と関わる仏教（Engaged Buddhism）の大切さ、そして彼女の「開かれた」ナショナリズム観を象徴する「真理にかなった国民」という六つの骨格を示し、それをひとつずつ、できる限り彼女自身の言葉を引用しながらとりあげ、その意味するところを分析する。

こうした思想の骨格を踏まえて、第3章では、アウンサンスーチーの行動を考えるうえで最も重要な非暴力主義について見ていく。彼女が語る「戦術としての非暴力」とはどういうものなのか、なぜそのような考えを抱くようになったのか、それらを彼女の進歩史観的な歴史認識と連関させて考える。あわせて「暴力の連鎖」として彼女が認識するビルマの近現代の歩みを知るため、この国の近現代史にあらわれた主要な暴力事象について振り返る。また、彼女の非暴力主義をタイとビルマの国境地帯で長期にわたり反軍政の闘いを続けてきた活動家たちがどのように認識していたのか、二〇〇九年三月におこなった現地聞き取り調査を活用して紹介し、両者のあいだに見られた差異と共感の関係を示唆する。

最後の第4章では、二〇一〇年一一月に延べ一五年以上にわたった自宅軟禁から解放されたあとのアウンサンスーチーの行動を追う。はじめに、軍事政権から「民政」へ姿を変え、民主化と経済改革に向けて大きく舵を切り始めた現政権の特徴と「変化」の限界を検証し、その基盤となっている二〇〇八年憲法の問題点を明らかにする。そのうえで、二〇一二年五月に下院議員に就任した彼女が推しすすめる国民和解の意味と、彼女が考えるその方法、彼女の和解観、そしてそれを阻害するいくつかの深刻な国内的要因を示す。そこでは現在のビルマにはびこる排他性を強く持ちすぎたナショナリズムの問題をとりあげ、アウンサンスーチーの支持者までがその呪縛から自由になれていない現状と、一方で彼女を支持する人々のなかに見られるアウンサンスーチー個人崇拝の問題に触れる。これらの検証を基に、現在の彼女の立ち位置と今後の課題を示し、本書の議論を終えることにする。

4　国名表記について

現在のビルマの正式国名はミャンマー連邦共和国(The Republic of the Union of Myanmar)であり、日本のメディアや出版物ではここ十数年、圧倒的に「ミャンマー」という表記が使われるようになっている。しかし、本書では「ビルマ」を国名表記として用いる。そのことについて説明しておきたい。

一九四八年の独立以来、この国のビルマ語名称は一貫して「ミャンマー」であるが、対外向け英語名称では「バーマ」(Burma)が公式に用いられ、国際社会でもその名前で知られてきた。日本でも「ビルマ」という呼称が用いられてきた。しかし、一九八八年九月に登場した軍事政権は、翌八九年六月に英語国名を「バーマ」から「ミャンマー」(Myanmar)に変更すると宣言した。すなわち、英語の国名もビルマ語の「ミャンマー」に統一すると決めたわけである。

ビルマでは王朝時代(一一―一九世紀)から、書き言葉(文語)では「ミャンマー」が使われ、しゃべり言葉(口語)では「バマー」が使用されてきた。今でもビルマ人同士の会話(とりわけ年長者のあいだ)では「バマー」がよく使われる。英語の「バーマ」はこの口語の「バマー」に似ている。「バマー」や「バーマ」はオランダ語では「ビルマ」(Birma)と表記されたため、日本では明治初期にこのオランダ語の呼び方が導入され、漢字表記の「緬甸《めんてん》」とともに日本語のなかに定着した経緯がある。「ミャンマー」(文語)と「バマー」(口語)に意味上の違いは見いだせない。いずれも歴史的には今日でいう狭義の「ビルマ民族」や彼らが住む空間を意味したからである。現在のカレン民族やシャン民族などの少数民族を含む国民全体を表す概念ではないことに注意が必要である。しかし、軍事政権は英語国名を「ミャンマー」に変更したとき、「ビルマ」と「ミャンマー」に意味上の違いが存在するかのような無理な説明をおこなった。それは「バマー」は狭義の「ビルマ民族」を指し、「ミャンマー」は少数民族を含む「国民全体」を意味するという解釈である。それに基づいて英語国名もビルマ語名称の「ミャンマー」に統一すべきだと結論づけたわけである。

軍事政権がつくりあげたこの新しい解釈はしかし、歴史的根拠に欠ける。もし「バマー」と「ミャンマー」とのあいだに意味上の違いをあえて見いだそうとするのなら、その答えは軍政のそれとは逆になるからである。軍政の中核であるビルマ国軍の誕生と密接な関係を有する一九三〇年代の反英ナショナリスト団体タキン党(「我らのビルマ協会」)が、文語の「ミャンマー」ではなく、口語の「バマー」(英語の「バーマ」)こそ「ビルマ国民」全体の呼称としてふさわしいと主張し、その使用に力を入れた歴史が存在する。日本軍が一九四二年から三年間この国を占領し、中途半端な「独立」を与えたときも(四三年八月)、国名はこのタキン党の解釈に従い、ビルマ語では「バマー」、日本語では「ビルマ」(緬甸)、英語では「バーマ」を積極的に使用した。軍政はこうした独立闘争期の史実を無視している。

ただ、たとえ説明に歴史的根拠や正統性がなくても、一国の政府が英語名称の変更を公的に宣言した以上、国内のみならず国際社会もそれに従わざるを得ない面がある。国連ではすぐに英語名称を「ミャンマー」に切り替え現在に至っている。日本政府も国会の承認を経て日本語名称を「ミャンマー」に変更した(一九八九年)。日本のマスメディアも一部を除いて「ミャンマー」表記に変えた。文部科学省の検定を受ける学校の教科書や地図帳も同じである。世界の多くの国々も、米国や英国などの例外を除き、二一世紀に入るころまでには「ミャンマー」(ないしはそれに近い発音表記)を使うようになった。

一方、「バマー」「バーマ」「ビルマ」を使い続けたほうがよいとする見解も根強く存在する。これを一番強く主張しているのは、ビルマの国内外で反軍政側に立ってきた人々、すなわち民主化運動を支持してきた人たちである。彼らは「クーデターで登場した軍事政権が国民の合意を得ずに英語名称を一方的にミャンマーに変えた」ととらえ、その命令を非民主的と断じ、今日まで従うことを拒絶し、その多くは現在でも「バーマ」(ビルマ)を使い続けている。民主化運動指導者のアウンサンスーチーも同じ理由に基づき、英語で発言するときは「バーマ」を使用している。現政権から「ミャンマー」を使用するよう警告を受けても、いっさい従う姿勢を見せていない。

これに加え、日本では、国語表現のなかで定着した「ビルマ」という呼称を、わざわざ「ミャンマー」に変える必要はないという考えに基づき使い続ける人がいる。たとえば、現在の英国の公式名称を正確に訳せば「大ブリテンおよび北アイルランド連合王国」であるが、その略称にあたる「連合王国」という国名を日本では誰も使ってこなかった(外務省だけがある時期まで使用していたが、国民の多くは気づかなかったはずである)。「英国」や「イギリス」という呼称は、江戸時代から一貫して日本語のなかで使われており、一九二七年に国名が「大ブリテンおよび北アイルランド連合王国」に確定しても、日本語による呼称をそれに合わせて変更するということはしなかった。英国政府からそのことに関して抗議を受けたという話も聞かない。一般に、相手側が国名を変えたからといって、必ず自国語における呼び方まで変えなければいけないという原則はない。そこに相手国に対する見下しなど差別意識が絡む場合は別だが(中国をシナと呼ぶなど)、「ビルマ」と「ミャンマー」の場合、そのような問題は存在しない。よって日本語としては明治以降使われてきた「ビルマ」という表記を使い続けるという立場はけっして間違っていない。

こうした議論を考えると、「ビルマ」「ミャンマー」の呼称をめぐる判断は一筋縄ではいかないことがわかる。本書では「ビルマ」を用いるが、それは筆者が英語国名の「ミャンマー」への変更に関する軍事政権の説明に納得できないことと、日本語として「ビルマ」という呼び方が長期にわたり定着してきたことを重視するからである。「ミャンマー」の使用を否定するわけではない。この国の名称は「ビルマ」「ミャンマー」のいずれで表現してもかまわないが、その背景にある議論についてはは知っておいた方がよい。

なお、一九八九年六月に国名の英語表記がビルマ語名の「ミャンマー」に統一された際、軍政は「ラングーン」をはじめとする国内各地の地名の英語名についてもビルマ語名に統一している。本書では便宜上、頻出する最大都市「ヤンゴン」の表記について独立前は「ラングーン」、独立後はビルマ語名称の「ヤンゴン」で統一することにした。

第1章
半生を振り返る

民主化運動に身を投じる前のアウンサンスーチー(左)
(ヤンゴンの自宅にて, 1986年7月, 筆者撮影)

アウンサンスーチーの思想を語るにあたって彼女の半生を振り返ることは、欠かすことができない作業である。彼女の思想は行動と密接につながっており、やや大げさに言えば、生きること自体が自らの思想の表明だとみなしていると言ってもよいからである。

本章では彼女が誕生した一九四五年から、軍事政権によって三度目（最後）の自宅軟禁から解放される二〇一〇年一一月までの六五年間の歩みを詳細に見ていく。それ以降の「変化」するビルマにおける彼女の政治家としての行動とその特徴については、第4章であらためてとりあげることにしたい。

1　「独立の父」アウンサンの娘

アウンサンスーチーは一九四五年六月一九日、独立前のビルマの首都ラングーン(現在のヤンゴン)に生まれている。父親はビルマ独立運動の指導者で、英国からの独立を目前にして暗殺された政治家アウンサン(Aung San 1915-47)、母親は元看護師のキンチー(Khin Kyi 1912-88)である。

名前のアウンサンスーチーは「アウンサン家のスーチー」ということではない。ビルマはカチン民族など一部の少数民族を除いて双系制の親族構造を持ち、いわゆる姓のない社会である。よって「アウンサンスーチー」でひと続きの名前を構成し、姓と名で分かち書きすることはできない。父の名前(アウンサン)+祖母の名前(スー)+母の名前の一部(チー)という構造から成る彼女の名前は、意味としては「アウン=成功する」「サン=特別の」「スー=集める」「チー=澄んでいる」の四つから構成される。この時代に生まれたビルマ人としては例外的に長い四音節から成る名前であるが、父や母の名前の一部をつけて名前を構成するという名づけ方法そのものは、ビルマではめずらしいことではない。

年子の三人兄妹の末子として生まれた彼女には、長男アウンサンウー(Aung San Oo 1943-)と次男アウンサンリン(Aung San Lin 1944-53)という二人の兄がいた。しかし、特に仲良くしていた次男のほうは一九五三年一月、八歳のときに自宅の庭の池に落ちて事故死してしまった。アウンサンスーチー七歳の時である。彼女にとってそれは人生における「最も悲しい出来事」のひとつとして記憶されている[Aung San Suu Kyi 2008: 75-76]。ちなみに、一九四六年、アウンサンスーチーのあとにもう一人娘(次女)が生まれているが、出生後すぐに死んでいる。

彼女が生まれたとき、ビルマは日本軍占領下の末期にあった(ただし首都ラングーンはその一カ月前に英軍に取り戻されている)。父アウンサンが率いるビルマ国軍は、反ファシスト人民自由連盟(パサパラ)の中核として一九四五年三月末から各地で日本軍に叛旗を翻し、ビルマ奪還を目指す英軍と暫定的に共闘して共通の敵と戦う抗日闘争を展開している最中であった。

アウンサンはビルマ独立運動の指導者として活躍しながら、若くして暗殺された悲劇の英雄である。いまでもビルマ国民の多くから「独立の父」として「ボウヂョウ」(Bogyoke 将軍)の名で慕われている。英領期のラングーン大学で学生運動を指導していた一九三〇年代後半から頭角をあらわし、当時の行動主義的な反英民族団体タキン党(「我らのビルマ協会」)に入党して、同党本部派(主流派)の書記長として活躍した。その後、植民地政庁から逮捕状を出されるとビルマを密出国し、日本軍の対ビルマ謀略を担当した鈴木敬司陸軍大佐と組んで南機関という謀略機関に加わり、仲間と共に秘密裏の軍事訓練を海南島で受ける。

その後、アジア・太平洋戦争がはじまると、同機関によって設立されたビルマ独立義勇軍(BIA、後のビルマ国軍)の幹部将校となり、一九四一年一二月末から日本軍本隊とは別ルートでビルマに進軍した。しかし、日本軍は英国がインドへ去るとビルマで軍政の実施を宣言(一九四二年六月四日)、その結果、即時独立を求めたアウンサンらは日本軍による祖国占領という新たな苦難と直面することになった。

一九四三年八月、日本は知識人政治家のバモオ博士を国家元首に据え、ビルマに名目的な独立を与える。しかし、日本軍の自由な行動を認めた制限付きの国家主権にアウンサンたちナショナリストは不満を強める。彼はバモオ政府の国防大臣を務め、対日協力の立場にいたが、一九四四年八月、自ら率いるビルマ国軍と二つの地下組織（ビルマ共産党と人民革命党）とを一体化させ、統一地下抗日組織（のちのパサパラ）を結成してその議長に就任、ひそかに準備をすすめ、翌四五年三月二七日、日本軍に対し一斉蜂起するに至った。

戦後のアウンサンはビルマに復帰した英国と非暴力闘争を軸に独立交渉をおこない、苦労のすえ、一九四七年一月のアトリー英首相との直接交渉を経て、共和制による祖国の完全独立への道筋を切り開くことに成功した。しかし、娘のアウンサンスーチーが二歳になったばかりの一九四七年七月一九日、政敵ウー・ソオ（U Saw 1900–48）の部下たちによって他の要人たちと共に暗殺され、わずか三二歳でこの世を去ってしまう。独立を半年後に控えた時期のできごとで、まさに悲劇的な死であった。

父との直接の触れ合いをほとんど持てなかったアウンサンスーチーは、母キンチーをはじめ、まわりの人々から父の話を聞き、育つことになる。ある程度の年齢になってからは、父に関する様々な本も読みはじめ、それらの知識もまざりながら、彼女の父親のイメージは形成されていった。独立後のビルマ政府は独立指導者アウンサンを国民統合の象徴として強調し、その行動と業績を高く評価し、国民もまた彼を「アウンサン将軍」と呼んで尊敬した。彼女は必然的に「独立の父」アウンサンの娘であることを常に意識して過ごすことになる。

2 少女時代

(1) 母キンチー

アウンサンスーチーは幼くして父親を亡くしたため、母キンチーの強い影響を受けて育った。英領期ビルマの教員養成学校と看護師養成学校を出たキンチーは、ラングーン総合病院に看護師として勤めたが、そのとき、ビルマ独立義勇軍を率い、対英戦争を終えたばかりの時期に病に倒れ入院した三歳年下のアウンサンと出会い、一九四二年九月に結婚している。まだ日本軍がビルマで軍政を宣言して三カ月余りの時期である。夫アウンサンが結婚後五年弱で暗殺されこの世を去った後、独立後のウー・ヌ(U Nu 1907–95)首相と強い信頼関係を保った彼女は、一九五三年に社会福祉担当大臣に指名され、またビルマ赤十字社の代表にも就任し、公的にも忙しい日々を送ることになった。

母キンチーは娘を上座仏教徒として厳しい躾の下で育てた。しかし、それは抑圧的なものではなく、知的でリベラルな特徴も有していた。キンチー自身、ビルマ民族の出身だったが、生まれ故郷のデルタ地帯の町ミャウンミャにはカレン民族が多く住み、父親がキリスト教に改宗していたこともあって(母は仏教徒)、カレン民族をはじめとする非ビルマ系少数民族や、キリスト教徒をはじめとする非仏教徒に対してたいへん寛容だった。その影響は娘にも及んだ。少し長くなるが、母に関するアウンサンスーチーの発言をいくつか紹介してみたい。

「私にとって母は誠実さと勇気と規律の良き模範でした。母は心の温かい人でもありました。けれども、母が安楽な生涯を送ったとは思いません。父が死んだあと、子供たちを育てながら様々な公務をこなしていくのは大変なことだったでしょう。……母は〔子供たちの教育に〕最善を尽くしたと思います。私たちのために全力で最善の教育と最善の生活環境を用意すべく、いろいろと努力してくれました。……〔しかし〕母は時にとても厳格でした。若いころはそのことが母の欠点だと感じていましたが、今ではそれで良かったと思っています。なぜなら、〔そのような母の対応が〕私にとって人生を鍛えてくれることになったからです」[Aung San Suu Kyi 2008: 85–86]（〔　〕内は引用者。以下同）

「母は私が質問することを特に促すことはありませんでしたが、それを禁止することもけっしてしませんでした。……私が質問すると、たとえ答えられなくても、その場から逃げようとはしませんでした」[Aung San Suu Kyi 2008: 130–131]

「母は私が正直であることをしつこく求めました。実際、私が本当のことを言わなかったときは大いに怒りました。……〔母は〕なぜ正直でないといけないのかを、いつも説明してくれたわけではありません。ただ、正直は善で不正直は悪であるということを明確に示しました。これは私の人生の最初期に受け入れた原則のひとつです。母は生まれながらにして勇敢で正直でしたが、私はそれらを獲得するために〔自分で〕努力する必要がありました。それはしかし、私にとって幸いなことでした。なぜなら、ほかの人々も努力をすればそのような良い性質を身につけることができると確信できたからです」[Aung San Suu Kyi 2008: 131]

「母は父を暗殺した人々でさえ、けっして憎むようには教えませんでした。母が暗殺者たちについて憎しみをこめて語るところをただの一度も見たことがありません」[Aung San Suu Kyi 2008: 143]

「母はまた私に対し、父が有していた価値観を称賛し尊敬することを教えてくれました。恐怖心を抱いてはいけないということも強調しました。実際、母は私が怖がるとたいへん怒りました。臆病であることをとても軽蔑していました。私が暗闇を怖がることにとても怒っていました。……母は勇気と責任感、精神的な奉仕、そして他者と分かち合うことをとても重視していたと言えます」[Aung San Suu Kyi 2008: 214]

このような厳格ななかにも他者に対する愛情に満ちた母親に育てられたアウンサンスーチーは、ヤンゴンにあるカトリックの聖フランシスコ修道会が経営する女子小学校に通ったのち、評判の高い英国のメソディスト系中高等学校に通った。私立学校による教育の自由が許されていた一九六〇年代半ばまでのビルマでは、教育の質の高さ（特に英語教育のレベルの高さ）や情操教育の充実のために、英国植民地期に多数創設されたキリスト教系の私立学校に人気が集まっていた。学力が高い仏教徒の子女が宗教と関係なくそうした学校に通うことは、家庭が裕福な場合、よく見られた現象だった。母キンチーも娘時代に故郷ミャウンミャのミッション・スクールを卒業している（ビルマでは二〇一二年以降、再び公教育における私立学校の設立が認められるようになったが、二〇一四年一一月現在、ミッション・スクール復活の事例はまだ見られない）。

ちなみに、父アウンサンに対する娘の見方についてもここで紹介しておきたい。アウンサンスーチーは父と自分との違いを強く意識しながらも、両者の共通点について次のように語っている。

「父は私よりすぐれた人物でした。……父は生まれながらに強い責任感を持った人でした。それは私が抱く責任感よりはるかに強く発達していたと言えます。彼は学校に通い始めたその瞬間から勤勉で実直でした。私はそうではありませんでした。私は先生か教科が好きな時だけ一生懸命勉強しました。〔そのため〕自分の内なる努力で責任感を育てる努力をしなければなりませんでした。それが私と父との違いのひとつだと思います。しかし〔生きる〕態度において根源的な違いはないように思います。実際、父の生涯に関する研究を始めたとき……私たちの考え方がたいへんに似ていることに驚きました。それまで私のなかにある思想は私自身のものだという考えや感情があったのですが、〔父の生涯を知るにつれて〕父もすでに同じものを持っていたのだということを発見したのです。……彼は学ぶことのできた人であり、実際、絶えず学び続けた人でした。……彼は常に自分自身を改善しようとする人間でした」［Aung San Suu Kyi 2008:

84]

(2) 軍人志望の子供

ところで、少女時代のアウンサンスーチーはどのような子供だったのだろうか。父親不在という環境に関しては、一緒に暮らしていた鷹揚で優しい母方の祖父〔キリスト教徒〕が父親がわりを果たした。幼いころから読書好きだった彼女は、一二歳になるころには古典を読み始め、一四歳で「本の虫」になり、車に乗っているときも信号待ちなどで止まったときはすぐに本を開いて読み始めたという[Aung San Suu Kyi 2008: 61]。さらに将来の目標については、作家志望の思いと共に、一〇歳か一一歳のころは軍人志望でもあったと、次のように興味深いことを語っている。

> 「その当時〔一九五〇年代半ば〕、人々は軍をたいへん名誉ある機関として認識していました。なぜならば、軍は父によって創設されたからです。だれでも父のことを「将軍」〔Bogyoke ボウヂョウ〕と呼んで〔尊敬して〕いました。それで私も軍に入りたいと思うようになったのです。というのは、父がそうであったように、軍に入ることが自分の国に仕える最善の方法だと思ったからです。……もちろん、そのころはまだビルマに民主主義があり、軍は国民に仕える存在であり、彼らから奪いとる機関ではありませんでした」[Aung San Suu Kyi 2008: 62]

アウンサンスーチーは一九八八年八月に民主化運動に加わって以来、国軍を厳しく批判しつつも、国軍を動かしている人間たちに問題があるという語り方を続け、国軍の価値をおとしめることはなく、自分が国軍への深い愛情を有していることをしばしば国民に対し強調してきた。それは子供時代のこのような思いから発していたのだとみなせる。同時に、彼女は自分が「普通のやんちゃな子」で、稽古事や勉強から逃げて遊び回ることのほうが好きだったとも語っている。しかし、そのように義務から逃げ回っていたとき、いつでも「自分はすべきことをしていない」という自覚を有していたという[Aung San Suu Kyi 2008: 63]。第２章で見ていく彼女の思想の骨格に通じる姿勢がこのころから見られたと言えよう。

3 長期の外国生活

(1) 一五歳でインドへ

彼女が一五歳になった一九六〇年、当時のウー・ヌ政権は、ビルマの女性大使第一号として母キンチーを駐インド大使に任命した。これによりアウンサンスーチーは母と一緒にデリーへ移ることになった(兄アウンサンウーはすでに英国の寄宿舎学校に留学中)。ここから彼女の長期にわたる外国生活が始まることになる。人生最初の転機である。

インドでは母キンチーのとりはからいで、カトリックのイエズス会(Society of Jesus)が運営する生活指導の厳しい男女別学の高校「イエスと聖母マリア修道会付属学校」に通い、二年後の一九六二年には、六年前にデリーで開学したばかりのレディー・シュリラム女子大(Lady Shri Ram College for Women)に進学して、そこで政治学を専攻した。厳しかった「イエスと聖母マリア修道会付属学校」とは異なり、この二年制の女子大(事実上の短大)にはデリーで最も優秀な上流階級の若い女性たちが集まり、正式の学位を与える講義が提供され、上品にふるまう限り、学生たちは自由に行動することが許されていた[ポパム二〇一二:二六一―二六二]。

当時のレディー・シュリラム女子大はしかし、英国で言うフィニッシング・スクール(finishing school)に似ていた。すなわち女性が社会に出て結婚するまでに必要とされる教養と礼儀作法を身につけるための学校だったのである[ポパム二〇一二:二六三]。質の高い短大ではあったが、本格的な学問が学べる総合大学とは趣を異にしていた。アウンサンスーチーはこの女子大で良き友人たちと出会い、充実した日々を送っていたが、この点は不満だったようで、二年生になるとき中退し、英国への留学準備に専念した。そして、一九六四年にはオクスフォード大学に留学することになる。

母キンチーが大使としてインドに赴任した当時、インドの首相はネルー(Jawaharlal Nehru 1889–1964)だった。彼はビルマから独立闘争指導者(故)アウンサンの夫人が駐インド大使として赴任したことを大いに喜び、のちにインド国民会議派の本部となるデリー市内の一等地の敷地と建物をビルマ大使公邸としてあてがう特別の措置をとった。双方のあいだで家族同士の親睦が深まり、のちにインドの首相になったネルーの娘インディラ・ガンディーとその息子たちとも交流が生まれた。アウンサンスーチーはネルー家との交わりを通じ、インドに来る前から関心を抱いていたガンディーの思想にいっそう傾倒し、その著書を多数読んで影響を受けることになった。

インド在住の四年間で、アウンサンスーチーは自分の意見をしっかり主張するようになったと言われている。ビルマは比較的男女平等の社会であるが、年下の者は年長者に従い、日本と似て、議論することよりその場の雰囲気に合わせ、調和を重んじる傾向が強くある。彼女はこのような環境でヤンゴンでの少女時代を過ごしたが、一五歳でインドに来てからは「議論好きなインド人」のくせを身につけていったという［ポパム二〇一二：二六五］。インドでの四年間は彼女をいっそう「考える」人間に育て上げたのだと言えよう。多感な高校生の時期に、英国植民地期の雰囲気がまだ色濃く残っていたインドの首都デリーに住むエリート層の人々と交流することを通じて、彼女は自分の思想の土台を築いたのである。

(2) 祖国の激変——軍による政権奪取(ビルマ式社会主義)

アウンサンスーチーがインドに滞在中、ビルマでは大きな政治的変動が生じていた。一九六二年三月二日、ビルマ国軍によるクーデターが決行されたのである。これにより、自分の母を駐インド大使に任命したウー・ヌ政権は倒され、ネィウィン大将(Ne Win 1911-2002)を議長とする革命評議会が全権を奪った。すでに四年前、議会の承認に基づいて彼は選挙管理内閣(一九五八—六〇年)を経験していたが、今度は強い意志に基づき力ずくで政権を奪取した。憲法と議会は即時廃止となり、ウー・ヌ首相ら主要政治家はすべて逮捕・拘禁され、メディアも厳しい監視下に置かれることになった。これ以降、ビルマでは軍による国家統治がおこなわれ、政治の中心には常に国軍が位置し続ける状態が日常化することになる。

この背景には、一四年間にわたったウー・ヌ時代の不安定な議会制民主主義を通じ、ネィウィンが政党政治に不信感を強めた事実がある。彼は権力を奪取するとビルマ社会主義計画党(BSPP)を結成して、自ら党議長に就任し、その後、BSPP以外の全政党を解散させる強硬手段をとった(一九六四年三月二八日)。この間、外資導入や民族資本の育成を主張して穏健な経済路線を訴えた貿易・工業大臣のアウンヂー准将(Aung Gyi 1919–2012)を解任し、急進的な社会主義政策をとることを宣言した(一九六三年二月)。この時期、隣国のタイが資本主義に基づく開発主義を採用して積極的に外資を導入し経済成長を促そうとしたのとは好対照だった。BSPPには国軍の将校が党員として参加し、一九七〇年代以降は段階的に門戸を開放して一般国民が入党できるようにした。しかし、BSPPの実態は、党が存在した二六年間を通じて、ネィウィン議長を中核とする国家統治を正当化する国軍と表裏一体の政党にほかならなかった。

一九七四年三月には、社会主義色を明確にした新憲法を施行して形式的な民政移管をおこない、国名をそれまでの「ビルマ連邦」から「ビルマ連邦社会主義共和国」に改名した。実質はBSPPの一党独裁を合法化した極度の中央集権体制であり、その基盤には引き続き国軍が位置した。ネィウィンは革命評議会議長から大統領に転じ、軍籍を離脱したが、BSPPの党議長をそのまま兼任したので、彼の権力は突出し、ビルマ式社会主義体制は国軍の力を利用したネィウィン個人の独裁色を強めていった。一九八一年にサンユ(San Yu 1918–96)書記長に大統領職を譲ったが、自らは党議長職にとどまり、院政のような形で実権を握り続けた。

ビルマ式社会主義のイデオロギーの特徴は、マルクス主義に拠らず、ソ連や中国の社会主義とは別の行き方を目指すという点にあった。人間が主体的に環境に働きかけ、人間と環境が相互に深く連関し合うなかで文明が発展するという、唯物史観とは異なる独自の哲学を展開し、外交では冷戦下にあって東西どちらの陣営にも属さないことを宣言、またビルマにふさわしいシステムがあれば東西どちらの陣営からもそれを採用するという柔軟な姿勢を示した。

しかし、現実の政策は非常に硬直したものとなった。特に経済面では極端な国有化が推進され、外国資本は国家によって接収され、私企業は製造業だけでなく流通業も含め、ごく小規模なものを除いて国有化された。国有化の大義名分はソ連や中国のような「プロレタリアートによる経済支配」の実現ではなく、「経済のビルマ化」の実現として説明され、「国有化」という言葉は避けられ「国民所有」という表現がかわりに用いられた。大規模な国営企業には例外なく軍人が経営者として天下りした。そのため、経営効率が落ち、商品の質も低下し、それすらも充分に国民の手元へ出回らない状態が日常化し、タイから密輸物資が大量に入って来ることになった。

経済は悪化の一途をたどり、一九七〇年代半ばと八〇年代半ばには危機的状況を迎えた。最初の危機的状況を迎えた際は、日本と当時の西ドイツから大規模な政府開発援助（ＯＤＡ）を受け入れることによって乗り切ろうとしたが、それでも回復は一時的にしか進まず、二回目の危機的状況を迎えたときは、国連の後発発展途上国（ＬＤＣ）に認定され、債務返済を猶予されるに至った。一九八七年九月には経済危機を乗り越えるべく、農産物の取引自由化を突然実施したが、にわかに復活した流通業者によるコメの買い占めが生じ、こちらも逆に国民の生活を苦しめることになった。

外交も消極的中立に姿勢を転じた。ウー・ヌ時代には同じ中立でも国連で積極的に動き、一九五五年の第一回アジア・アフリカ諸国会議（バンドン会議）では中国の周恩来やインドのネルー、インドネシアのスカルノらと共にその主役を担ったが、ビルマ式社会主義の時代には国境を接する五つの国々(タイ、ラオス、中国、インド、バングラデシュ)以外とは必要最低限の友好関係しか結ばなかった。こうした消極的中立はベトナム戦争の激化に伴って冷戦に巻き込まれることを防ぐ前向きの意味はあったが、本来の動機は、国内の政治や経済、文化に対する外国の影響力を極力少なくしたいと考える国軍の排他的ナショナリズムによるものであった。国民の国外への出国は厳しく制限され、外国人の入国にも厳しい規制がしかれた。

ビルマ式社会主義はまた、中央政府による一元的支配を特徴とした。ウー・ヌ時代に認められていた少数民族による一定程度の自治権はすべて廃止され、一九七四年に制定された社会主義憲法ではモン、カレン、カヤー、シャン、カチン、チン、アラカンの七つの主要少数民族にそれぞれ「州」が与えられたものの、各州ともBSPPと中央政府の厳しいコントロールのもとに置かれ、立法・行政上の自由は認められなかった。シャン州とカチン州で認められてきた藩王(土侯)たちの特権もとりあげられ、彼らを退位させて年金生活者にする措置がとられた。国名の「ビルマ連邦社会主義共和国」のなかの「連邦」はまったく名目的なものだった。

こうしたビルマ国軍の著しい政治化の背景には、軍と政治との関係に関する彼ら独特の認識が影響していた。一九六五年一一月に開催されたBSPPの第一回党セミナーでは、当時党書記長だったサンユ准将が次のように発言している。

「ビルマ国軍は政治闘争のなかで生まれ、様々な武装闘争を経験してきた。しかし、一時期、国軍は自らの役割について「軍にとって政治は無関係である、……経済や社会についてもそれは国軍の仕事ではない、われわれの唯一の義務は国防に尽きる」と考えていた。こうした狭い了見のために、国軍はそれまでの革命の遺産をほとんど失いかけるに至った。……しかし、ネィウィン将軍の指導により、……国軍は一九六二年三月二日以降、社会主義革命を担うことによって、自らの革命の遺産を取り戻したのである」[Burma Socialist Programme Party 1965: 153]
（傍点は引用者）

このサンユ発言が示すように、ビルマ国軍は、自らを国防に専念する機能集団としてではなく、自国の革命を推進する政治的な軍として理解していた。国軍から政治性を消し去ることは「狭い了見」として退けられたのである。彼らは実際、政治に関わることなく国防に専念する隣国インドの軍のあり方を軽蔑し、逆にクーデターで政権をとったパキスタン軍を高く評価した。歴史を振り返ると、ビルマ国軍は独立闘争のなかで生まれ、英国との戦闘と抗日闘争を自らの歴史的栄光の基盤に据え、独立後は議会制民主主義と経済の段階的な社会主義化を支える軍として自らを規定してきた。彼らにとって軍と政治とは切っても切れない関係なのだと言える。

(3) 英国での留学生活

祖国の政治権力が軍人によって乗っ取られてから二年目、一九六四年九月にアウンサンスーチーは念願の英国オクスフォード大学セント・ヒューズ・カレッジへの留学を果たす。同カレッジは一八八六年に創設されたオクスフォード大学の五つの女子カレッジのひとつだった。英国で身元引受人になったのは、彼女がインドにいたときデリー駐在の英国高等弁務官(大使)だったポール・ゴア＝ブース卿(Baron Gore-Booth 1909–84)と、その夫人パット・ゴア＝ブース(Lady Gore-Booth)であった。ゴア＝ブース卿は一九五〇年代に駐ビルマ英国大使として赴任していたときから母キンチーと交流があり、娘を英国に留学させたいという彼女の願いを快く引き受け、支援したのである[ポパム二〇一二:二六四]。

オクスフォード大学では哲学、政治学、そして経済学を学んだ。ただ、この選択は母キンチーの強い意向によるもので、彼女はこれらの分野にはあまり関心が湧かなかったという。そのため途中で祖国ビルマの役に立ちそうな林業学に専攻を変えようとしたが、教員側の理解が得られず、やむなく英語学に変えようとしても教員に反対され実現できなかった。子供のころから、先生またはその教科が好きなときだけ熱を入れて勉強をしたという彼女は、結局、オクスフォードでは専攻科目の成績が低い「劣等生」で終わってしまう[ポパム二〇一二:二八二―二八三]。

在学中のキャンパスでは、一九六〇年代の時代の激変のなかで、様々な政治的・社会的テーマで学生たちの行動が盛り上がりを見せていた。キャンパス内では男女の交際が飛躍的に自由化し、避妊薬ピルが普及したこともあり、既成の性道徳が否定される風潮が広がったが、彼女はそのようななかにあって、まわりの友人たちがあきれるほどに保守的な態度を貫いた。飲酒も絶対にしなかった。あるインド人女性の友人は、アウンサンスーチーは道徳や倫理感の激変期にあった一九六〇年代の英国で、ヴィクトリア時代風の保守的な価値観を共有できたインド人上流階級出身者と一緒にいた方が、英国人といるよりもかえって居心地が良かったように見えたと語っている〔ポパム二〇一二：二八〇―二八三〕。彼女のなかに、デリー時代に交流を深めた上流階級の若いインド女性たちの影響が強くあったのだと想像できる。また、同じく彼女の友人だったロシアの小説家パステルナークの姪アン・パステルナーク・スレイター（Ann Pasternak Slater）は次のように語っている。

「彼女の思い出すべてに繰り返しでてくる特徴は、清潔、強い意志、好奇心、厳しいまでの純粋さです。……〔カレッジの寮で〕はっきりものを言う女の子が彼女にこう訊いたのです、「誰とも寝たくないの？」と。彼女は憮然として、「いやよ！　夫以外、誰とも寝ないわ。いま？枕を抱いて寝てるわ」。〔この発言にその場で〕バカにしたような大爆笑が湧き起こりました」〔ポパム二〇一二：二七三―二七四〕

オクスフォード大学で一緒だった男性の友人も、こうした特徴に関し、次のようにアウンサンスーチーのことを回想している。

「彼女は厳格な倫理に対する高い意識を、そしてはっきりとした道徳意識を持っていました。彼女はまちがっていると思ったことは絶対しませんでした、絶対に！　ナイーブなまでにその道徳を貫いていましたが、でもいつもユーモアを備えていました。……彼女は幅広く文学に親しんでいました。ジェーン・オースティンの作品を教えてもらったのは彼女からでした、私が

イギリス人だというのにですよ」[ポパム二〇一二：二六九]

しかし、英国での三年間の生活は、アウンサンスーチーの風貌や行動を少し変えたようである。インド時代は髪をポニーテールに結んでいたが、オクスフォードでは前髪をおかっぱに切り、デリーではありえなかった細身のパンツ姿で自転車に乗るようになった。白いジーンズを履くようにもなったという。その一方で、ビルマの服装(巻きスカート風のタメインとビルマ風ブラウスのエインジー)を着て、ビルマ人女性特有のタナッカーの白い粉を顔に薄く塗り、髪の毛に生花を挿すこともよくあった[ポパム二〇一二：二六八、二七三]。

前述の理由で大学時代の成績はかんばしくなかったが、一九六七年、彼女はオクスフォード大学を無事に卒業した。一方、母キンチーも同じ年に駐インド大使を退任している。クーデターで政権を奪取したネィウィン政府と前政権時代に大使に任命されたキンチーとのあいだは当然のようにぎくしゃくしていたため、彼女自ら辞任を決意したのである。

アウンサンスーチーはビルマに戻らず、しばらくロンドンの身元保証人ゴア＝ブース卿夫妻の屋敷に住まわせてもらい、家庭教師の仕事をする傍ら、著名な歴史学者ヒュー・ティンカー(Hugh Tinker 1921–2000)の下で助手として働いた。その後、一九六九年に米国に渡ってニューヨーク大学の大学院に進み、ビルマ政治史を専門にするフランク・トレイガー(Frank N. Trager 1906–84)教授に指導を仰いで国際関係論を専攻した。しかし、途中で応募した国連本部職員に採用されたため中退し、その後三年間、「行政と予算問題の諮問委員会」を支える事務スタッフとして働くことになった。彼女にとって初の社会人体験である。彼女はこのとき、ニューヨーク市内の病院でのヴォランティア活動にも従事し、病院に収容されたホームレスの人々や不治の病の患者たちを援助した［ポパム二〇一二：二九―三〇二］。ちなみに、この間、兄のアウンサンウーもロンドン大学インペリアル・カレッジの電気工学科を卒業して米国に渡り就職している。しかし、彼は米国の市民権を獲得してビルマ国籍を捨てており、妹と異なる道を歩んだ。

4　結婚、専業主婦、勉強の再開

一九七二年一月一日、二六歳になっていたアウンサンスーチーは結婚する。相手はオクスフォード大学卒業後にゴア＝ブース卿の息子の友人の紹介で知り合い、親交を深めていた英人男性マイケル・アリス（Michael Aris 1946–99）だった。結婚式はゴア＝ブース卿の屋敷でチベット仏教のやり方に則って催された［ポパム二〇一二：三一〇］。当時はまだ駆け出しの研究者にすぎなかったマイケル・アリスだが、その後オクスフォード大学を拠点にチベット研究者として大成する。彼によると、アウンサンスーチーは結婚に際して、ビルマ独立闘争の指導者の娘が旧宗主国である英国の男性と一緒になることを家族やビルマ国民が誤解しないかどうか悩み、「〔将来〕ビルマの国民が私を必要としたときには、私が彼らのために本分を尽くすのを手助けしてほしい」旨、手紙に書いてきたという［Aung San Suu Kyi, Michael Aris（ed.）1991: xvii］。

アウンサンスーチーは結婚と同時に国連本部の職員を辞め、研究者の妻としての生活に入った。

彼女は専業主婦になることに何の躊躇もなかった。夫がブータン王国で王室の家庭教師をしながらチベット文化の研究調査をしていたため、彼女もブータンに渡り、国連に加盟した直後の同国で政府に国連活動に関する助言をおこなった。王室からヒマラヤンテリアの子犬を贈られ飼い始めたのもこのときである(この犬はパピーと名付けられ、一九八九年まで生きた)。ブータンに一年ほど滞在したのち、ネパールにも一年近く夫婦で住み、その後は英国に戻り、一九八八年まで基本的に主婦業と子育て、そして勉強に専念した。

その間、一九七三年に長男アレクザンダーが、四年おいて七七年に次男のキムが生まれた。子育てにある程度の余裕が出てくると、アウンサンスーチーはオクスフォード大学クイーン・エリザベス・カレッジで勉強を再開し、さらにロンドン大学東洋アフリカ研究院(SOAS)の博士課程に進学して、ビルマ近代文学におけるナショナリズムの影響をテーマにした博士論文の執筆準備にとりかかった。この間、オクスフォード大学のボーダリアン図書館でビルマ語文献整理担当の研究員も二年ほど務めている。

彼女の知的関心は、ビルマにおけるナショナリズムの発生と展開、およびそれと関連した「近代」の受容のなされ方にあり、それをインドにおける「近代」の受容と比較しながら、思想史的に研究したいという意向があった。自国ビルマのナショナリズムの形成とその特徴を、単に国内の政治史として追うのではなく、文学の分析などを含めた思想史としてとらえ、同じ英国の植民地支配を経験した隣国インドの場合と比較させることによって、ビルマ・ナショナリズムが抱える本質的な問題点を抽出しようとした意図がそこには見られる。その後、これらの論考は、一九九一年に夫マイケル・アリスが編集し、出版された*Freedom from Fear*（邦訳『自由』）に収録され、多くの人の目に触れることになった（"Intellectual Life in Burma and India under Colonialism"〈「植民地期のビルマとインドにおける知的再生の動き」〉と"Literature and Nationalism in Burma"〈「ビルマにおける文学とナショナリズム」〉の二論考）。

こうした関心の抱き方は、彼女が強く影響を受けたガンディーの思想と、その基盤にあるインド思想への探究心から生じたものである。また、彼女にとってもうひとつの関心事であった父アウンサンの思想と行動（生き方）を知り、それがビルマ・ナショナリズムのなかで、他のナショナリストたちとは異なった輝きと個性を持っていたことを証明したいという欲求ともつながっていた。彼女は博士論文執筆の前から、機会あるごとにオクスフォードやロンドンで父に関する書籍や公文書館所蔵の資料を精読していた。一九八四年にはオーストラリアの高校生向けに父の短い伝記を英語で書いたこともある（これも前述の*Freedom from Fear*〈『自由』〉に"My Father"〈「わたしの父、アウンサン」〉という題で収録されている）。またビルマに里帰りするたびに、ビルマ語で書かれた父の業績に関する本や資料の入手に努力した。

5　日本での研究生活

父アウンサンのことを調べるうちに、彼女は必然的にアウンサンと日本との関係についてより深く知りたいと思うようになった。アウンサンと日本とのあいだには、既述したようにアジア・太平洋戦争期に深い関わりがあったので、アウンサンスーチーが父のことを知るために日本との関係をより調べたいと思うようになったことは必然であったと言ってよい。しかし、本格的に父親と日本との関係を見ていこうとすれば、どうしても日本語の能力が必要となってくる。彼女はそのため、オクスフォード大学で日本語の勉強を開始する。

そして三島由紀夫の小説を原書で読めるまでの力をつけると、ロンドン大学SOASで知った京都大学東南アジア研究センター(現東南アジア研究所)の外国人客員研究員の公募に応募して採用され、一九八五年一〇月、四〇歳のとき、念願の日本行きを果たした。約一〇カ月間、国際交流基金の助成を受けて、京都大学東南アジア研究センターに客員研究員として迎えられ、そこを拠点に、東京の外務省外交史料館や防衛庁戦史部図書館、国会図書館などを訪問して日本側資料の収集と調査に励んだ。また、各地をまわってアウンサンと交流のあった元日本軍関係者らに対する聞き取りもおこなった。京都や東京で学ぶビルマ人留学生とも交流し、祖国の政治経済状況の悪化を憂いつつ、ときに将来のビルマをめぐる政治的な議論もした。

日本では、夫と上の息子を英国に残したまま、下の息子キムを連れての生活だった。滞在中、夫マイケル・アリスと長男アレクザンダーが一九八五年から八六年の年末年始に京都を訪れ、一家団欒を楽しんでいる。一九八六年七月、日本を去ると、ヤンゴンに三カ月ほど寄って久々に母キンチーと共にすごし、その年の一〇月、夫の待つオクスフォードに帰った。そのまま通常の生活が続けば、研究者の妻として、またビルマ・ナショナリズムと文学の関係を思想史的に追究する博士論文を書く大学院生として、さらに、ビルマ語・英語・日本語を駆使して父アウンサンの詳細な伝記を書き上げる娘としての生活が待っているはずであった。しかし、彼女の人生はその後、大きな転機を迎えることになる。

6　祖国の民主化運動を率いる

(1)　一九八八年、人生の激変

オクスフォードに戻って一年半がたった一九八八年三月末、一本の国際電話がヤンゴンから入った。それは母キンチー(当時七六歳)の危篤を伝えるもので、アウンサンスーチーはただちにビルマへ戻った。ビルマ人は自分の両親、とりわけ母親を大切にするが、彼女の場合、幼少のころから母と強い絆で結ばれてきただけに、危篤と知って、一刻も早く看病に飛んで行きたい気持ちにかられたものと思われる。しかし、彼女がヤンゴンの実家に戻り母親の看病をはじめた時期は、ちょうど学生たちが反政府運動を展開した時と重なっていた。母キンチーが危篤状態を一時脱して、結果的にその年の一二月まで生きながらえたこともあり、これらの偶然が彼女をビルマ政治の大きなうねりのなかに巻き込んでいくことになった。それは本人にも予想できなかったことであろう。

一九八八年という年は、ビルマで全国規模の民主化運動が展開された年であった。一九六二年から二六年間続いたネィウィン率いる軍主導のビルマ式社会主義体制に対する国民の不満が高まり、三月からヤンゴン工科大学やヤンゴン大学の学生たちが先頭に立ち、警察や軍による発砲や強硬な取り締まりのため多大な犠牲者を出しながらも、根強く運動を盛り上げ、市民もこれに合流した。

ビルマ「独立の父」アウンサンの娘が帰国しているというニュースは彼らにもすぐ伝わり、活動家たちは他の市民らと共に、彼女の家に出入りするようになった。母の看病が目的で帰国したアウンサンスーチーだったが、彼らとの交流を通して、自分の愛する国ビルマが大きく揺れ動く時期に直面していることを直感した。ネィウィンが七月にビルマ社会主義計画党の議長(事実上の国家指導者)を辞任し、その際に「今後も騒動を起こす国民がいたら軍は威嚇射撃ではなく命中するように撃つ」と自国民を脅すような発言をしたことにも大きな刺激を受けた。そして同年八月を境に、学生たちのパワーによって運動の性格がネィウィン打倒から民主化と人権の確立へと変容し、市民たちの合流も激増するようになると、彼女もついに表舞台への登場を決意するに至った。

(2) 民主化運動へのデビュー

彼女の公の場所への登場は、同年八月二四日のヤンゴン総合病院前での短い演説が最初である。しかし、事実上のデビューはその二日後の八月二六日に、ヤンゴンを象徴する仏塔シュエダゴン・パゴダの西側広場で開催された大規模な集会における演説であった。ここで彼女は「この運動は、第二の独立闘争と言うことができます。私たちは……民主主義の独立闘争に加わったのです」という有名な発言をおこなう。

この集会に集まった人数は五万人以上と言われているが、その多さからもわかるように、彼女の人気は当初から絶大で、運動全体を指導する人物の登場を待ちわびていた人々にとって期待の星となった。しかし、全国規模で盛り上がった民主化運動は、同年九月一八日、国内の混乱と自分たちの権威の失墜を恐れた国軍が全権を掌握することによって、頓挫させられてしまう。国軍は治安回復と複数政党制に基づく総選挙の実施を掲げて軍事政権を成立させ、反対デモを続けた者には無差別発砲を繰り返し、多くの犠牲者を出した。

アウンサンスーチーは軍事政権が政党結成を認めた同月下旬、かつて一九七六年にネィウィンによって解任された元国防大臣ティンウー（Tin Oo 1927–）らと共に、国民民主連盟（ＮＬＤ）を結成し、書記長に就任、いよいよ、政治家アウンサンスーチーとして本格的な活動を開始した。ＮＬＤはしかし、結成当初から、その反軍政姿勢の強さのため当局から極度に警戒された。彼女は妨害を受けながらも精力的に国内各地を回って遊説し、翌一九八九年六月には「大多数の国民が同意しない命令・権力すべてに対して、義務として反抗しなければならない」という、西欧の政治思想で培われた市民的抵抗権とは異なる市民的抵抗義務を主張するようになった。もっとも、ここで言う「反抗の義務」とは、「非暴力による不服従の義務」を意味し、軍政側が彼女を攻撃する際に用いた「市民に暴力的反乱を煽り混乱をもたらした」とする見方とは異なった（第2章参照）。

(3) 最初の自宅軟禁

彼女は上述の「反抗の義務」を果たすべく、同年七月、ヤンゴン中心部でおこなった演説でネィウィン批判を展開し、結局それが直接の原因となって同月二〇日、軍政によって国家防御法を適用され、自宅軟禁に処されてしまう。国家防御法とは、国の治安を乱すおそれのある者を政府の判断で事前に拘禁できるという、社会主義時代の一九七五年にできた法律である。当局が恣意的に用いることのできる、ビルマで数々の政治犯を生み出してきた法律のひとつである。

軟禁は一九九五年七月まで六年間続いた。軍事政権は国外に出るのであればすぐに解放すると伝えたが、彼女はいっさい応じなかった。また、軟禁当初、逮捕された多数の学生活動家たちに対する不当な取り扱いに反発し、一二日間にわたるハンガーストライキ(絶食闘争)をおこない、当局から「学生たちに拷問はおこなわない」旨の約束をとりつけるということもあった。夫マイケル・アリスと二人の息子たちの訪問は特別に二回許されたが、軟禁二年目以降はまったく認められなくなった。彼らとの手紙のやりとりは許可されていたが、軍政による軟禁という不正な措置への抗議のしるしとして、軟禁二年目以降、アウンサンスーチーのほうからその権利を放棄した。短波ラジオの受信が認められたため、英国国営放送(BBC)の国際放送(英語およびビルマ語)などを聴いてビルマ関連のニュースを追うことはできたが、新聞・雑誌は一方的に配達される国営新聞や、軍政が「アウンサン将軍の娘という特別の存在であることに配慮して」渡した英国の婦人雑誌を除いて、自由に読むことは許されなかった。生活費は軍政が援助を申し出たものの、彼女は拒絶し、夫からの生活費援助も受け取らず、家具などを売り払って竹の子生活を送った。

電話線は切られ、訪問者は通いの家政婦のほかは、数週間に一回、軍政側の情報将校が訪ねてくるだけで、外部との接触は遮断された。訪ねてくる情報将校も、軍政側からの通達事項を伝えることと彼女の健康状態を確認することが目的にすぎず、政治的対話には応じなかった。例外的に一九九四年九月に軍政のタンシュエ(Than Shwe 1933–)議長とキンニュン(Khin Nyunt 1939–)第一書記(当時)との会談が実現したほかは、軍政側との実質的な対話は皆無に近かった(このとき彼女は五年二カ月ぶりに自宅の外を出て、軍政側の案内によりヤンゴン市内を車で見せられている)。

アウンサンスーチーはしかし、このような孤独な軟禁生活にあっても、毎朝四時三〇分に起床し、上座仏教の内観瞑想を一時間おこない、その後は短波放送を聴き、室内運動をして、読書、水浴、掃除、室内の修繕などをおこない、夜は早く就寝する規則正しい生活を送った[Aung San Suu Kyi 2008: 143-144]。解放された後、党務や外国のマスメディアへの対応できわめて多忙になった際、「時間が豊かにあった軟禁中がなつかしい」と彼女らしいユーモアを込めた感想を語ったくらいである。

(4) 総選挙での圧勝(一九九〇年)

彼女の自宅軟禁中、ビルマでは大きな動きがあった。軟禁一年目の一九九〇年五月、軍政が発足当初の公約を守って、一九六〇年以来三〇年ぶりとなる複数政党制に基づく総選挙を実施したのである。アウンサンスーチーは軟禁中の身で立候補届けを出したが選管によって拒絶され、NLDはまともな選挙運動もできないなか、党の核心である人物を欠いたまま選挙に臨まざるを得なかった。結果はしかし、NLDの圧勝に終わり、定数四八五議席のうち三九一議席(八一%)を獲得、得票率も六〇%に迫る勢いを示した。軍人とその家族が有権者の多数を占める選挙区でもNLDは勝利した。また、少数民族居住区でも善戦した。有権者は軍政への不満の表明と自宅軟禁中のアウンサンスーチーへの強い期待を抱いて、NLDの公認候補に投票したのだと想像される。

この選挙結果に驚いた軍政は、政権委譲も、それに先立つ議会の開催も、またアウンサンスーチーの解放もおこなわなかった。選挙後、すべてを無期限に先送りし、新憲法の制定を優先すべきであると宣言して、軍政が自ら選んだ議員を中心に制憲国民会議を開催し、一九九〇年総選挙の当選議員による議会開催は制憲国民会議における憲法草案の審議終了後とする決定を下した。軍政の論理に基づけば、ビルマで安定した憲法をつくるには特定の政党(NLD)が議席の八割も占めるような偏った議会はふさわしくなく、軍政が責任を持って選んだ国民各階層の代表から構成される別個の会議で審議すべきであるとされた。この「論理」に反対した多くのNLD関係者や学生活動家、僧侶らは、逮捕・投獄された。

ちなみに、制憲国民会議は一九九三年一月から軍政が指名した議員七〇一人によって開催された。そこでは上下両院それぞれの議席の二五%は軍人が占める、大統領・副大統領計三人のうち一人は軍関係者とする、外国籍の者を家族に持つ国民は国会議員になることができない等、アウンサンスーチーとNLD(そして民主化運動全体)にきわめて不利な方針が決められた後、一九九六年から長期中断に入り、その後、二〇〇四年五月から議員を一〇八八人に増やして再開された。

(5) ノーベル平和賞の受賞(一九九一年)

選挙結果を軍政によって無視され、人々の民主化への期待が完全に封じ込められてビルマは政治的に「真冬」の状況に陥ったが、そのなかで、一九九一年九月、アウンサンスーチーとビルマの国民に大きなニュースが届いた。彼女の非暴力による民主化運動の指導が評価されて、ノーベル平和賞が授与されることが決定したのである。一説によると、ノーベル平和賞選考委員会は当初、チェコの「ビロードの革命」（一九八九年、無血の民主革命）を成功させたハヴェル大統領（Václav Havel 1936–2011）を第一候補に考えたが、それを伝え聞いたハヴェルが、自分よりも、いま現在、非暴力の手段で民主化闘争を指導しているアウンサンスーチーを優先して欲しいという意向を示し、その結果、彼女に平和賞が授けられることになったという。同年一二月におこなわれた授賞式に彼女は出席できなかったが、夫のマイケル・アリスと二人の息子が代理出席して受賞し、多くの人々の喝采を浴びた。彼女のノーベル平和賞受賞は、ビルマや彼女に対する国際社会（特に欧米）の関心をいっそう高めることになった。

しかし、このニュースを軍政は無視し、ビルマ国内での報道を事実上禁じた。国民は短波ラジオを通じてニュースを知り、ヤンゴン市内では大学生たちがキャンパス内で祝福の集会を開催したが、すぐに警察と軍によって封じ込められた。

(6)　解放、そして再軟禁

一九九五年七月一〇日、彼女は自宅軟禁から解放される。国際世論の圧力のほか、国家防御法をもってしても軟禁措置のこれ以上の延長は難しいという軍政の判断によって、六年間にわたる隔離が終わったのである。NLD書記長に復帰した彼女は、軍事政権に対する無条件の対話申し入れをおこない、一方で自宅前において市民向けの定期的な対話集会も開催した。軍事政権はしかし、アウンサンスーチーとの直接対話に応じず、一九九六年九月以降は自宅前での対話集会も禁じて彼女が国民と接するほとんど唯一の機会を奪い、一九九八年八月には彼女がヤンゴンを出て自動車で地方のNLD支部に出かけることを実力で阻止した。彼女は数日間にわたって車の中にとどまって抵抗したが、強制的に自宅へ連れ戻された。

同年九月、NLDは一九九〇年の総選挙で当選した議員の過半数から委任状を得たうえで、国会代表者委員会(CRPP。通称「一〇人委員会」)を設置し、軍政がいつまでたっても開催しようとしない当選議員による国会を、独自に一〇人の代表者で代行開催するという行動に出る。この代行国会は、軍政が出す命令(法律)のひとつひとつについて審査をおこない、それが不当であることを宣言し、また独自に新憲法草案の検討も続けるというものであった。軍政はこの行動に激しく反発し、NLDに対する攻撃を強め、国営紙を用いて、アウンサンスーチーや他の幹部への人身攻撃を中心に、NLD所属議員の当選取り消しキャンペーンまで展開し、党員および党員の家族に対する様々な抑圧もおこなった。

このようにNLDと軍政との関係が悪化の一途をたどっていた一九九九年初頭、アウンサンスーチーの夫マイケル・アリスが、前立腺ガンで余命いくばくもないということが明らかとなり、妻との最後の面会を求めビルマ入国ヴィザを申請するという事態が生じる。マイケル・アリスは一九八八年以来、子育てをすべて引き受け、妻のビルマにおける政治活動を彼女に迷惑がおよばない形で支え続けていた。しかし、軍政は二人が会いたいのなら妻がビルマを出て英国に行くべきだと主張して、彼のヴィザ申請を却下した。このとき、もし夫の最期を看取るために一時的にビルマから出てしまったら、軍政は二度と彼女の帰国を認めないことが明白だったため、アウンサンスーチーは民主化運動の指導者としての使命を優先させ、夫との再会をあきらめた。マイケル・アリスは同年、自分の誕生日でもある三月二七日に五三歳で死去し、二人は永遠の別れを迎えた。

二〇〇〇年八月、彼女は再び自動車で地方をまわろうと試みたが、やはり軍事政権によって押さえ込まれ、自宅に連れ戻されてしまう。ほとんど間を置かずに、同年九月、彼女は党員らと共に、今度は自動車ではなく列車でマンダレーへ向かおうとヤンゴン中央駅に行く。ところが窓口で乗車券の販売を拒否され、その理由に納得せず駅構内から動かずにいると、三たび当局に拘束されて自宅に連れ戻され、ついに二度目の自宅軟禁に処されてしまった。現場にいたNLD関係者も全員逮捕・投獄された。

二回目の自宅軟禁はしかし、一回目(一九八九―九五年)とは異なり、国連事務総長が任命した事務総長直属のビルマ問題担当特使ラザリ・イスマイル(Razali Ismail 1939- マレーシアの外交官)の仲介が奏功して、軍政当局との水面下の直接対話を伴う軟禁となった。自宅軟禁というフェアではない環境とはいえ、月に一、二度のペースで、軍政の高官ないしはその代理人が彼女の自宅を訪れ、これまでの相互の対応の検証を軸とした信頼関係の醸成が進められたことは、ビルマの停滞した民主化状況のなかにあって大きな進歩であるように映った。

(7) 再解放とディペーイン襲撃事件、そして三度目の軟禁

国際世論の高まりとラザリ特使の何度かにわたる説得で、軍政は二〇〇二年五月、アウンサンスーチーを二度目の自宅軟禁から解放する。軟禁中に一年半以上にわたって相互の「対話」が続いていたため、国際社会は、今度こそ両者が妥協し、民主化の進展が見られるのではないかと期待を寄

せたが、「対話」はその後、軍政のほうが中断してしまった。

アウンサンスーチーは解放後、しばらく様子を見たあと、積極的に地方を訪問し、各地のＮＬＤ支部の事務所再開に立会って、党員に向けたスピーチをおこなうようになった。彼女は地元民に向けた集会開催を控えていたが、行く先々で数千人、ときに数万人もの人々が自然に集まるため、徐々に彼らに向けた短い演説をするようにもなった。軍政にとってこのことは予想外であった。一九八八年以来、軍政は学生運動の封じ込めに成功し、公務員の非政治化も達成、国民が政治より経済に関心を持つように仕向けたことにもある程度成功したという自信を持ち、たとえアウンサンスーチー一人を「自由」にしても、国内の治安維持には大きな影響がないと判断していた。しかし、彼女の地方訪問が、かつてと同じように（もしくはそれ以上に）多くの地元住民を集めることに驚き、徐々に危機意識を抱くようになった。

二〇〇三年に入ると、彼女と一行は、訪問する町々で軍政側が組織した連邦団結発展協会（ＵＳＤＡ）のメンバーから妨害を受けるようになり、それはついに五月三〇日夜、大量の犠牲者を出した流血のディペーイン事件へと発展した。アウンサンスーチーと三〇〇人近いＮＬＤ党員一行が、中央ビルマのモンユワ市で数万人を集めた演説を終え、次の町に移動する途中、夜八時ころにディペーインという小さな町を通過する際、木刀などで武装した数千人の人々に襲われたのである。

この事件による死者は軍政の公式発表で四人、ＮＬＤ側の非公式表明で一〇〇人以上とされている。犠牲者数の認識が双方でかけ離れているとはいえ、アウンサンスーチーとその一行に対する組織的襲撃事件であったことは明白な事実である（彼女に対する暗殺未遂事件としてとらえることもできる）。アウンサンスーチーは襲撃された際、乗っていた車の運転手が機転を利かせてその場を急発進したためディベーインを逃げ出すことができたが、次の町で待ち伏せていた当局に捕らえられ、軍事施設に連行され監禁されてしまった。その後、婦人科の病を患って病院で手術を受けると、退院後に軍政は彼女を自宅に移して軟禁に処し（同年九月）、以後、二〇一〇年一一月に最終的に解放されるまで、アウンサンスーチーは三度目の長期軟禁状態に置かれた。

ディベーイン事件について、軍政はアウンサンスーチーの地方旅行に不快感を抱いた地元民による自然発生的な襲撃事件であったと説明した。しかし、多数の死傷者が出ていること、組織的な待ち伏せ攻撃であったこと、被害者であるＮＬＤ関係者からのみ逮捕者が出て襲撃した側の人間が一人も逮捕されていないことなどの状況を見た場合、軍政の上層部が直接関わった事件とみなしてまちがいないであろう。国際社会も、日本政府を含め、おおむねそのように認識した。

7　その後の軍政の対応と軟禁からの最終的解放

(1)「民主主義への道程」

アウンサンスーチーがディベーイン事件で軍事施設に監禁されたあと、軍事政権は国際世論の批判をそらすべく、国際社会の一部から比較的受けの良い軍政ナンバー3のキンニュン第一書記（大将）を首相に就任させ、対外折衝の表看板に据えた（二〇〇三年八月）。ただしこのとき、キンニュンは第一書記職から解任されており、内閣という、軍政の下に位置づけられる執行機関の長に過ぎないポストに巧妙に「降格」させられていた。実際、彼はタンシュエ議長によって一年三カ月ほどで失脚させられることになる。その彼がタンシュエの指揮の下で出した新しいシナリオが、次の七つの段階から成る「民主主義へのロードマップ（道程）」である。

①一九九六年以来長期中断されていた制憲国民会議を再開する。
②そこで新憲法の基本方針を決定する。
③確定した基本方針に基づき軍政が新憲法草案を起草する。
④新憲法草案の可否を国民投票で問う。
⑤新憲法に基づいて新たな国会議員選挙を実施する。
⑥当選した議員によって構成される新国会を召集、新大統領（国家元首）を選出する。
⑦軍事政権から新政府へ政権を委譲する。

軍政によるこうした「道程」の表明で、ＡＳＥＡＮ側はディペーイン事件への反発のこぶしを下ろした。しかし、米国やＥＵはいっさい評価しなかった。この「道程」は、⑤に示された「新憲法に基づいて新たな国会議員選挙を実施する」にあるように、ＮＬＤが圧勝した一九九〇年五月総選挙の結果を完全に無視し、それに最終的な「死刑判決」を与えるものにほかならなかった。また、再開される制憲国民会議も、憲法草案を審議するのではなく、草案の「基本方針」を審議するだけの場所に格下げされていた。さらに③で「確定した基本方針に基づき軍政が新憲法草案を起草する」とあり、これは軍政が一九九〇年七月に公告１／９０で示した「一九九〇年総選挙で当選した議員は制憲議会の議員である」とする宣言を、何の説明もなく取り下げたことを意味した。アウンサンスーチーやＮＬＤに何らの同意も求めることなく、こうして軍政は新たな政権交代への「道程」を一方的に宣言したのである。

二〇〇四年五月一七日、軍政はこの「道程」をスタートさせ、八年間休会状態にあった制憲国民会議を、代議員の数をかつての一・五倍程度にあたる一〇八八人に増やして再開した。ＮＬＤには五四人の党員に代議員の打診がきたが、審議の進め方に同意できないため、党として参加を拒絶した。

(2) キンニュン首相の失脚

このあと軍政のタンシュエ議長は、同年一〇月にキンニュン首相(大将)を失脚させている。それはタンシュエの権力基盤強化のためだった。キンニュン首相はビルマ式社会主義時代の独裁者ネィウィンの子飼いの部下だった。少数民族武装勢力やビルマ共産党軍との実戦経験がないまま、もっぱら情報畑を歩み、軍の高官らの個人情報をつかむことができる立場にいた将校だったため、軍事政権の登場以降、ほかのメンバーから恐怖を抱かれていた。その心理をタンシュエ議長が上手に利用し、まずは軍政の第一書記という重責から彼を解任したうえで、多忙を極める首相職に就かせると、上述の「民主主義へのロードマップ」を彼に発表させ、キンニュンを「穏健派」とみなすＡＳＥＡＮ各国を安心させた。首相職は対外的には重要なポストだが、軍政(ＳＰＤＣ)のメンバーを解任したうえで就かせたので、軍政内の情報がキンニュンには充分に届かない環境となった。タンシュエ議長はそれを利用して水面下で準備をすすめ、最終的に「汚職」を理由に失脚させたのである。キンニュン首相は外交、教育、国境担当、情報（治安維持）などに強い権限と影響力を有していただけに、その突然の失脚は様々な波紋を呼んだ。特に外交団はそれまで培ったキンニュンとの交渉ルートを失ってしまい、日本大使館をはじめ軍政と有機的な接触を維持してきた国々にとって大きなショックとなった。キンニュン失脚後はタンシュエ議長の独裁が突出するようになるが、同議長と接触できる外交団は、経済的関係を深めながら国際社会のなかで軍政を常に支持してきた中国一国にほぼ限られることになった。

タンシュエ独裁色が強まるなか、二〇〇五年一一月に軍政はヤンゴンにある主要官庁と公務員らのネイピードーへの移転を強行した。数年前から何の説明もなくマンダレー管区の南端に位置するピンマナー付近（ヤンゴンから三五〇キロほど北）に新首都の造営を開始し、それがある程度完成したため、第一陣の移動がはじまったのである。翌二〇〇六年三月二七日、それまでヤンゴンで盛大におこなわれていた国軍記念日（一九四五年に抗日武装闘争を開始した日）の大規模軍事パレードが新首都で開催され、ここに名実ともに首都の移転が公にされた。ネイピードーと名づけられた新首都の意味は「太陽の御国」である。王朝時代の王は上座仏教の王であるとともに「太陽王」であるともされたので、「太陽の御国」はすなわち「王都」を意味した。王がいない共和制国家であるにもかかわらず、軍事政権はこの名称を新首都に付したのである。実際、軍がパレードをおこなう広大な新首都の式典場には、過去の三人のビルマ王の巨大な像が睨《にら》むように聳《そび》えたっている。それらはパガン朝初代国王で南のモンの国に攻め込んで勝利したアノーラター王(在位一〇四四―七七)、タウングー朝第三代国王でアユタヤを攻撃したことで知られるバインナウン王(同一五五一―八一)、そしてコンバウン朝創始者で、これも南のモン人勢力を滅ぼしたことで有名なアラウンパヤー王(同一七五二―六〇)である。現在のモン民族やタイ人が見たら複雑な思いを抱くだろう。

(3) 僧侶と市民らによる異議申し立て(二〇〇七年)

軍事政権下の経済は、市場経済に転じたにもかかわらず、資源輸出による外貨獲得をのぞいて低迷した。そもそも軍人が経済政策をつくり実施するところに無理があった。一九六〇年代半ば以降、軍が官僚機構を乗っ取って運営してきた国だったので、経済テクノクラートの数が少なく、市場経済化後も軍政は経済官僚を育てようとしなかった。ビルマの経済状況を地道に調査した外国の研究者たちが冷静な政策提言をおこなっても無視した。資源輸出のほうは森林伐採権の販売や海底から産出される天然ガスの輸出に力を入れ、それなりの外貨獲得に成功したが、そうして得られた貴重な収入も、国防費(特に戦闘機や最新の武器購入費)とネイピードーへの首都移転費などに使われてしまい、国民の生活向上につながることはなかった。

経済の停滞が続くなか、二〇〇七年八月に軍政は燃料費の大幅な値上げを発表した。生活に直結するだけに国民の不満は高まり、これを機にスローガンなどを叫ばない小規模かつ「静かなデモ」が開始され、それを軍政の翼賛団体、連邦団結発展協会(USDA)の下部組織であるスワンアーシン(直訳で「能力を持つ人」)という行動隊が封じ込める事件が発生した。九月には制憲国民会議でまとめられた基本方針に基づいて軍政が作成した憲法草案(現在の憲法の元)が発表されたが、国民の関心は生活の困窮化のほうに向いていた。同情した仏教僧侶らによる反政府デモが全国各地で展開されるようになり、彼らは読経しながら行進し軍政に反省を迫る僧侶らしい行動をとった。

しかし、あるときをもって様相が変わった。それはヤンゴンで僧侶らの一部が道路封鎖を突破して軟禁中のアウンサンスーチーの自宅前まで進み、彼女に向けて読経をおこなうというハプニングが起きたときのことである。アウンサンスーチー本人が自ら門を開けて姿を現し、僧侶に返礼するという想定外の「事件」が生じた。彼女は厳重な警備のもとで自宅軟禁されているので、自分で門を開けることはあり得ないとされていた。彼女自ら警備の兵士に対し「一仏教徒として僧侶に返礼したい」と懇願し、自分で門を開けることを担当者が黙認したものと想像される。キーポイントは、この一瞬を携帯電話で動画撮影した人がおり、その映像が半日後にはYou Tubeなどを通じて国外に流れたことだった。国際社会はもちろん色めきたったが、口コミでそれを知った国民の多くが僧侶らの動きをアウンサンスーチーと直接結びつけるようになり、この運動が民主化運動なのだと解釈するようになった。これによって潮目はかわり、ヤンゴンでは万単位の一般市民が僧侶デモに合流するようになった。これを在タイの *The Irrawaddy* など親民主化陣営のメディアが、ビルマ国内で密かに取材するビルマ人ジャーナリストたちの撮影した映像(電子ファイル)を編集して国際社会に流し、逐一様子を報道した。ビルマ国内の携帯電話普及率はこの時期、最大都市のヤンゴンですらまだ数%にも満たないレベルだったが、それでもグローバルな電子通信網はその威力を発揮した。

軍政はしばらく様子を見たあと強硬策に転じた。僧侶と市民のデモ隊に催涙弾やゴム弾を撃ち込み、実弾による水平射撃もおこなった。その結果、数十人の犠牲者と千人を超える逮捕者が出た。日本人ジャーナリストの長井健司氏がデモの取材現場で兵士に撃ち殺されたのもこのときだった。デモ隊に多くの僧侶を出した僧院は軍の荒っぽい捜索を受け、内部が壊された。国境を越えて避難する僧侶も出た。逮捕された僧侶の多くは還俗《げんぞく》(僧衣を脱いで一般人に戻ること)を強制された。ビルマ人ジャーナリストの多くも逮捕され、投獄の憂き目を見た。一九八八年以来の大規模な国民の抵抗は、こうして封じ込まれた。

(4) 二〇〇八年のサイクロン来襲と国民投票の強行

翌二〇〇八年五月には、大型サイクロン「ナルギス」がビルマのデルタ地帯とヤンゴン一帯を襲い、事前の気象予報の不備もあって二四〇万人の被災者と一四万人の死者・行方不明者を出した。この大規模な被災に対し、軍政は当初、外国からの救援を断り続け、国連事務総長の直接申し入れによってやっと受け入れ姿勢に転じた。その理由は、前年九月にまとめた新憲法草案の承認を求める国民投票を五月におこなうことを決めていたからだった。軍政は外国からの救援を受け入れると国民投票が邪魔されるのではないかと恐れ、救援を断ろうとしたのである。

このとき、国内ヴォランティアが被災現場へ行こうとしても止められる事態が頻繁に生じた。ときに僧侶らがあいだに立って被災地への救援が細々と続けられた。国民投票は被災下だったにもかかわらず一部地域を除いて予定した日程で強行され、軍政は「投票率九八・一%」「賛成票九二・四

%」という信じがたい数字を発表して、憲法の「承認」を宣言した。

新憲法が「承認」されたため、軍政はいよいよ「民政移管」に向けた準備を進めることになった。そのためには一九九〇年五月以来となる総選挙をおこなう必要がある。まさにその準備を進めているとき、理解に苦しむ事件がアウンサンスーチーの自宅で発生した。

(5) 米人男性イエットーによる自宅侵入事件、そして解放

軟禁があと半年ほどで「満期」を迎える二〇〇九年五月のこと、ジョン・イエットーという米国籍の男性がヤンゴン市内のインヤー湖畔にあるアウンサンスーチーの自宅へ、夜、湖側から泳いで渡り侵入するという「事件」が起きたのである。イエットーは彼女の自宅敷地内で一泊したのち、翌日、日中に同じ湖を泳いで戻ろうとするところを当局に逮捕され、起訴された。

問題はしかし、アウンサンスーチーと彼女の身の回りの世話をしていたNLD党員の母娘までが逮捕され、起訴されたということにある。軍政側は自宅軟禁中に無許可で外部の者を自宅に招き入れ、法律に違反したというが、アウンサンスーチーがこの男性を招き入れたわけではない。彼女は帰るように彼を説得し、人道的配慮から食事を出したが屋内に入れることはけっしてなかった。だが、その事実は無視され、アウンサンスーチーは法的責任を問われ、裁判がはじまった。八月一一日に判決が下され、結果は有罪、労働を伴う禁固三年が彼女に言い渡された。しかし、その直後に法廷に入ってきた内務大臣によって恩赦が宣言され、自宅軟禁一年六カ月に「減刑」された。

この事件が奇妙なのは、アウンサンスーチーが法的責任を問われたことにくわえ、侵入した米国

人男性が禁固七年の刑を受けながら、八月中旬に米国のジム・ウェッブ上院議員(民主党)のビルマ訪問を経て、判決後わずか五日目で国外追放になったという点にある。

イエットーという男は、一〇代の後半でベトナム戦争に従軍した経験を持つモルモン教徒ということまでわかっているが、彼の動機は「神の声を聞いて、暗殺されそうなアウンサンスーチーを自分が助けなければならないと感じたから」というもので、理解に苦しむ。さらに今回の侵入事件が最初ではなく、前年の二〇〇八年一一月にも、同じ湖側からアウンサンスーチーの自宅に侵入し、彼女と会っていたというから話は単純ではない。

彼は軍政側に利用されていた可能性が高い。軍政が二〇〇八年一一月の一回目の「訪問」を意図的に黙認し、二回目をあえて実行させ、責任をアウンサンスーチーに押し付けようとしたのではないかと想像される。実際、イエットーはビルマから追放された後、タイのバンコクで四日間入院したのち米国に帰国したが、直後にビルマ民主化メディアによるインタビューに応じ、「〔二回目の〕侵入の際、AK-47銃を持った警備兵が自分の腕をとって湖から上陸させ、アウンサンスーチー邸の中に誘導してくれた」と発言している(二〇〇九年八月二一日)。軍政側が彼の侵入を事前に予測し、それを利用しようとした可能性は非常に高い。そこまでしてアウンサンスーチーを陥れようとした軍事政権の政治的意図は彼女の自宅軟禁を延長させる必要にかられたからである。二〇〇八年に強行承認させた新憲法の施行に伴い、総選挙の準備をすすめるなか、そのための充分な時間を確保するだけでなく、アウンサンスーチーとNLDに選挙への参加準備をさせないため、一年半以上の軟禁延長が必要だったのである。国家防御法の規定では延長できないため、こうした奇策を思いついたのであろう。

二〇一〇年一一月一三日に彼女が三度目の自宅軟禁から解放されたとき、総選挙はすでに終わっていた。NLDは選挙をボイコットし、それに反対した一部の党員はNLDを脱党して国民民主勢力(NDF)という別政党をつくり選挙に参加したが、獲得できた議席は上下両院を合わせてわずか一二議席であった。

◇◇◇◇◇◇◇◇◇◇◇◇◇◇◇◇◇◇◇◇◇◇◇◇◇◇◇◇◇◇◇◇◇◇◇◇

コラム1　仏像の胸とアウンサンスーチー

アウンサンスーチーの国民的人気は、彼女が民主化運動にデビューした一九八八年八月下旬以来一貫して高い。それを示すエピソードには枚挙に暇がないくらいだが、とりわけ最初の自宅軟禁中(一九八九年七月―九五年七月)に起き、筆者自身もこの目で直接観察することができたある「不思議な現象」は、記録にとどめるにふさわしいものだった。以下はそのときの話である。

――一九九〇年八月、ビルマではその年の五月の総選挙で圧勝したNLDに政権委譲がなされないまま、軍事政権による統治が続いていた。NLDの書記長アウンサンスーチーの自宅軟禁も解かれず、政権の早期委譲や彼女の釈放を求めるNLDと、それを頑なに拒む軍事政権との対峙が深まっていた。

私はそのときビルマを短期で訪れていた。お気に入りのシャン州南西部にある高原の町カロオを再訪し、この町に住む旧友のA君と市場に行き、好物のシャン・カウスエ(シャン風ゆで麺)をごちそうになった。そのとき店にいた人々の話題は「最近、いくつかのパゴダ(仏塔)や家に安置されている仏像の左胸がふくらんできている」という奇妙なものだった。八月二〇日ごろから、一部のパゴダの仏像が涙を流したり、突然揺れだしたりする一方、ある男性宅では仏像の左胸がふくらんできたという。このような現象はカロオだけでなく、シャン州のあらゆるところで、また、マンダレーやヤンゴンといった大都市でも起きているらしい。店にいた人々はとりわけ「左胸がふくらんできた」ことを強調していた。私は話を信用しなかったが、A君がぜひ件《くだん》の仏像を所有する男性の家へ行ってみようと誘うので、一緒に出かけてみることにした。

その男性の家はカロオの市場から徒歩で一五分ほどの高台にあった。突然の訪問にもかかわらず私たちを迎え入れてくれ、すぐに仏像の安置されている特別の部屋に通してくれた。仏像は高さ約二五センチほどの小さなもので、第一印象は「かわいい仏様」といった感じだった。しかし、確かに言われてみれば左胸がこころもちふくらんでいるように見える。男性の話によると、三、四日前から急にふくらみだし、その前には仏像全体が「汗をかくこと」もあったという。固い石を彫って作られた仏像で、細工を施した跡はなかった。

仏像の写真を撮りながら、男性に「この現象の意味は何ですか」と尋ねた。しかし、「大変良いことが起きる前兆だよ」としか語ってくれなかった。帰り道にA君に同じことを聞くと、彼は声を少し低めて次のように教えてくれた。

「左胸がふくらんできたことに大きな意味があるんだ。普通ビルマ人が家で仏像を安置するときは、仏像の左側に仏の母堂の像を一緒に置く。ビルマでは「左」は「女性」を象徴する位置とみなされている。だから仏の左胸が大きくなってきたということは、「女性」が何か大きな良いことをする前兆だろうとみんなは解釈するのさ。もっとはっきり言えば、自宅軟禁中のアウンサンスーチーさんが力をつけて立ち上がり、ビルマを軍政下の苦しみから解放してくれると期待しているんだよ。あの家の男性は少し怖がっていて、そのことを君にはっきり言わなかっただけなんだ」

この解釈がA君一人だけのものではないことを、そのあといろいろなビルマ人に聞いて確かめた。ヤンゴンでは現象そのものをばかばかしいと言って信じない若者もいたが、仏教徒のあいだではほぼ学歴に関係なく「左胸がふくらんできた」現象は信じられ、解釈もおおむね共通していた。

当時、在ヤンゴン日本国大使館専門調査員だったビルマの民衆運動の研究を専門とする伊野憲治氏(のちに北九州市立大学教授)は、「ビルマの仏像はもともと左側が袈裟の厚みの分だけふくらんで彫られている」と指摘してくれた。そのとおりだと思う。では一連の現象は集団ヒステリーの一種に過ぎないのだろうか。おそらく、ビルマの一般仏教徒は、当時、このような形でしか自分たちのアウンサンスーチーへの期待を表現できない状況にあったのだろう。選挙結果を踏みにじり、国民に政治的自由を与えず、思うがままに抑圧的統治を続けた軍事政権による支配がもたらした、あまりにビルマ的な「事件」だったと解釈できる。

第2章

思想の骨格

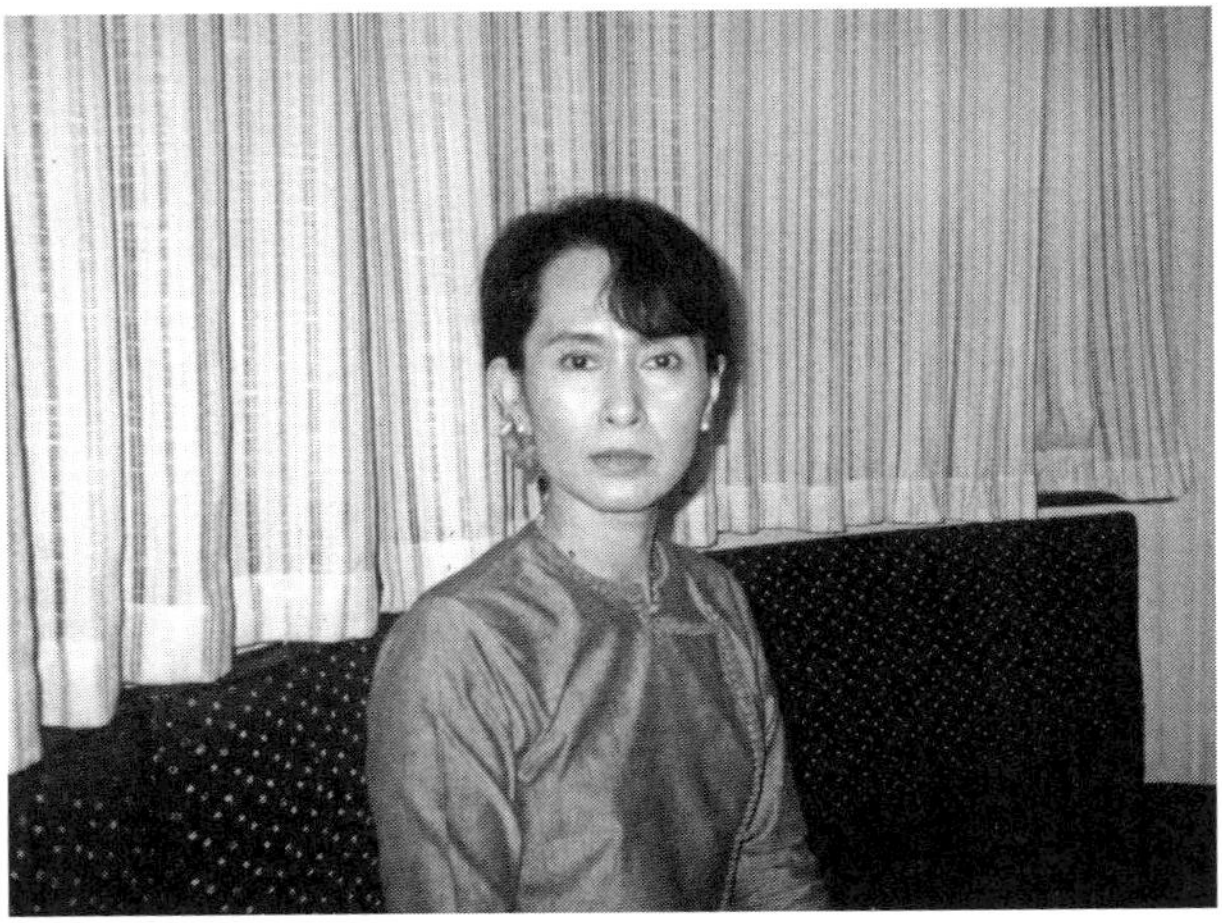

最初の自宅軟禁から解放され，NLD 書記長として活動していたころ
（ヤンゴンの自宅にて，1996 年 9 月，筆者撮影）

前章において、アウンサンスーチーの誕生から二〇一〇年一一月に自宅軟禁から最終的に解放されるまでの六五年間の歩みを振り返った。つづく本章では、こうした彼女の歩みを支えた思想の骨格について見ていくことにしたい。

現在進行形で政治活動を続ける人物の思想を述べることにはかなりの慎重さが求められる。しかしアウンサンスーチーの場合、その思想的骨格は一九八八年八月に四三歳で民主化運動の政治舞台に参加して以来、意外なほど揺らいでいない。それまでの人生で培われた思想形成が強固なものだったとみなせる。その骨格は次に示す六つの特徴から成る。

ひとつは「**恐怖から自由になる**」ことである。これは心の中に巣食う恐怖を、各人が積極的に克服し、勇気を持ってやるべきことに取り組まなければならないということを意味する。人は恐怖にとらわれていると正しい行動をとることができず、そのために本人はもちろん、社会そのものも堕落していく。独裁体制下にある社会や国家がその典型である。一人ひとりが恐怖を克服しない限り、社会の堕落を防ぎ民主的な体制をつくりあげることはできないと彼女は強調する。

第二は「**正しい目的は正しい手段によってのみ達成される**」という考え方である。これは成功や失敗、勝ち負けといった目的達成の成否そのものよりも、そこに至るまでの手段が正しかったかどうかを重視する価値観である。表面的な結果だけを求めて行動すると、逆に本来の目的を達成できなくなるという警鐘がこれには含まれている。

第三は日常の生活の様々な場面において「**真理の追究**」を実践するという生き方である。目的も手段も、その「正しさ」の判断については、自らの主観や感情だけに左右されていたのでは見出すことができない。自分が置かれている状況を自覚し、常に客体化する努力をおこなうことによってはじめて正しい判断を下せるようになる。こうした日々の生活における自覚と客体化の実践を、彼女は「真理の追究」と呼んでいる。

第四は常に「**問いかけ」を持って生きる**」ことである。独裁体制下にある社会や国家においては「問いかけ」を持つこと自体が抑圧されるので、それを乗り越える知的勇気が求められる。これは教育の在り方とも深く関わる。年長者やリーダーの言うことに無批判に従う「素直な」人間を育てるのではなく、問題の発見やその解決に向けて自律的に取り組む人間を育むことが大切であり、それをおろそかにすると社会は発展しないと彼女は語る。

第五は自らが信仰する上座仏教について、「**社会と関わる仏教**」であってほしいと願う強い思いである。アウンサンスーチーにあっては、宗教と政治はどちらも人間と人間社会を幸福に導こうとする点において共通しており、両者を本質的に分けることはできないとみなされている。そのため、社会と断絶した仏教信仰には批判的で、様々な現実の問題に関与する姿勢を僧侶も仏教徒も持つべきであると訴える。

最後は「**真理にかなった国民**」によって構成されるビルマ国家の理想追究である。一国の政治指導者である以上、強い愛国心や国民重視の姿勢を抱くことは自然であるが、彼女の場合、ナショナリズム特有の排他性が極力抑えられ、「真理にかなった国民」という普遍的価値と融合した「国民」の在り方が強調されている点に特徴がある。近代以降、歴史的に形成された現実のビルマ・ナショナリズムが、ともすれば排他性を強く持ちすぎる傾向にあるのに対し、彼女は別の「国民」の理想を提示し、それを自国のナショナリズムに反映させようとしている。

以下、これら六つの思想の骨格をひとつひとつ具体的に見ていくことにしたい。

1　恐怖から自由になること

アウンサンスーチーの思想の原点は、思想と行動の一致原則にある。それは民主化運動の初期の段階で、国民民主連盟（ＮＬＤ）の党員に対し、「民主主義の権利を享受したい人は、その権利が獲得できるように勇気をもって行動していかなければなりません。行動する勇気がないのであれば、享受したいなどと思わないことです」［アウンサンスーチー一九九六ａ：一一九］という厳しい表現で語りかけた事実からも見てとることができる。

言行一致を重視するこの姿勢は、思想史において特段めずらしいこととは言えない。しかし、彼女の場合、思想と行動を一致させる際の前提として、一人ひとりの人間の心の中にある恐怖に打ち勝つ努力を義務づけているところに大きな特徴がある。「恐怖からの自由」（freedom from fear）という言葉で表明されるその主張は、「なんびとも恐怖から自由に生きる権利を有する」という人権の概念として語られるよりも、一人ひとりが心の中の恐怖を克服する努力をおこない、自己と社会の堕落を防がなければならないという義務性を帯びたものとして強調される。

彼女は、独裁者が堕落するのは、その権力のためではなく、権力の椅子から降りたあとに人々から復讐されるのではないかという恐怖心のためだとみなす。独裁者は復讐の恐怖に怯え、権力を手放すことができなくなり、そのために疑心暗鬼に陥って人々をさらに抑圧し、堕落していく。一方、そのような独裁者による統治下で生活を余儀なくされる人々は、理不尽な命令が出されても恐怖のため抵抗できず、批判や問いかけの意思を失い、逆に独裁者におもねる態度までとるようになる。その結果、独裁下の国家は、個人のみならず社会そのものが限りなく腐敗し、堕落していく。「恐怖に満ちた社会では、あらゆる形の堕落が、社会を侵していく」と彼女は言う[Aung San Suu Kyi 1991: 181]。したがって、一人ひとりが自身の心の中の恐怖に打ち勝つ努力をしない限り、個人と社会の堕落を防ぐことはできないし、民主的な体制をつくりあげることもできないと主張する。次の二つの発言はそれを象徴している。

「真の革命とは精神の革命である。……自由や民主主義、人権を要求するだけでは不充分である。永遠の真理に誓った犠牲を払い、欲望、恨み、無知、そして恐怖によってもたらされた堕落に抵抗するための闘いを貫く、そのための一致した決意がなければならない。……国家による恣意的な権力行使を防ぐ強力な民主的国家を築こうとする人々は、まず何よりも、彼ら自身の心を、無気力と恐怖から解放しなければならない」[Aung San Suu Kyi 1991: 183]

「ある人は、恐れという感情のため民主化運動にいまの時点では加わらないと言っています。恐れを、自分の感情を、自分で抑えることができないのです。

自分の恐れという感情すら、自分で拭い去ることができないのに、私たちはどうして他人に打ち勝つことができましょう。国民として、すべきことがあるとすれば、勇気をもってできるように努めてください。……私たち全てが勇気をもって行動してこそ民主主義は獲得できるのです」[アウンサンスーチー一九九六a：一八二―一八三]

「恐怖から自由になること」と関連したアウンサンスーチーの行動についても紹介しておきたい。最初の自宅軟禁に処される前の一九八九年四月五日、彼女がエイヤーワディ管区の町ダヌビューを訪問したときのことである。地元で演説会を開催するために彼女が数人のNLD党員たちと町を歩いていたとき、突然、前方から国軍の一個小隊によって進路を阻止され、すぐにでも発砲がなされそうな緊張した場面と遭遇した。そのとき、彼女はほかの党員たちに道の端を歩かせ、自らは一人で道の中央を兵士たちの方へ向かって歩いた。他の党員が発砲の巻き添えにならないようにするための配慮である。すでに上官によって射撃命令が出されていたにもかかわらず、兵士たちは一人で歩いてくる彼女を撃つことができず、結果的に彼女もほかの党員も無事に兵士たちの横を通り抜けることができた[Aung San Suu Kyi 2008: 52-53]。このエピソードはアウンサンスーチーが行動を通じて「恐怖から自由になること」を示した一例としてよく知られている。

アウンサンスーチーはまた、「恐怖から自由になること」の必要性を語るとき、その前提として「自分の心を自分で支配する」ことの大切さを強調する[Aung San Suu Kyi 1991: 183]。ここには英領期のインドで国民的不服従運動を率いたM・K・ガンディーのスワラージ思想の影響が見られる。スワラージは「自治」と訳されることが多いが、ガンディーが主張したこの言葉の根源的な意味は、自分自身の欲望や怒りを自分で統治(抑制)することであり、それができるようになってはじめて、インドの人々は本当に自分たちの国を治めることが可能になるという主張であった〔長崎一九九六：一〇二―一〇九〕。しかし、同時に「自分の心を自分で支配する」という考え方は、ビルマで支配的な上座仏教の人間救済の方法ともつながっている。上座仏教では救済を願う人間は現世の欲望と縁を切って出家し、戒律を守って瞑想などの修行をおこなわないかぎり、輪廻の苦しみから解放される道に至ることはできないとされている。「自らの心を自らが支配し、恐怖を克服してやるべきことに取り組め」と訴えるアウンサンスーチーの考え方は、このような上座仏教の自力救済の考え方と共通している。

民主化運動の舞台に登場した初期のころ、マンダレー管区タッコウン町で民衆に向けておこなわれた演説でも、こうした自力救済的な考えが表明されている（一九八九年二月一九日）。

「現在、国民は、民主主義が欲しいと言っています。欲しいならば、一人一人が自問する必要があります。民主主義を獲得するために何をしているのかと。自分は、民主主義の獲得のために、精一杯行動しているのかと。……政治活動を行なわない国民というのは、独裁体制下に甘んじることになります。政治活動を行なう勇気を持ってこそ、自分の諸権利を護る勇気を持ってこそ、独裁体制ではなく民主的な体制を創設することができるのです」〔アウンサンスーチー一九九六a：一六四―一六五〕

この発言に代表されるように、アウンサンスーチーは恐怖支配を貫く当時の軍事政権の統治下に住む国民に対し、権利の主張をするだけではなく、それを裏打ちする義務と責任の遂行を求め、各人に思想と行動の一致と、その大前提となる自分の心の中の恐怖に打ち勝つ勇気を持つよう、厳しい自己変革を求めた。それは最初の自宅軟禁に処される一〇日前の一九八九年七月一〇日、ヤンゴン中心部において建物のバルコニーの上から路上に集まった一万人ほどの聴衆に向けて語られた演説において頂点に達する。彼女はそこで次のように語った。

「現在、法律に反する命令・権力、国民の諸権利を侵害する命令・権力を〔軍事政権が〕発動しているから、私たちには反抗する義務が生じてくるのです。この義務を私たちが果たさなければ、引き続き民主化を進めることはできません。……反抗とは、……従わない、受け入れないということです。不当な命令・権力には、平和的に規律をもって従わないということを言っているのです」〔アウンサンスーチー一九九六a：二五四〕

ここに示された「義務としての反抗」は、西欧政治思想に出てくる市民的不服従の権利（civil disobedience）、すなわち国家権力の不当な行使に従わない権利と基本的に重なる考え方である。しかし、決定的に異なるのは、不当な命令や権力行使に対する不服従を義務と断言している点である。ここにもインドで英国支配に対し非暴力不服従運動を指導したガンディーの影響を見てとることができよう。

民主化運動が盛り上がった一九八八年八月二六日から、最初の自宅軟禁に処される直前の翌八九年七月一〇日までになされたビルマ語による彼女の演説で、伊野憲治が翻訳し編集した全二一編のうち、こうした「義務」に触れたものは、彼の分析によると一九回にものぼっている〔アウンサンスーチー一九九六a：二七〇—二七二〕。伊野編訳の演説集を読む限り、彼女はそれら一九回の演説すべてにおいて、直接・間接を問わず、思想と行動の一致と、その前提となる勇気（恐怖に打ち勝つこと）、そして本章の3でとりあげる「真理の追究」について触れている。

一方、民主化運動の指導者として当然語るべき「国民の権利、権限、人権とは何か」をとりあげた演説も同じく一九回にのぼっており〔アウンサンスーチー一九九六a：二七〇—二七二〕、彼女がけっして義務と責任ばかりに偏って発言をしているわけではないことがわかる。アウンサンスーチーにとって権利と権限は、あくまでも義務と責任と分離させることのできない対《つい》として理解されているのである。

2 「正しい目的」と「正しい手段」

恐怖に打ち勝つ努力を前提とした思想と行動の一致原則を基盤にしたうえで、アウンサンスーチーはつづいて「正しい目的」と「正しい手段」の一致を主張する。これは「正しい目的」を実現するためには、その「正しさ」に適合した「手段」を用いなければならないという主張であり、その際、「正しい手段」のほうに重きが置かれる。換言すると、目的と手段の双方における「正しさ」の基準が同じでなければならないという考え方である。

民主主義の確立を「正しい目的」に設定するのであれば、それを達成するための手段もまた民主的でなければならないと彼女は語る。暴力と民主主義は理念として正反対の関係にあり、もし民主主義を求めるために暴力を手段として用いるのであれば、それは「正しい目的」を達成するために「誤った手段」を選択したことになる。暴力や策略などの手段を用いて、たとえ独裁的な政権を倒すことができても、それは本来の「正しい目的」である民主主義の確立にはつながらず、代わって登場する新しい体制は政治的困難に直面した際、再び暴力を解決の手段として用いることになる。また、新体制を暴力で倒そうとする試みも再び姿を見せるかもしれず、結果的にかつての非民主的な体制が復活することになると彼女は語る。

ここではこの点について彼女がＮＬＤ党員向けに語ったビルマ語の演説から二カ所を抜粋してみたい。いずれも彼女が民主化運動の舞台に登場した当初の一九八八年一二月に語ったものである。

「民主主義が獲得できればそれで良い、どのような手段を用いても獲得できれば良いのだとは私は考えていません。民主主義を獲得できさえすればそれで良いというのは、真の民主主義などではありえません。民主主義とは、国民の人権を尊重する方法です。人権を尊重しながら行動してこそ、真の民主主義が獲得できるのです。……正しい方法で、自分を向上させたいという心を育んでください。方法はどうであれ、自分が出世すればそれで良いのだという気持ちは取りのぞいてください」（一九八八年一二月一一日、ＮＬＤカマユッ郡支部開所式にて）［アウンサンスーチー一九九六ａ：一〇二、一〇五］

「私たちが活動するさい、……他の政党や組織を攻撃・中傷するようなことは絶対にしないでください。特に個人的な確執から中傷するような政治は、きわめて下劣な政治です。それが政治的手段などといって、だますのは止めてください。政治的手段などではありません。詐欺は詐欺です。……政治的手段だといって、不正なことを行なってはいけません。正しく行動してください」(一九八八年一二月一三日、NLDグッドリフタウン地区支部開所式にて)[アウンサンスーチー一九九六a:一一二]

この二つの抜粋からわかるように、アウンサンスーチーは目的を達成するためには「正しい手段」だけを用いるべきであるという姿勢を厳しく示している。目的は、それがいくら正しくても、「正しい手段」によって達成されようとしないかぎり、実現されることはないというこの考えは、目的と手段の双方における正しさの基準は同一であるべきということに尽きる。これは一五世紀終わりから一六世紀初めにかけて活躍したイタリアの政治思想家マキャヴェリ(Niccolò Machiavelli 1469–1527)が「政治と道徳の分離」を是とし、目的に合理性が認められるかぎり、手段においては別の基準(効率性など)が用いられてもよいと主張したことと正反対の考え方である。

ここでもガンディーの強い影響が見られる。ガンディーは著作『ヒンドゥ・スワラージ』(一九〇七年)のなかで、英国が暴力的手段で「インドを獲得する」という目的を達成したのだから、我々インド人も暴力的手段で「英国を追い出し自治(独立)を獲得する」という目的を達成すべきだと主張する仮想の読者に対し、英国と同じ手段を用いたのでは我々も彼らが得たのと同じもの（＝暴力によって人を統治する悪しき体制）しか得られないと批判し、次のように厳しい反論を展開している。

「手段と目的との間になんの関係もない、とあなたは信じていますが、それはとんでもない過ちです。……それは有毒なツタ〔の種〕を蒔いて、そこからジャスミンの花〔が咲くこと〕を望むようなものです。私が海を渡る手段は船だけです。もし牛車を水の中に入れれば、牛車と私は水の底に沈んでしまいます。……手段は種子です。そして、目的――獲得すべきもの――は樹木です。ですから種子と樹木との間にある関係が、手段と目的との間にあるのです。……私があなたの時計を〔手に入れるために〕ひったくろうとしたら、暴力に訴えなければならないでしょう。しかし、もしあなたの時計を買おうとしたら、代価を支払わなければならないでしょう。もし贈物として手に入れようとしたら、私はお願いしなければならないでしょう。時計を手に入れるために私が使った手段によって、盗品、私の品物、贈物となりました。三つの手段の結果は別々となりました。さあ、手段なんてどうでもいい、とどうしていえますか？」〔ガーンディー 二〇〇一：九九―一〇〇〕

アウンサンスーチーが「正しい手段」を強調する背後には、ガンディーが『ヒンドゥ・スワラージ』で示したこうした考え方への強い共鳴があることは間違いない。民主主義を求めるビルマ国民が、もし軍事政権と同じように暴力・抑圧・策略・強弁などの手段を用いて抵抗し、軍事政権を物理的に倒せたとしても、そのあとにできあがる新しい体制は、本来求めていた民主主義社会ではなく、以前と同じように暴力や策略がはびこるものにすぎない――そう彼女が考えるからこそ、「正しい目的」である民主主義を、それに適合した「正しい手段」、すなわち民主的な手段で達成させる必要があると訴えるのである。「正しい目的」として設定された民主主義と、その達成のための「手段の正しさ」の基準は一致していなければならないのである。

この姿勢は彼女の経済政策に関する発言にも一貫している。ここでは少し長くなるが、一九八九年四月二七日にビルマ北部カチン州のミッチーナーで地元民に向けて語られた演説の中から抜粋してみたい。

「本当に真剣に考えてみると、一国全体において経済が発展するためには、正しい統治制度がなければなりません。政治体制が正しくあってこそ、はじめて経済は発展するのです。どれだけ経済が発展したとしても統治制度が正しくなければ、国家は繁栄しません。……ですから、経済を政治に優先させようなどと考えないでください。本当に経済が発展している国は、政治体制も正しい国です。……

西ドイツと日本は、第二次世界大戦の時、ファシズムを採用していました。その時でさえ、ドイツ人や日本人は、たいへん規律正しい人々でした。彼らは、歴史的、伝統的に言っても……規律正しく勇気もあり、知識欲も旺盛でした。……第二次世界大戦でも、当初はめざましい勝利を収めましたが、最終的には敗北しました。なぜ敗れたのでしょうか。……やり方が正しくなかったのです。ファシズムというのは、大多数の人々の利益となる主義ではありません。このように政治的に正しくない場合には、どのようにしても発展するはずがありません。……戦争が終わってからは、西ドイツと日本は、民主的な政治体制を採用しました。民主的な政治体制を採用し、それを正しく運用したので、現在は世界で最も裕福な国のリストの中にあげられるようになりました。このように、正しい統治制度・政治体制をもってこそ、国が発展するのだということは、きわめて明白なことです」［アウンサンスーチー一九九六a：一七〇―一七一］

ここに示したように、アウンサンスーチーにとって戦後の西ドイツと日本の経済的復興・発展の歴史もまた、「正しい手段」という言説によって理解されている。軍事政権の時代（一九八八―二〇一一年）、彼女がビルマへの外国企業の投資に否定的だった理由も、この「正しい手段」にこだわる彼女の考え方に基づくものであった。正しくない統治体制下にある国へ経済的投資をしても、それは経済発展をもたらさないし、仮にもたらしたとしても、その国を正しい統治体制に変えていくことにはつながらないと彼女は考えたのである。換言すれば、外国企業による投資は、「正しくない統治体制」（軍事政権）を「正しい統治体制」（民主主義体制）に変えようとする国民的努力にとって役に立たず、逆に貧富の格差の増大や抑圧的統治体制の強化など、状況を悪化させる方向に作用するため「正しい手段」ではないとみなしたのだと言える。

企業が利益を求めて外国に投資先を探す際、それを正当化するため、「投資によって対象国の経済に刺激を与え、経済成長を促し、中産階級を育て、そのことが長期的に民主化をもたらす原動力にもつながる」旨の主張をおこなうことがある。しかし、アウンサンスーチーはその論理を認めない。それが社会科学的に論証しにくい議論だからということもあるが、第一義的には、目的と手段のそれぞれ拠って立つ価値基準が異なるものを、あたかもつながりのあるものとして主張することに彼女が賛成できないからである。企業の投資はあくまでも利益増大という目的のための手段であり、その限りにおいては目的と手段は同じ価値基準に拠っている。しかし、民主主義を基盤とする正しい統治体制を打ちたてていくという目的にとっては、投資行為はそれとは関係のない価値基準に基づいた手段であり、アウンサンスーチーにおいては「正しい手段」として認めがたいものとして理解されたのである。二三年間続いた軍事政権期のビルマにおいて、国際ビジネス世論が概して彼女に批判的だったのはこの点において利害が対立したからであろう。もっとも、彼女の言説に特徴的な「政治的改革(民主化)抜きには経済発展は見込めない」という主張もまた、社会科学的には論証の難しい命題である。

3 「真理の追究」という実践

ところで、アウンサンスーチーが言う「正しい目的」と「正しい手段」における「正しさ」の正統性は、何に求められるのであろうか。換言すれば、彼女における思想の「正しさ」の判断の客観性は、何によって保証されるのであろうか。そのことが明確でないと、自分勝手な主観的な判断に基づいた「正しさ」と、多くの人々の理解を得られる普遍性を持った「正しさ」との差異があいまいになってしまう。

たとえば、もし単純に目的（思想）と手段（行動）が一致していればよいのだとすれば、戦前のドイツを崩壊に導いたヒトラー（Adolf Hitler 1889–1945）などは、わかりやすい形で自分の思想（『わが闘争』に描かれた思想）と行動（侵略戦争やユダヤ人の迫害）とを一致させたという解釈が可能になってしまう。戦後、ヒトラーが全否定された理由は明白であろう。それはヒトラーが設定した目的（彼の思想）と手段（彼の行動）そのものが正しくなかったからである。彼が「正しさ」の基準としたものが、人類にとって普遍的に受け入れられるものではなかったということが、多大な犠牲者を出した後になってからとはいえ判明したからである。

アウンサンスーチーは「正しさ」がこのような自分勝手なものに陥らないようにするため、日常の実践として「真理の追究」という態度が大切であると語る。彼女は演説や対談、自分の書いた文章において、しばしば「真理の追究」について触れてきた。たとえば、次のような語りが、事実上最初の公の場での演説でなされている。

「規律なき力、真理にそぐわない力というものは、いついかなる時も、役にはたちません。
多くの人々にとって危険なものともなりえます。だからこそ、真理にかなった力のみを使っていってください。……真理にかなった力を……使ってこそ、私たちが目指す目的地へ着くことができるのです」（一九八八年八月二六日、ヤンゴン市シュエダゴン・パゴダ西側広場での演説会に

て)[アウンサンスーチー一九九六a：五〇、五三]

このように「真理にかなった力」という表現を用いて、「真理」の重要性を政治の舞台にデビューした当時から彼女は力説している。彼女にとって最も重要なキーワードなのだろうと推察できる。それでは彼女の言う「真理」とは具体的に何を意味するのだろうか。彼女は一回目の自宅軟禁から解放されたあとの一九九五—九六年、アメリカ人の元上座仏教僧侶で作家のアラン・クレメンツ(Alan Clements)と長時間にわたって対話をおこない、そのなかで「真理」について次のように語っている。

「真理は強力な武器です。人々はそうは考えないかもしれませんが、真理は強力なものです。そして強力なものがどれでもそうであるように、真理もまた、私たちがどちらの側につくかによって、脅威になったり、逆に援軍になったりします。もしあなたが真理の側に立てば、あなたには真理による保護が与えられます。しかし、もしあなたが真理とは逆の側に立てば、真理はあなたにとって脅威となるでしょう。……純粋な真理、絶対的な真理というものは、私たちのような普通の人間が捉えられるようなものではありません。なぜなら、私たちは物事を絶対的・全体的に見ることができないからです。……真理は私たちの到達目標であって、それに向かって絶えず努力するのです」[Aung San Suu Kyi 2008: 57–58]

彼女はこのように「真理」を「自分がどちらの側につくかによって脅威になったり逆に援軍になったりするもの」として捉え、物事を絶対的・全体的に見ることができない人間にとって直接捉えることは不可能であるが、到達目標としてそれに向かって生きる努力を常におこなう必要があると語っている。そしてその努力の過程こそが「真理の追究」であり、具体的には「主観性を克服する戦い」であると説明される。クレメンツに対し、彼女は続けて次のように語る。

「真理の追究とは主観性を克服する戦いであると言うことができます。それはつまり、いかなる状況を評価する場合であっても、人は〔その状況判断において〕自分の偏見を可能なかぎり取り除き、また偏見から自分自身を遠ざける努力をしなければならないということを意味します。……真理の追究には自覚が伴っていなければなりません。そして自覚と客観性は共に密接につながっています。もし自分のおこなっていることを自覚できるならば、自分自身を客観視することができます。さらに、ほかの人々がおこなっていることを自覚できるならば、彼らに対し、もっと客観的になることができます」[Aung San Suu Kyi 2008: 58–59]

アウンサンスーチーが言う「真理の追究」は、このように「偏見から自分自身を遠ざけること」「自分と他人の行動をそれぞれ自覚し客観視すること」の努力の過程として示されている。そこには、他者に対する偏見こそ人々を堕落させる恐怖や憎しみを生みだす源泉であるという彼女の理解が存在する。偏見から少しでも自分を解放するため、自己と他者の行動を、主観や感情ではなく、自覚と客観視に基づいて認識すべきだと考えるのである。「自覚がなければ、あらゆる偏見が増殖する」と語る彼女は、そうした努力によってのみ、他者への恐怖や憎しみから自由になることができると考えている[Aung San Suu Kyi 2008: 59]。

たとえば、もし他人が自分に対して不愉快な行動をとりはじめた場合、通常、私たちは「嫌な人だ」と感情的に反発し、その人を否定的に評価するのみならず、その人に対し憎しみや恐怖を抱くようになるであろう。同じように自分も感情的な言葉で言い返し、対立が泥沼化するかもしれない。しかし、そういう主観的かつ感情的な対応では相手に対する偏見が助長されるだけで、自分の言動、相手の言動、そして両者が置かれている状況に関する自覚や客観視が伴っているとは言えない。自分の心を落ち着かせ、状況を客観的に見ようと考えれば、まずは相手と話し合ってみようと思うようになり、その結果、相手が自分に対して抱いていた誤解が解けたり、もしくは自分が気づいていなかった過ちを相手に指摘されたりして、それを直す機会が与えられることになる。もちろん、相手も同じ努力をすることが前提となるが、両者は対立から和解へと向かうきっかけを得ることになる。

「真理の追究」という実践は、つきつめて言えば、他者への偏見や恐怖、憎しみから自由になるための日常生活における自己努力だと言うことができる。そうした自己努力は、他者との対立ではなく、和解を目指す方向性を持つ。なぜなら、偏見を克服して対象への恐怖や憎しみがやわらげば、対立もまた生じにくくなり、たとえ生じたとしても、恐怖や憎しみが少ない分、話し合いを通じた相互理解への道が切り開かれることになるからである。相互の話し合いが、さらなる偏見の縮小を生み、双方の精神的堕落を防ぐことにもつながる。「真理の追究」によって偏見から自分を遠ざけることはまた、与えられた状況における「正しい目的」とそれに適合した「正しい手段」を見極める力を人に与えることにもなる。

これに加え、もうひとつ大切な点は、「真理の追究」がアウンサンスーチーにとって形而上の事柄としてではなく、日々のあらゆる生活でなされる実践として理解されているということである。自分が置かれている状況を自覚し客観的に判断すること、すなわち主観性を克服する戦いに関し、彼女は日常生活の事例をとりあげて語っている。「絶望感や閉塞感に肯定的な価値を与えるにはどうしたらよいか」というクレメンツの質問に対する答えに出てくる次の発言に注目したい。

「ひとつ現実的な例を示しましょう。たとえば、圧力鍋が破裂して中に入っているスープが台所の天井の至るところに飛び散ったとします。私の最初の反応は、「大丈夫、落ち着いて」ということになります。そしてその対処に専念します。なぜなら、もしそこで立ったまま、「圧力鍋が破裂してまわりじゅうに中身が吹き出てしまっている」などと言ったりすれば、完全なとり乱し状態になるからです。けれども、私の対応は「まあ、とり乱してもしょうがない。圧力鍋にスープが戻るわけでもないし、安全に煮えていることを願ったところで意味もない。今は汚れた台所をきれいに掃除するだけ」ということになります。そこでガス栓を閉じて、布を手にとって汚れを拭いてきれいにします。……スープを半分失ったことはどうすることもできませんが、惨憺たる現状の跡を消すことなら間違いなくできるのです。……人々に言いたいことは「ただそこに立ちすくんでいるだけではだめで、何かをすべき」ということです」[Aung San Suu Kyi 2008: 124]

通常、台所で圧力鍋が破裂したら料理をしている人間は焦り、その状況を前にして立ち尽くし、破裂するような欠陥鍋を作った業者をなじる言葉を発するかもしれない。しかし、それは自分の感情と主観に基づいた反応であって、状況の自覚と客観化を伴ったおこないではない。アウンサンスーチーはまず「圧力鍋が破裂した」という状況を自覚することが大切だととらえ、そうすることによって、料理中のスープがだめになり、あちこちに鍋の中身が飛び散って台所は汚れた有様になっているという現実を客観的に受け入れることが可能になると語る。そうなると、次になすべきことははっきりしており、すみやかに「台所をきれいにする」しかないという結論に至る。自分の感情に左右されてパニックに陥っていると、「きれいに掃除する」という当然の結論にたどりつくまで相当な時間のロスが生じ、精神的な疲労に直面することになろう。「真理の追究」はこのように日常生活のなかでも実践されるべきものとして語られている。

4 「問いかける」姿勢

ここまで「恐怖から自由になること」、「正しい目的」と「正しい手段」の一致、「正しさ」を見極めるための「真理の追究」という実践についてそれぞれ見てきた。しかし、これらはすべて、その前提として自分が置かれている状況に対する積極的な「問いかけ」が存在してはじめて実行可能なことである。「問いかける」姿勢なくして、自分が置かれている状況や社会の状況を客体化することはあり得ないからである。アウンサンスーチーの思想の骨格は、この「問いかける」姿勢なくしては実現不可能であり、彼女は必然的にそのことの大切さも訴えている。

ここでいう「問いかけ」とは「ひとつの正しい答えが必ず存在する質問」を意味するのではない。明らかな誤りは存在するにしても、正しい答えが複数存在し得るか見出すことも難しい、そのような本質的かつ批判的レベルの「問いかけ」を意味する。状況に対し「なぜ」を投げかける「問いかけ」と言い換えてもよい。たとえば「日本に死刑制度はあるか」という質問であれば、「ある」というひとつの正答にすぐたどりつけるが、「死刑制度はなぜ存在するのか」「本当に必要なのか」という「問いかけ」になれば、答えとなりうる見解は複数存在し、どれが唯一の正しい答えかは人によって判断が分かれることになる。こういう場合、相互に議論や対話を重ね、少しでも多くの人々によって共有される普遍的な答えを追究していくことになるが、そこに至ることができる保証はない。しかし、相互に議論を積み重ねていく過程そのものに大きな意味がある。

これは英語で言えば、to ask というレベルの単純な質問ではなく、to question という本質的な「問いかけ」をおこなうレベルのものだと言える。実際、彼女がクレメンツと英語でおこなった対話で用いた「問いかけ」に関する表現には、to question、questioning、questing、questioning mind、questing mind が多く使われ、to ask はごくわずかしか使用されていない。彼女は「問うこと」(to question)を「追求すること」(to quest, questing)と同一にとらえていると言えよう。クレメンツとの対話においては、権威主義的国家では「質問すること自体が危険なこと」として扱われることを指摘したうえで、次のように語っている。

「いかなる社会でも知識人はたいへん貴重な存在です。……彼らは〔「問いかけ」を通じて〕人々を挑発し、新しい考えに気づかせ、新しく高い段階へと至らせる人々だと言えます。ビルマの悲劇のひとつは、知識人が社会のなかで何らの場所も与えられていないことにあります。……知識人は、その問いかける姿勢のために独裁体制を脅かすことになります。なぜなら独裁体制は人々から問いかけられることなく、自らが出した命令が受け入れられ遂行されることをあたりまえに思っているからです。このような権威主義と問いかける姿勢とのあいだには常に衝突がおこります」[Aung San Suu Kyi 2008: 129–130]

「私は常に、正義に反することをおこなうよう命令する人々に対して、問いかける〔to question〕姿勢を持つことを真に学ぶ必要があると言ってきました。「どの法律に基づいてあなたはこれを私に強いるのか、私にこれをさせるいかなる権限があなたにあるのか」と〔私たちは〕問うべきです。これを〔本当に〕すべきなのか、自問すべきです。人々は問いかけるべきであり、どのようなことに対しても単純に従うというだけではだめなのです」[Aung San Suu Kyi 2008: 69]

「ある人は生まれつき問いかける姿勢〔questioning mind〕を持っているかもしれません。しかし、問いかけることを奨励されることがなかったら、その姿勢は鈍くなります。もし質問するたびに棒で叩かれるのであれば質問をしなくなります。おそらくそのうち質問の仕方すら忘れてしまうでしょう。一方、問いかける姿勢を生まれつき持っていなくても、まわりからの働きかけによってその習慣を身につけることができます」[Aung San Suu Kyi 2008: 130]

いかに彼女が「問いかける」姿勢を重視しているかわかるであろう。彼女はまた、ビルマでは人々が恐怖心や惰性のために消極的な自己満足状態に陥っていると指摘し、問いを発することなく物事をそのまま受け入れようとする彼らの態度を変革させる必要があると訴える[Aung San Suu Kyi 2008: 167]。これは教育の在り方とも密接につながっている。彼女はビルマで長くおこなわれている「物を考えない従順な人」を「よし」とする教育の在り方に批判的で、根底からの改革を強調している。「先生や年長者に従順な人間」を育てることが良いとされる教育文化が支配的なビルマでは、教師や指導者、年長者によって与えられることをそのまま何も考えずに受け入れる人間を育てようとする傾向が見られる。「質問」には必ず「ひとつの正しい答え」があって、先生や教科書を通じてそれを素直に覚えていくことが勉強だと思い込んでいる人はビルマで多く見かける。日本にもその傾向はあるが、少なくとも大学以降の教育では、「ひとつの正解」にたどりつけないクリティカルな問題群が存在することや、議論を通じて相互の見解を検証し合うことの重要性は認められている。ビルマではそういうことがなく、大学生までが定期試験対策のため塾に通い、教科書や講義ノートを声を出しながら丸暗記し、教師のほうも教えた内容が「正しく記憶されている」答案にだけ良い点数をつけようとする。このような現実をアウンサンスーチーは問題視しているのだと言える。次の発言は一九八八年一二月にNLDの党員に向けて語られたものであるが、まさに彼女の教育に対する問題意識が凝縮されている。

「〔イギリスがなぜ発展したのかというと〕私が考えるには、彼らも〔日本人と同様に〕規律があるからです。ただ、彼らには、日本と違う点が一つあります。彼らは、小さい子供のころから、考えることができるように教育します。学校では、教科書の内容を暗記させるよりは、その本質を理解させるように教育します。五―六歳でも一冊の本を読ませ、先生と議論させます。こうした習慣を身に付けさせます。その結果、七―九歳になると、子供はかなり考えることができるようになってきます。何に対しても批判できるようになってきます。批判というのは、もちろん良い意味での批判です。あげ足をとるというのではありません。建設的な意見を出して、批判するということです。何が良く、何が悪いかを考えるといった意味です。……私たちの民族も、規律正しくなり、よく考える習慣を身に付け、良き指導者を選べる状況にさえすれば、この国でも民主主義の制度は堅固なものとなると私は考えます」（一九八八年一二月一三日、NLDカマユッ郡第三地区支部開所式にて）〔アウンサンスーチー一九九六a：一一四―一一五〕

暗記を奨励し、主体的に考えることをさせないビルマの教育の伝統のなかでは、政治的権力を握った者は、たとえ誰であれ、「考えない」従順な支持者だけを「よし」とする考え方を持ちやすくなる。軍事政権がその最たるものであるが、たとえ民主的な手段で政府が成立したとしても、指導者は国民の従順な支持を求め、批判をする自律的なフォロワーを嫌うことになりかねない。そのため、いかなる人間がリーダーになっても、このような教育の伝統があるかぎり独裁化して腐敗する危険性が生じる。政党やそのほかのあらゆる組織においても同じことが指摘できる。

本書の序章で紹介したように、アウンサンスーチーはこの問題に関し「善きリーダーになりたい者は、善きフォロワーになりなさい」という言い方で問題提起をおこなっている。彼女が言う「善きフォロワー」とは、リーダーが言うことを何でも無批判に受け入れて動く従順な存在ではなく、自分で考え、必要があれば意見や批判をして主体的にリーダーのために行動するフォロワーのことである。こうした自立した「善きフォロワー」の経験が乏しいと「善きリーダー」にはなれず、リーダーもまた「善きフォロワー」がいなければ堕落していくと彼女は明言する。自律的フォロワーは必然的に「問いかける」姿勢を常に有し、その「問い」を追究し続ける人間だと言うことができよう。

5　社会と関わる仏教

アウンサンスーチーの思想の骨格にはこのほかに二つ特徴がある。そのひとつは、自らが信仰する仏教もまた、社会で生じている問題と深く関わる姿勢を持つべきだとする考え方である。二〇世紀後半以降、仏教のなかに「関与する仏教」(Engaged Buddhism)という運動が生まれ、少しずつ支持者を増やしてきた。その特徴は積極的に社会の問題と関わる仏教信仰の実践にある。「関与する仏教」という名称そのものは、一九六〇年代のはじめにベトナムの禅僧ティク・ナット・ハン（Thich Nhat Hanh 1926–）によって提唱され、その後一九九〇年代に欧米において仏教の実践概念として広まった。ティク・ナット・ハンらはベトナム戦争が激化した際、党派によらず非暴力に基づきながら戦闘地域の民間人救出に熱心に取り組んだことで知られる。よりわかりやすくするため、ここでは「社会と関わる仏教」と呼ぶことにしたい。

「社会と関わる仏教」は僧侶らに積極的な社会的関与を促すことに特徴がある。実際、タイでは比較的早期から人権や平和活動、開発・環境問題に取り組む上座仏教の僧侶たちが現れ、彼らの具体的活動を通じて、少しずつ「社会と関わる仏教」はその賛同者を増やしていった。伊野憲治によれば、僧侶が社会と一線を画して修行にのみ専念することを基本としたこれまでの考え方を改め、僧侶であればこそ、独自のやり方で社会に発生する様々な問題に積極的に関与すべきであるとするところに「社会と関わる仏教」の特徴があるとされる。それは仏教思想の「再」解釈運動のひとつであり、かつ仏教思想を現代社会の諸問題の解決に積極的に取り入れていく思想運動でもあると指摘する［伊野二〇〇一：八四］。

アウンサンスーチーはこの「社会と関わる仏教」について、クレメンツとの対話のなかで次のように語っている。

「私たちの民主化運動においてきわめて勇気ある役割を果たした僧侶や尼僧たちが多くいます。

……結局のところ、民主主義のなかに仏教徒が反対しなければならないようなものは何ひとつありません。ほかの〔一般の〕人々と同様、僧侶や尼僧たちには正しいことや望ましいことを促進させる義務があると私は思います。……実際、彼らは可能なかぎり私たちの運動を助けるべきだと考えます。私は〔その意味で〕新しい用語を使えば「関与する仏教」を信じているのです」[Aung San Suu Kyi 2008: 33]

「関与する仏教とは「行動する思いやり」ないしは「行動する慈愛」だと言えます。それはただそこに座って消極的に「あの人たちはかわいそう」と言うのとは異なります。助けを求める人たちの身を案じ、自分ができることを通じて、状況に対して何かをおこなうことだと言えます。……愛と恐れとのあいだにはとても深い関係があります。「完全なる愛は恐れをしめだす」という〔キリスト教の〕聖書の言葉が思い出されますが、私はこれを仏教的な姿勢だとしばしば思ってきました。「完全なる愛」とは〔仏教で言う〕慈愛にほかならず、それは利己的でもなければ執着するのでもない〔まことの〕愛のことです」[Aung San Suu Kyi 2008: 43]

仏教における「完全なる愛」としての「慈愛」（ビルマ語でミッター）の概念を指摘し、その「慈愛」を行動と結びつけることによって、より大きな意味と価値が現実に生まれるとするこれらの発言のなかに、「社会に関与する仏教」がなぜ必要なのかということについてのアウンサンスーチーの思いが込められている。

伊野はさらに、彼女の「社会と関わる仏教」への発言の背景に仏教におけるカルマ(karma 業《ごう》)の理解が大きく影響していることを指摘する。通常、カルマはビルマの一般仏教徒のあいだで「前世から定められた運命」や「宿命」としてとらえられ、その結果「現状肯定」や「あきらめ」といった消極的な行動をもたらすことが多い。しかし、彼女は逆に本来のサンスクリット語の意味に戻って、「善悪の行為」ないしは「前世における行為によって現世で受ける果報」というふうにカルマの意味をとらえ直し、「人は自分のカルマを自分で作り出せる」という積極的な「再」解釈をおこなっている。そしてそれを「社会に関与する仏教」の主張の土台にしている［伊野二〇〇一：八五―八七］。

カルマを「宿命」のように理解し、現世における「あきらめ」を促すものとしてとらえてしまうと、政治的には体制擁護の思想につながりやすくなり、現状変革の論理を否定することになりかねない［伊野二〇〇一：八六］。民主化運動を率いる立場にあるアウンサンスーチーとしては、一般の仏教徒が陥るこうしたカルマの伝統的解釈を何としても変えさせ、「問いかけ」と「おこない」を基盤とした「自分で自分のカルマを作る」積極的な態度を培いたい意向が強くあるのだと言えよう。彼女は僧侶や尼僧らが率先してカルマの意味の積極的解釈を行動を通じて信徒に示すことを求めていると推察できる。

本書の第1章でも触れたように、軍政下の二〇〇七年九月にヤンゴンなどの都市部で僧侶らが大規模に立ちあがり、読経行進を通じて当時の軍事政権に抑圧的政治をやめるようデモを展開した際、一〇〇〇人ほどの僧侶たちが警備隊を押しのけて自宅軟禁中のアウンサンスーチーの自宅前まで行き、彼女へ激励の挨拶をしている（九月二二日）。そのとき、彼女は自宅内を監視する兵士らを説得して自ら門を開け、僧侶らに丁重に返礼をおこなうという行動に出た。この想定外のできごとが報じられると、一般市民は僧侶らの読経行進とアウンサンスーチーの民主化運動を直接つなげて理解するようになり、翌日以降、それまでにない数多くの一般市民が僧侶デモに参加しはじめ、軍政を焦らせるに至った。アウンサンスーチーにしてみれば、反軍政のデモに立ちあがった僧侶らの行動が、自分が支持してきた「社会と関わる仏教」の在り方と見事に重なったがゆえに、勇気を持って自ら自宅の門を開け僧侶らに返礼するという積極的行動をとったのだと言える。

ただ、カルマを「行為」と結びつけて積極的な方向に解釈し直す主張は、ビルマではけっしてアウンサンスーチーが最初ではない。英領期の一九三〇年、のちに独立運動に大きな影響を与えることになるタキン党（「我らのビルマ協会」）が結成されたとき、彼らが発行した『国家改革文書』と題する政治リーフレットの第二号のなかにカルマの「再」解釈を訴える主張が含まれていた。そこでは、カルマの本来の意味が「行為」や「労働」にあると指摘し、誰であってもカルマは自分の人生において「労働」を通じて作り上げていくべき積極的営為であると記されている〔根本一九九〇：四三四〕。このように、ビルマ・ナショナリズムとつながる文脈でカルマの積極的「再」解釈を試みる人々が一九三〇年前後から存在したことは興味深い。

6 「真理にかなった国民」——ナショナリズムと普遍

アウンサンスーチーの思想の骨格の最後の特徴は、彼女のナショナリズム理解にある。すでに実践としての「真理の追究」の特徴について見てきたが、彼女はそれを人々に語るとき、「真理にかなった力のみを行使せよ」と語るだけでなく、世界から孤立してしまったビルマの国民が、「正しい手段」に基づいて民主化を実現することによって、自分たちが「真理にかなった国民なのだということを、世界中の人々に知らしめ」る必要があるという思いも強調していた〔アウンサンスーチー一九九六a：四三〕。これはビルマ国家と国民の尊厳回復を目指す愛国的な主張である。そこにはビルマ復興の主体はあくまでも国民一人ひとりであるという彼女の考えが読み取れる。それは次の発言からも見て取ることができる。

「本当に繁栄している国を見てください。第二次世界大戦で、勝利した国を見てください。真理に導かれて、国民が身を犠牲にして行動した国が、世界大戦で勝利したのです。始めのうちは、ファシズムを採用していた国が、戦いに勝っていましたが、その後敗れ去りました。なぜならば、真理とは程遠いものであったからです。真理から程遠い体制というものは、いつの日か滅びるものです。……世界史を顧みれば、真理にそぐわない体制は長く存続しません。

国民が、真理を手にたずさえているとすれば、私たちは正しい統治制度を創りだすことができます。……真理を手放してしまうならば、私たち全ては、大きな敗北をきっすることになります」〔アウンサンスーチー一九九六a：二〇七―二〇八〕

「国民が、真理を手にたずさえて」いること、すなわち「真理の追究」に基づく生き方をおこなっていることこそが、その国の「正しい」統治制度とその運用を保障することになるという主張が、この発言の主旨である。この主旨をアウンサンスーチーの思想のなかに位置づけて論理立てをおこなうと、彼女は第一に、ビルマが混迷している軍事政権下の現状を「正しくない」統治制度による破滅への道として認識し、第二に、そこからビルマを救うためには国民一人ひとりが生き方を変え、「真理の追究」という実践に基づく「正しい目的」の発見と、それにふさわしい「正しい手段」を採用できるようになるべきであると考えていると言えよう。その出発点には、間違いなく先に見たビルマ国家と国民の尊厳復興というナショナリズムの精神が存在する。国民国家という「閉じられた空間」の再生を、「真理の追究」という普遍的な実践を手段にして実現させることこそ、アウンサンスーチーの思想に見られるナショナリズムの特徴だと言える。

実は、激しく対立した軍事政権とアウンサンスーチーとのあいだには、民主主義や人権などの普遍的価値をめぐる相違が対立点として際立った一方、両者の主張の基盤にはビルマ・ナショナリズムへの絶対的な確信が共通して存在したことに留意する必要がある。もちろん、そこにはナショナリズムの在り方とその正統な担い手が誰なのかをめぐる解釈の相違が存在したが、人口の七割弱を占めるビルマ民族を中心に様々な民族から構成される「ひとつのビルマ国家」(連邦国家ビルマ)、「ひとつのビルマ国民」(連邦ビルマ国民)という前提を疑問の余地のないものとして想像する点において、両者に違いは見られなかった。

しかし、アウンサンスーチーが想像する「ひとつのビルマ国民」は、すでに見た「真理の追究」によって「尊厳回復の努力をおこなう国民」であるというところに特徴がある。ナショナリズムは過去の歴史において、特定の「国民」や「国家空間」の形成、その維持や強化において決定的な役割を果たしてきた。しかし、多くの場合、それは共和制、民主主義、人権、社会主義、共産主義、反帝国主義、反ファシズムといった、それぞれの時代において魅力を有した普遍思想(外に対して「開かれた」思想)と結びついて展開されてきたと言える。ナショナリズムそのものだけで「国民」を魅了し動員できたことは例外的であり、たいていはナショナリズムと普遍思想との結合を通じて、それ以前の国家に対する「再翻訳」の試みがなされてきたと理解しても差し支えない(欧米の市民革命、アジア・アフリカの植民地からの独立闘争など)。

アウンサンスーチーが率いる運動も本質的に同じである。それは単純にナショナリズムと民主主義とを結合させたものではなく、もっと奥深いところで、ビルマ・ナショナリズムを基盤に、国民一人ひとりに対して「真理の追究」の実践を求めるという独特の側面を有している。国民国家の弱体化や危機が叫ばれる現代にあっては、「国民」を「国家」の変革主体として強調する思想は保守的に映るが、そこで強調されている「国民」は、「真理の追究」を実践する再生された「国民」なのだということを重ねて確認しておきたい。

このことは、軍事政権側が抱いたビルマ・ナショナリズムの理解と比較してみるといっそうわかりやすい。ビルマの「再生」や、ビルマの「発展」ということだけを見れば、軍事政権もその発足以来、継続的にそれを強調し、自分たちビルマ国軍がいかに祖国のために尽くしてきたかを訴え続けてきた。それは軍政が一九九〇年代の後半ころまで国中に看板を立てて宣伝した様々な政治スローガンによくあらわれている。その一部は次のように叫んでいた(すべて筆者がビルマにおいて一九九六年までに確認したもの)。

「我々の三大責務――連邦を解体させない、諸民族の連帯団結を壊さない、国家主権をしっかり維持する」
「独立を守りなさい」
「母なる国を愛しなさい」
「国軍は民族の大義をけっして裏切らない」
「国軍だけが母、国軍だけが父、まわりの言うことを信じるな、血縁の言うことだけを信じよ、誰が分裂を企てても我々は分裂しない」
「国軍と国民のあいだを裂く者は我々の敵」

これらのスローガンのうち、はじめの三つは国民の団結と国家主権の維持、愛国心の高揚といった素朴なナショナリズムの主張であり、その表現方法の妥当性を別にすれば、内容自体はアウンサンスーチーの主張と異なるところはない。しかし、残り三つは、国軍だけがビルマを正しい方向に導く存在であり、国民は無条件に国軍に従うべきであるということをストレートに主張しているため、表現方法の妥当性は無論のこと、内容そのものからしてアウンサンスーチーの考え方と対立する。

彼女が率いるＮＬＤの党本部(在ヤンゴン)の建物内部には、右に示した軍事政権のスローガンのうち、「国軍だけが母、国軍だけが父」の部分を皮肉った「国民だけが母、国民だけが父」というスローガンが掲げられていたことがある(二〇〇三年三月二〇日、筆者が党本部において確認)。このことは、軍政とアウンサンスーチー双方のナショナリズムの文脈がどのように異なるのかを明確にあらわしている。軍事政権にあっては、ビルマ・ナショナリズムの担い手は国軍であり、国軍だけがビルマという国家を正しい方向に導くことができるとみなされている。外に対して「閉じた」ナショナリズムの上に、同じく「閉じた」国軍の使命感が重なったものとして理解することができよう。それは普遍的価値と結びついたナショナリズムとは言えない。

これに対し、アウンサンスーチーのほうは、ビルマ・ナショナリズムの担い手はビルマ国民一人ひとりであり、国家を正しい方向に導くのも国軍ではなく国民一人ひとりであるとみなす。軍は機能としての国防に専念すべき存在であるとみなされている。ここで言う国民はしかし、これまで繰り返し述べてきたように、「真理の追究」を実践する国民を指している。彼女の想像する「ビルマ国民」は、「真理にかなった国民」という意味において、外に対して「開かれた」普遍性を伴っているとみなすことが可能である。

この点について、彼女を支持する多数派の国民のあいだでどの程度理解がなされているのかは判断が難しい。ビルマ・ナショナリズム形成の歴史は、そこで想像された「真のビルマ人」以外の人々を排除する傾向を強く持つものだったからである。「ビルマ語」を母語とし、「上座仏教」を信仰し、ビルマ諸王朝が繁栄したマンダレーやアマラプーラなどの古都がある国土の中央平原部を歴史的故郷と認識することが「真のビルマ人」のあかしであると多くのビルマ国民が考えている現状では、「真理の追究」を実践するなかで「開かれた」ナショナリズムを形成するというアウンサンスーチーの考え方は、容易には受け入れられないであろう。このことについては第4章において、より具体的にとりあげることにしたい。

◇◇◇◇◇◇◇◇◇◇◇◇◇◇◇◇◇◇◇◇◇◇◇

コラム2　民主化は草履《ぞうり》を揃えることから?

アウンサンスーチーの演説には道徳的な内容が多い。たとえば、一九八八年一二月一一日にヤンゴン市内のある場所にNLDの新しい支部が開設されたとき、次のような発言をしている。

「レベルの高い国民になるためには、まず規律正しいことが必要です。この支部へ足を踏み入れたとき、草履をきちんと整理してくれるという規律ある行動を見せていただいて、私はとても嬉しくなりました。このように、私たち全てが規律正しく行動できるようになれば、私たちは、徐々に進歩することができます」[アウンサンスーチー一九九六a：九一―九二]

ビルマでは日本と同じく、家や建物の中に入るときに靴を脱ぐ。公共の建物でも靴を脱ぐ場所が多い。ただ、熱帯モンスーン気候のもとに生きるビルマ人は、高温多湿の風土なので靴をはくことは稀で、素足に「パナッ」と呼ばれる草履をはくことがほとんどである。筆者の経験から言って、知り合いの自宅に招かれても、多くの人が集まる屋内に入るときも、確かにビルマでは草履を脱ぎっぱなしにして、それを整理する人もいないのが普通である。この点は日本と大きく異なる。京都に一年近く住んだことのあるアウンサンスーチーは、おそらく日本人がどの場所でも律儀に靴を自分で揃え、さらに飲食店や旅館では店員がそれを靴箱に入れて管理する姿を見て、そこに「規律正しさ」を感じ取ったのではないだろうか。

彼女は自国の民主化を進める大切な条件のひとつとして、国民が「規律正しく」なることを何度も訴えている。その一例が、この草履をきちんと整理する習慣をつけることなのである。小学校の先生が子供たちを諭すような言動にも映るが、ビルマでは「規律正しく」なるための大切な一歩なのかもしれない。

第3章
非暴力で「暴力の連鎖」を断つ

日帰りでヤンゴンを訪問した米国オバマ大統領と
(2012年11月．EPA＝時事)

第1章では自宅軟禁が最終的に解除される二〇一〇年一一月までのアウンサンスーチーの歩みを振り返り、第2章では彼女の思想に注目して、その骨格を六つの特徴に分け具体的に見てきた。

つづく本章では、前章の思想の骨格のなかで示した「正しい目的」と「正しい手段」の一致という考え方から必然的に導き出される、民主化運動における非暴力主義について考えることにしたい。すでに触れたとおり、暴力を手段とする軍事政権に対し、彼女は非暴力を手段とした民主化運動を率いた。そのことが評価され、一九九一年にはノーベル平和賞を受賞している。彼女に対する国際的な注目もここに集約されていたと言っても過言ではない。

前章の復習になるが、アウンサンスーチーの言う「正しい目的」と「正しい手段」の一致とは、「正しい目的は、それにふさわしい正しい手段を使うことによってのみ達成できる」という考え方を意味する。その起源は二〇世紀初頭にガンディーが著した『ヒンドゥ・スワラージ』(一九〇七年)に遡ることができる。ガンディーの場合、「正しい目的」はインドにおける英国の植民地統治を「正しい手段」で終わらせ、「正しい手段」でインドを独立させることにあった。アウンサンスーチーの場合は、すでに独立している主権国家ビルマを、抑圧的な軍事政権体制から「真理にかなった国民」による民主的な体制へと変革させることが「正しい目的」として設定され、それを民主主義にふさわしい「正しい手段」を用いることによって成し遂げようとするものであった。

彼女の非暴力主義の源泉はここにある。もし民主主義を求める運動において「正しくない手段」、すなわち暴力闘争や策略などの民主的ではない手段を採用すると、「正しい目的」である民主化は永遠に達成できないと考えられるからである。民主主義と暴力は最も相容れない関係にあり、武装闘争を選択して軍事政権を倒すことができたとしても、代わって登場する新しい体制はそれを再び暴力で倒そうとする勢力とぶつかることになり、その結果、新しい政府も最後は再び暴力を用いることになるからである。結局、新体制もまた旧来の体制と同じように「困ったら武力に頼ればよい」という非民主的な性格をその根底において持ちつづけてしまう。それはビルマ近現代史に貫かれる「暴力の連鎖」を遮《さえぎ》ることにはつながらないと彼女はみなす。

ただ、アウンサンスーチーの非暴力主義を支える動機は必ずしもこれだけにとどまらない。それは単に「正しい目的」と「正しい手段」の一致という考え方にだけ基づくのではなく、政治戦術としての側面も強く見られ、そのことに留意する必要がある。

1 戦術としての非暴力

前章でもたびたび引用したアラン・クレメンツとの対話のなかで、彼女は自分が選択した非暴力主義について次のように説明している。

「それ〔非暴力〕は政治的な戦術でもあります。軍事クーデターは充分すぎるほどの大きさでビルマに起こりましたが、それは状況を暴力的に変革する方法でした。私は暴力によって状況を変えようとする伝統を永続化させたくありません。……自分たちが暴力的な手段で民主主義を達成してしまえば、必要な変革を暴力で達成するという考え方を捨てることができなくなってしまい、そのことを私は恐れます。……暴力が正しい方法ではないというのは、私にとって信念であるとともに政治的な戦術でもあります。……私たちが非暴力の路線を選択したのは、武器を使わない変革が可能であるという実例を確立することが、長い目で見て自国の政治のために利益になるという理由からです。……この点において、私たちは精神的なことがらを考えていません。おそらくその意味で私たちはマハートマ・ガンディーと同じとは言えません。彼ならたぶん非暴力ではないすべての運動を非難したと思います」[Aung San Suu Kyi 2008: 153-154]

この発言はクレメンツが彼女の非暴力主義の真意について問うた際、彼女が一九八八年一一月以来ビルマとタイの国境地帯で武器を持って軍事政権と戦っていたビルマ人の学生組織(詳細は後述)のことに触れながら語ったときのものである。ここではっきりしているのは、アウンサンスーチーにとって非暴力主義は精神的な信念であるとともに、自国の歴史に見られる「暴力の連鎖」を断ち切るための政治的な戦術でもあるということである。この発言と前後して彼女は次のようにも語っている。

「私たちは暴力の道を選択した学生たちやそのほかの人々のことをけっして否定しないと常に言ってきました。彼らの目的と私たちの目的が同じであることはわかっています。彼らは民主主義を求めています。求めているものを実現するにあたって正しい手段を私たちが独占しているとは言いません。そもそも、私たちは彼らの安全を保障することができません。「私たちが歩む非暴力の道に従いなさい、あなたがたを守ってあげますから」などとは言えないし、犠牲者を出さずに目的を達成しますなどと約束することもできません。私たちが非暴力の手段を選択したのは、武器を用いないで変革をもたらすことができるという事実を示すことが、長期的に見て我が国の政治のために良いという理由からにすぎません。これは最初期からの明確なNLD〔国民民主連盟〕の政策でした。……状況にもよりますが、今日のビルマの文脈においては、非暴力による手段が私たちの目的を達成するために最も良い方法だと私たちは思います。しかし、だからと言って、これらのいわゆる「正義の戦い」に従事している人々を非難する気はまったくありません。父〔アウンサン〕はそのような武装闘争〔英軍や植民地軍との戦闘および抗日闘争〕に関わっていましたし、そのことのために私は彼を高く評価しています」[Aung San Suu Kyi 2008: 154–155]

アウンサンスーチーはこう語ったうえで、父アウンサンが日本占領期のあと、ビルマへの復帰を試みる英国に対して、日本占領期の末期に採用した軍事的な手段を捨て、話し合いや交渉〔バーゲニング〕および大衆抗議行動を軸にした政治的手段を用いて、民主的な国家としてビルマを独立させたほうが良いと判断し、暴力闘争から非暴力闘争に転じたことを前向きに述べている。さらに南アフリカ共和国で黒人解放闘争を率いたネルソン・マンデラ(Nelson Mandela 1918–2013)にも触れ、彼が非暴力から暴力闘争へ転じたのち、ふたたび非暴力主義に戻ったその軌跡をとりあげ、東西冷戦のイデオロギー対立が激しかった時代に、黒人への不当な差別を強める白人政権に抵抗する効果的な戦闘方法として、彼が武装闘争を選ばざるを得なかった時期があったことに理解を示している。そのうえで、マンデラが状況の変化を的確に判断して最後は非暴力に闘争手段を戻したことを高く評価し、次のように語っている。

「いまの時代、私たちは目的を達成するために非暴力の政治的手段を使うことができます。もし選択の余地が存在し、どちらも同程度の成功の可能性があると考えられる場合は、明らかに非暴力の手段を選択するべきだと思います。なぜなら、それは傷つく人々がより少なくなることを意味するからです」[Aung San Suu Kyi 2008: 156]

この発言で注目したいのは「どちらも同程度の成功の可能性があると考えられる場合」は「非暴力の手段を選択するべき」という部分である。これは換言すれば、暴力闘争のほうが成功の可能性が高いのなら、それを選択するのはやむを得ないという意味も含んだ表現として受け止められる。すなわち、アウンサンスーチーによって強調される非暴力主義は、いついかなるときも貫かれるべき精神的・本質的な原則なのではなく、「正しい目的」と「正しい手段」の一致という彼女の思想の骨格に含まれる原則に基づきながらも、自分たちが置かれている歴史的・政治的状況の下で選択される戦術としての側面が強いものとして理解できるのである。彼女がビルマ国内において非暴力を手段に民主化の実現を推しすすめているのは、国内状況に関する冷静な判断に基づき、そちらのほうが現実的に成功する可能性が高いと判断しているからだと言える。

詳しくは次章で扱うが、彼女はまた、ビルマにおける国民和解の推進を目指している。このことも彼女が非暴力主義を選択する大きな理由となっていることは間違いない。ここで言う国民和解とは、長期にわたった軍事政権の時代に拡大した国軍と国民とのあいだの不信感の解消と、少数民族問題の克服、そして宗教間対立の解決（特に多数派仏教徒と少数派ムスリム〈イスラーム教徒〉間の対立の解決）の三つを意味する。いずれもこれまで暴力による犠牲者を数多く伴ってきた事象であり、これらを解決させるためには暴力そのものを止め、二度とそれに頼らない体制をつくりあげる必要がある。そのためには非暴力の手段で民主化を実現させる以外に「正しい手段」はあり得ない。このように、アウンサンスーチーは自国の未来の在り方を見据えて、非暴力を政治的戦術として選択しているのだとみなせる。

このことと関連して、アウンサンスーチーが軍の在り方についてどのような認識を有しているのかを紹介しておきたい。次に示す発言には非暴力主義者の彼女の国防観があらわれており、そこには現実的な認識と共に、彼女らしい哲学も示されている。いずれもクレメンツとの対話のなかでの発言である。

「父〔アウンサン〕が国軍を創設したとき、彼はそれを人々に愛され信頼され尊敬されるべき存在にしようとしました。私たちが必要とする軍は、兵士たちがいまよりずっと幸せになるような軍です。……兵士たちが国民を抑圧するように常日頃訓練を受けているとは思いません。彼らはただ従うように訓練されているので、もし彼らが良いことに従うよう訓練を受ければ、彼らは速やかに変わることができるでしょう」[Aung San Suu Kyi 2008: 71]

「〔非暴力の原則に立つ人間が軍の最高司令官になることは可能なのかというクレメンツの質問に対し〕もちろん、首尾一貫性のなさが政治にはついてまわります。しかし、私が考えるかぎり、軍の主要な任務は、人々を保護し守ることです。私たちが自分自身を守る必要のない世界に住んでいるのなら軍は必要ないでしょう。しかし、近い将来に世界が変わって私たちが軍の保護なしでも生きていけるということは想像できません。私は軍を破壊する力ではなく、保護する力だと考えたいのです。……攻撃している相手への憎しみからではなく、守っている人々への愛に動機づけられて戦うと考えたいのです」[Aung San Suu Kyi 2008: 48–49]

この二つの発言から読みとれることは、非暴力主義の原則に立って民主化を実現させる努力をすすめる一方で、世界の現状から見て、国家には国防のための軍事力が必要であるという彼女の現実的な見方である。ここでは政治に首尾一貫性のなさがあることを容認するとまで述べている。しかし同時に、国防のための軍は国民を保護する軍でなければならず、国民の信頼と尊敬を受ける存在でなくてはならないと語り、もし自分が軍を指揮する立場に立った場合は、攻撃してくる相手への憎しみからではなく、保護する対象である国民に対する愛に動機づけられた戦いを促すようにしたいという希望を述べている。ここにアウンサンスーチーらしさがあらわれている。ただ、この最後の点に関しては彼女に絶大な自信があるようには見られず、クレメンツに対し「〔兵士が〕敵を殺しているとき、〔それが〕愛に動機づけられているということは可能かどうか」という質問をしている[Aung San Suu Kyi 2008: 48]。彼女が抱く理想の軍の在り方と、そこから遠くかけ離れた現実の軍の実態とのあいだには、彼女にとって悩み深いジレンマがあるのだと想像される。

2 「暴力の連鎖」としてのビルマ近現代史

次に、アウンサンスーチーが指摘するビルマ史における「暴力の連鎖」について考えてみたい。既述のように、祖国を「暴力の連鎖」から何としても断ち切りたいという思いを強く持つからこそ、彼女は政治的戦術として非暴力の闘争を積極的に選択している。彼女がビルマ史における「暴力の連鎖」を語るとき、そこには前近代のコンバウン朝（最後のビルマ王国。一七五二―一八八五年）の時代に生じた王権による暴力も含まれているが、主な対象は植民地期以降の近現代の歴史で生じた様々な暴力だと言える。

はじめに確認しておきたいのは、彼女がクレメンツとの対話において「誰が何と言おうが世の中は良くなっています」とポジティヴに語っていることである。そのことの証しとして、王朝時代は王の引き立てを失った人間が公衆の面前で残虐な方法で殺され、そのことに国王本人がまったく罪の意識を覚えることがなかったが、現代ではいかなる独裁政権でも公共の場でそのようなことを執行するのはまずいという認識だけは持っている、だからこそ処刑や拷問を隠れたところでおこなったり、そういうことはしていないと頑なに否定したりするのだと解釈し、それゆえに「人間は進歩したのです」と彼女は強調している[Aung San Suu Kyi 2008: 172–173]。アウンサンスーチーは、人類全体は、時間をかけながらも、間違いなく良い方向へ向かって進歩しているととらえており、それは歴史学で言う進歩史観（＝歴史は理想とされる目標に向かって紆余曲折を経ながらも進歩しつづけるという考え方)と重なる歴史認識だと言える。

このことは重要である。人間の営みが良い方向に変化している、すなわち、たとえ遠回りや道草を経ようが人類社会は進歩しているのだという認識が根底にあれば、現実の社会問題に取り組むとき、悲観的になることがなく、一時的な後退現象と直面しても落ち込んだりあきらめたりすることなく、常に漸進的な改革に向けて行動を続けようとする意志を持ちやすいと考えられるからである。第2章で見た彼女の積極的な社会関与への姿勢は、こうした進歩史観と重なる歴史認識と表裏一体の関係にあると考えられる。その彼女にとって、祖国の近現代の歴史を通じて生じ続けた「暴力の連鎖」は、必ずや断ち切ることができるという確信があると見て差し支えない。

ここでは近現代のビルマ史における暴力を具体的に見るため、全土が英国の植民地になった一八八六年以降、独立後の軍事政権成立(一九八八年)までの約一〇〇年間に生じた深刻な暴力を伴った諸事件や体制について、その背景を含めて説明することにしたい。このことを通じて、アウンサンスーチーが活動を続ける現場としての国民国家ビルマが、歴史的にどのような暴力の経験を経てきたのか理解することができよう。

(1)　英国の植民地統治

①初期の武装抵抗

まずは英国による植民地支配の特徴と、それに対する土着の激しい抵抗事例を二つ見てみることにしたい。英国は三回にわたる英緬戦争を通じて一八八五年一一月にコンバウン朝(ビルマ王国)を滅ぼし、翌一八八六年三月にビルマ全土を英領インド帝国の一州に組み入れて植民地統治を開始した。あえて保護国とはせず、前近代の王朝国家とはまったく異なる近代国家としての植民地に全面的につくりかえた。

しかし、植民地統治開始に対する土着社会のネガティヴな反応は、初期の段階から激しい形で見られた。英国は一八八五年一一月に王都マンダレーを無血占領してビルマ王国を崩壊させたが、そのとき、王宮や都、その近辺から王国の将兵らが数多く地方に散ったことの意味を軽く見ていた。彼らは、散った先の各地で地元ミョウダヂー（地方の世襲実力者）らをはじめとする有力者たちと合流しながら、ゲリラ戦で英軍に抵抗を挑み、これに様々な強盗団や小規模な農民反乱が加わった。このため英軍は悩まされ、インド本土から一万六〇〇〇人の援軍を呼んで増強し、このビルマ土着勢力の抵抗を一八九〇年までに力ずくによって封じ込めた[Callahan 2003: 24–26]。この反乱の背景は以下のように説明できよう。

ビルマでは王朝時代に国境概念は存在したが、それは正確な地図に描かれた国と国との境を意味するものではなく、支配者である国王が自分の基準で理解した自国の領域の外界線のような境界だった。一定の領域を国家権力が一元的に統治するという実態がなく、そうした考え方も希薄だった。国王の意思や命令が、各地の世襲実力者たちとの人的主従関係の強弱や王都からの距離の遠近によって「不均質」に伝わっていく、「伸縮自在な空間」として王国は存在した。それが英国による植民地化によって根本的につくりかえられ、近代国家というまったく新しい国家のシステムを押しつけられたのである。

英国は近代的な測量技術に基づいて作成した地図に明確に国境線を定め、支配領域を画定して領土面積も算出できるようにし、首都ラングーンを中心とした中央集権型の行政ネットワークを形成して、その空間を一元的に治めることに力を入れた。その際、近代ヨーロッパで形成された「法による支配」の原則を導入し、王朝期のような、支配者が変わるたびに法解釈や運用が変えられたり、支配者と被支配者との関係の強弱によって法律が恣意的に適用されたりする事態が生じることを禁じた。

近代都市につくりかえられたラングーンは英領インド帝国ビルマ州の州都となり、そこにはビルマ政庁（植民地政庁）が設置された。それをトップに管区→県→郡→市（町）→村（村落区）という垂直・ピラミッド型の行政体系がつくられ、一元的な国内支配が貫かれることになった。それを支える具体的なインフラとして電信網（のちに電話網）や鉄道、道路網が建設され、システムとして近代的な官僚制度と教育制度が導入された。これによって植民地国家ビルマの「空間」は、政庁のトップに就く知事（のちに総督）やその部下である局長たちが誰であるかということと関係なしに、州都のラングーンであれ、そこに隣接する県であれ、一〇〇〇キロ以上も離れた地方の県であれ、間接統治となった辺境地域を除き、すべて同じ「均質な空間」として一元的に扱われるようになった。

ビルマ王国の時代に多数存在した各地の世襲実力者たちは、一八八九年以降、弁務長官クロスウェイトによって施行された「上ビルマ村落法」に基づいて次々と解任され、かわって中央政府の意向に従う官僚としての村長が任命された。これによって王朝時代に人的主従関係に基づいて成り立っていた各地の世襲実力者と農民（村人）との関係は、「国家権力と一国民」との関係に置き換えられていった。

英国の政治学者ロバート・テイラーの言葉を借りれば、これは強制された「国家の合理化」と表現することができる[Taylor 2009: 67–148]。元来、ビルマの土着社会は国家の象徴を王と王が存在する都に求めていたが、英国はそれを取り去って、西欧の歴史過程のなかで形成された「法による支配」と「法の下の平等」が貫かれる異質な国家を押しつけたのである。それも「法」は英国側がつくり運用する「法」であった。

こうした背景が、土着社会の反発を生み反乱へと至ったために、それを抑え込む体制側のより大きな暴力が展開され、さらなる徹底した「国家の合理化」が推進されるという流れができあがったと言える。英軍によるゲリラ封じ込め作戦においては、村の焼き討ちや無差別発砲など、残酷な仕打ちがビルマの地元民に対してなされ、一般人に多くの犠牲者が出た。米国の政治学者メアリー・キャラハンは、この時期の土着社会の抵抗とそれに対する英国の軍事的封じ込めが、ビルマにおける国家の社会に対する非友好的態度を決定づけたと指摘している。少なくとも上ビルマにおいては、英国という新しい「国家」は土着「社会」から見て出会いの最初のときから暴力的な存在として認識されることになった。英国もまた、この激しい抵抗と直面してビルマ土着「社会」を敵視するようになり、三万五〇〇〇人以上の軍と警察力に基づく治安維持体制の下にこの国を置くことになった[Callahan 2003: 14–16, 24–26, 42–44]。

②下ビルマ農民大反乱

英領植民地期における暴力を伴ったもうひとつの代表的な抵抗は、一九三〇―三二年に下ビルマを中心に起きた農民反乱である。それはビルマ民族の農民による大規模な抵抗で、植民地支配によって破壊された伝統的共同体の復活とそれに基づく価値の再創造を求める運動として発生した。

二〇世紀に入り、ビルマでは水田開拓のための余剰地が減り、一方で国際コメ市場における価格下落が続いた。インドからの移民の増加による小作料(小作農が地主に支払う地代)の上昇や農業労働者の実質賃金の低下なども起き、一九一〇年代以降、下ビルマを中心に地主が小作農に、小作農が農業労働者に、それぞれ転落していく下向分解現象が見られるようになっていた。一九二九年にニューヨークから世界各地に広がった大恐慌はビルマにもおよび、こうした農民の貧困状況に追い打ちをかけ農村は極度に疲弊した。そのようななかで下ビルマの多数の県で農民反乱が発生し、ビルマ州政府を混乱に陥れたのである。州政府はインドから応援の植民地軍を動員してやっと反乱を鎮圧したが、それには一年半近い時間がかかった。

この反乱は最初にターヤーワディ県で蜂起を組織した元僧侶の名をつけ「サヤー・サン反乱」として知られている。しかし、実際にはサヤー・サン(Hsaya San 1876–1931)が指導する蜂起が広範囲に展開されたわけではなく、様々な中間指導者たちが複数の県で困窮する農民を個別に糾合して広がった反乱であった。よって「下ビルマ農民大反乱」と呼ぶほうが実態に即している。反乱に参加した農民は、英国によって根源的につくりかえられた合理的国家を無慈悲な体制として拒絶し、中央政府が一律に課す税に反発して「税のない社会」を求めた。そのため村役場が襲撃され租税帳簿が焼かれた。中央政府の末端官僚と化した村長やその取り巻きも襲われた。また、本来は村の共有地だった森林が国有地にされたため、そこを管理する森林監督官も襲撃された。外敵に対しては力で倒し従わせる威力を持ち、共同体内部に対しては慈悲に基づく統治をおこなう支配者が理想とされ、反乱に参加した農民たちから見てサヤー・サンらはそのような支配者として受けとめられていた〔伊野二〇〇二：九二―九六〕。

植民地当局はしかし、「下ビルマ農民大反乱」をサヤー・サンらが無知蒙昧な農民を騙して動員した悪質な反乱として理解し、竹槍と刀だけで戦った農民らを植民地軍の近代的武力で封じ込めた。その結果、三〇〇〇人を超える死傷者を出し、約九〇〇〇人を逮捕、うち一五〇〇人を有罪に処し、一二八人を死刑に処した。この大反乱を最後に、ビルマで反英的性格を有した農民反乱が組織的に起きることはなかったが、「下ビルマ農民大反乱」において農民たちが見せた姿勢は、都市部のナショナリストたちにも影響を与えた。都市部出身の政治家は一九三六年に選挙制度が変わり有権者の範囲が拡大されると、農村部の意向を無視できなくなり、両者のつながりは深まることになった。

(2) 植民地下の反インド人暴動

一方、植民地体制下ではインド移民に対する激しい暴動も生じている。英国は不足する労働力を英領インド帝国本土からの移民に頼り、そのため大勢のインド系民族がビルマに入ってきた。彼らの大半は四、五年でインド本土に帰る短期の出稼ぎ移民だったが、数があまりに多かったため、都市部を中心にビルマ民族とインド人との暴力的な対立をひき起こす要因となった。これには一九二〇年代以降に強まったビルマ・ナショナリズムのなかで展開された反インド人言説も影響をおよぼしていた。特に激しかったのが一九三〇年にラングーンで発生した暴動と、三八年にラングーンとマンダレーで生じた暴動であった。

一九三〇年五月に起きた反インド人暴動はラングーンの港湾労働者のストライキをめぐるものである。ラングーンの港湾でインド人沖仲仕《おきなかし》（船の積荷運び人）が賃上げを求めてストライキに入ったところ、経営者側が代わりの労働力としてビルマ人約二〇〇〇人を雇用したが、その後、彼らはスト解除がなされ職場に戻ってきたインド人と激しく対立した。はじめはビルマ人の側に死者が出たが、その後反撃に転じたため、最終的には二五〇人余りのインド人が殺され、負傷者は二五〇〇人にのぼった[Khin Yi 1988: 33-35]。ビルマにはこのころすでに世界恐慌の波が押し寄せ、経済は悪化の一途をたどっていた。こうした経済不況に加え、ラングーンの中心部が短期移民のインド人に占められ、ビルマ民族がその外側にはじき出されていた環境がこのような民族暴動をもたらした背景にはあった。

その八年後の一九三八年七月末から発生した反インド人暴動も血なまぐさいものだった。仏教を批判したあるムスリムの書いた本が、仏教僧侶らによって排斥の対象となり、その行動がヒンドゥー教徒も含むインド系移民全般に対するビルマ人仏教徒による集団暴行へと発展したためである。インド人側による抵抗も激しく、暴徒に対して警官隊が実弾射撃もおこなったため、同年九月末までにラングーンとマンダレーを中心に二四〇人もの死者を出す事態となった（負傷者は九〇〇人以上）[根本二〇一〇：五八―五九]。

これには続きがある。反インド人暴動が沈静化したあと、上ビルマの英資本によって運営される油田地帯で働く労働者のストライキが激化した。これは反英民族団体のタキン党が組織したものである。同年一一月末にはラングーンに向けて彼らが長距離デモ行進を開始するに至り、それを各地で学生や青年活動家たちが側面支援したため、治安は再び不安定となった。付随して各地で反英デモが生じ、一二月から翌一九三九年二月にかけてますますその勢いは拡大した(ビルマ暦一三〇〇年の闘い)。二月一〇日にはマンダレーで植民地軍がデモ隊の鎮圧に動員され、僧侶を含む一四人が射殺され一九人が負傷するという事件までおき、この間、逮捕者も数百名にのぼっている[根本二〇一〇:五九]。

(3) 日本占領期の暴力

英領植民地期に発生した暴力も深刻なものだったが、アジア・太平洋戦争(一九四一—四五年)に伴う日本軍のビルマ侵攻と占領は、日英間の戦争と日本軍による軍政という性格を伴っていただけに、より激しい暴力を生みだすことになった。

①空襲、憲兵隊、軍による虐殺

当初はビルマの人々に歓迎された面もあった日本軍だったが、戦局が悪化し、かつ一九四三年八月に宣言された「独立」(バモオ博士を国家元首とする「ビルマ国」の発足)の実体が不充分なものであることが明らかになると、人々の日本軍を見る目は厳しいものになっていった。その背景には占領下における民衆の生活状況の悪化があった。彼らはまず一九四二年一〇月の雨季明けから開始された英軍(連合軍)による空襲に苦しんだ。英軍はインドに撤退を余儀なくされたあと、ビルマを奪還するため空軍力を増強し、対する日本軍は逆に制空権を失っていった。晴れ間の多い乾季(一〇—四月)に空襲が激化し、ビルマの主要都市や日本軍の基地のそばに住む人々は身の危険にさらされた。また、反日活動や英国への情報提供を疑われた地元民に対する憲兵隊(日本陸軍の軍事警察)による拷問もビルマの人々を恐怖に陥れた[Ba Than 1962: 43; 高橋一九七七:一一三;森山・栗崎一九七六:一三二]。

日本軍の一部将兵によってなされたビルマ人に対する平手打ちも蛮行として嫌われた。平手打ちはビルマの人々にとって大変に屈辱的な行為で、言葉で意思疎通ができないと苛立って平手打ちする日本軍将兵は、憎しみと軽蔑の対象になった[Nu 1954: 21; 高橋一九七七:一一六]。直接の暴力ではないが、裸足で入るべきパゴダの境内に軍靴のままあがったり、人前で裸を見せることを極端に嫌うビルマ人の価値観を無視して、兵士らが彼らの前で全裸になって水浴びをしたりしたことも日本軍への反感を生じさせた[森山・栗崎一九七六:一〇九]。これらは日本軍によるビルマ人に対する文化的暴力としてとらえることができる。

このほか、戦争末期の一九四五年七月、日本軍が英軍とビルマ側抗日勢力に追われビルマ南部に撤退した際、モールメインから東五〇キロにあるインド系住民が多く住むカラゴン村で住民の大量虐殺事件が起きている(カラゴン事件)。敗色濃厚のなか、日本軍は追い詰められた状況にあり、そのなかで第三三師団歩兵第二一五連隊第三大隊はこの村の人々に英軍に情報を提供した嫌疑をかけ、非戦闘員六三七人(男性一七四人、女性一九六人、子供二六七人)を無差別に殺害した。カラゴン事件は戦後、一九四六年三月から四月にかけてラングーンで開廷されたBC級戦争犯罪者(「通常の戦争犯罪」と「人道に対する罪」を犯した者)を裁く軍事法廷において審理がなされ、起訴された一四人のうち四人が死刑判決を受け、処刑されている[林一九九八：二五三—二六二]。

②泰緬《たいめん》鉄道建設工事

戦時中の泰緬鉄道建設工事への強制的な労働力動員も暴力的なものであった。日本軍はビルマへの物資と兵員の補給ルートについて当初は海上輸送を考えていたが、一九四二年六月はじめのミッドウェー海空戦における大敗で空母四隻と大量の航空機およびパイロットを失ってからは、インド洋近辺まで護衛艦や航空戦力を伴う海上輸送を展開する余力がなくなり、逆に連合軍の潜水艦による攻撃で日本の輸送船団が沈没させられる事態が増えることが予想された。そこで日本軍は海に代わる陸上補給ルートとして、日泰同盟条約を結んで進駐していたタイのノーンプラドゥクからビルマのタンビューザヤッをつなぐ全長四一五キロの泰緬鉄道建設を考えるようになった[吉川一九九四：二九—三二]。

一九四二年六月二〇日に大本営が建設を決定すると、同月二八日には早くも工事がはじまり、険しい山間のジャングルに路盤をつくりレールを敷設していく難工事だったにもかかわらず、一年四カ月後の一九四三年一〇月二五日には全線を開通させている。世紀の鉄道工事として日本軍鉄道部隊のほうはこれを誇りにしたが、実際は連合軍捕虜を含む一〇万人以上の多大な犠牲者を出したため、のちに、日本軍の捕虜虐待の最たる事例として英国、オーストラリア、オランダとの戦後和解を困難にさせた。

日本軍からは第二鉄道監部のもと約一万二五〇〇人が工事にかかわったが、ほとんど機械を使わず人力だけでおこなう建設工事がくり広げられたため、動員された労働者らは過酷な現実と直面した。現場で一番きつい肉体労働を担わされた人々は六万二〇〇〇人にのぼる連合軍の捕虜と、東南アジアで徴用された二〇万人を超える労務者だった。連合軍の捕虜はシンガポール攻略戦やジャワ攻略戦の過程で日本軍に捕えられた人々であり、東南アジアの労務者のほうはビルマ、タイ、マレー、ジャワ島からほとんど強制的に動員された土着の人々であった。工事現場は、道具、衣服、食事、衛生環境のすべてにおいて劣悪で、かつ日本兵や日本の植民地だった朝鮮半島から動員された監視員(コリアン・ガード)による威圧的・暴力的行為が頻繁に生じ、抵抗した捕虜に対しては憲兵隊による残虐な拷問がおこなわれた[永瀬一九八六：一一一一五：チョーカー二〇〇八：一〇一一四、二六一二九]。そのため連合軍捕虜だけで一万二〇〇〇人もの死亡者を出した。東南アジアの労務者に至っては、最小に見積もっても四万二〇〇〇人、最大に見積もると一二万五〇〇〇人が命を失っている[チョーカー二〇〇八：一三一一四]。捕虜と労務者の総計で最小五万四〇〇〇人、最大一三万七〇〇〇人もの人々が泰緬鉄道建設工事の犠牲になったのである。

ビルマには、国内各村から決まった数の男子を労務者として日本軍に提供する割当制が導入され、結果的に一〇万人あまりが現場に送りこまれ、少なくとも三万人以上が命を失った。そのため戦後のビルマでは「枕木一本につき一人が死んだ」と語られるようになった。この建設工事に従事した者は「汗の兵隊」と呼ばれたが、そこに動員されることは多くの場合「死への近道」を意味したので、人々を恐怖に陥れた。しかし、建設工事現場に移動する途中や工事中に脱走して村へ逃げ帰った運の良い者も少なくなかった。

(4) 独立後の内戦

一九四八年一月四日に共和制の連邦国家として独立してからも、ビルマでは大規模な暴力が様々に生じた。その最大のものは内戦である。独立したビルマはすぐにビルマ共産党(および赤旗共産党)の武装反乱と、それにつづくカレン民族同盟(KNU)による武装闘争に直面し、議会制民主主義を基盤に社会主義経済体制を構築しようとする国家建設を推しすすめることができなかった。反政府勢力は首都に迫り、ウー・ヌ政権は一九四九年の一時期、外国メディアから英語で「ラングーン政府」と揶揄されるまで追い込まれた。

共産党の武装闘争は、土地国有化の完全実施や英国の経済利権の完全追放などを目的として掲げたもので、共産主義革命の達成を目的に定めたものである。同時に、そこには抗日闘争期以来、反ファシスト人民自由連盟(パサパラ)の中心を担っていたという自負心を持つ彼らが、英国との独立交渉の過程でビルマ政治の傍流に追いやられ、独立後の政府に居場所がまったく得られなかったことに対するルサンチマンも反映されていた。一方、KNUの武装蜂起は、カレン民族の州が画定しないまま独立がなされたことへの反発と、より根源的にはビルマ民族を中心とする連邦国家に加わることへの嫌悪感が原因であった。

内乱はKNUと共産党の連携が失敗したこともあって一九五〇年を境に弱まり、それぞれの勢力範囲は狭められていった。ウー・ヌ政府は平野部での治安をかろうじて取り戻した。それでも上ビルマの油田地帯を共産党支配から奪い返すのには一九五三年八月までかかっている。ところが、今度は与党パサパラの地方支部が中央の党本部や政府の意向に従わず勝手な振る舞いをはじめる事態が生じ、各地で暴力が蔓延することになった。

この事態の背景には内乱の「鎮め方」が深くかかわっていた。内乱期には、日本占領期に出回った武器の回収が不充分だったこともあり、それらを活用した地方ボス率いる私兵団(民兵)やそれに準ずる団体が各地に組織され、ＫＮＵや共産党勢力と対立することが多かった。ビルマ国軍は内部の共産党支持者やカレン民族の将兵らが離脱するなか、新兵の補充をおこないつづけたものの弱体化していた。その結果、窮余の策として、国軍はパサパラと共にＫＮＵや共産党を自分たちの勢力範囲から追放すべく戦う地方ボスと手を結び、その見返りとして彼らにウー・ヌ政権の与党であったパサパラの地方支部の資格を与えたり、様々な便宜を図ったりした。その結果、彼らは内乱収束後、パサパラ地方支部として合法的な形で自らの勢力を維持し、首都ヤンゴンとの関係を確保する一方、党中央のコントロールを受けることは拒否しつづけた。

これにより、中央政府の統制が利くはずのビルマ平野部であっても、こうした地方ボスたちが君臨する地域では法の支配のおよばない暴力がはびこることになった[Callahan 2003: 137–144]。これら一連の状況が一方でビルマ国軍の政治への関与を強め、それを正当化させる理由として用いられるきっかけとなっていく。

(5) 国軍による抑圧的統治(政治関与のはじまり、ビルマ式社会主義、軍政)

独立後のビルマで、国軍が政治に関与するようになり最終的に国家の統治権を独占するようになった経緯は単純ではない。しかし、時間軸に沿いながら次の五つに分けて説明することが可能である。

①中国国民党軍（KMT）残党のビルマ東北部侵入

ビルマが内乱のピークにあった一九四九年、もうひとつの危機がこの国を襲った。戦後の国共内戦を経て同年一〇月一日に成立した中華人民共和国（毛沢東政権）の人民解放軍が、国内に残った旧蔣介石政権の中国国民党軍（KMT）を雲南に追い詰め、そのためKMTの残党が万単位でビルマ東北部のシャン州に侵入してきたのである。当時ビルマが一番恐れたことは、KMTを追って人民解放軍がビルマに侵入してくることだった。

それを避けようと、国軍は翌一九五〇年、KMTに正面から戦闘を挑んだが、もともとゲリラ戦中心の訓練しか受けていなかったため、大敗を喫した。KMTのほうは冷戦下の東西対立にあって台湾（中華民国）と米国中央情報局（CIA）から支援を受け、ビルマ東北部で居座りを続けた。台湾もCIAもKMTがビルマ東北部で力を回復し、雲南に攻め込み人民解放軍を破り毛沢東政権に打撃を与えることを期待していた。国軍は国家的危機が深まるなか、兵員や装備の拡充と国防計画の全面的練り直しに取り組みはじめたが、国軍が求める国防予算はシビリアン・コントロールの憲法と制度のもとでは彼らが思うようには確保できず、そのことから議会政治家たちとのあいだで対立が生じるようになった。

②与党の不安定と国軍の組織強化

一方、与党のパサパラは中央でも安定しなかった。政策や人間関係をめぐって幹部間の対立が激化し、一九五八年四月には「清廉《せいれん》パサパラ」と「安定パサパラ」の二派に分裂、ウー・ヌ首相は

「清廉パサパラ」の領袖だったが、議会の混乱や地方での治安の悪化を収拾することができず、同年一〇月、ネィウィン大将に選挙管理内閣を委ねてしまう。この背景には国軍内部の地方司令官たちの力が影響していた。首都ヤンゴンにある国軍参謀本部が充分に彼らをコントロールできていなかったため、地方司令官らによるウー・ヌ政府打倒のクーデターがひそかに準備され、それを前もって知ったネィウィン参謀総長（最高司令官）は危機意識を強め、ウー・ヌ首相と会い、議会の承認を得て選挙管理内閣を軍につくらせることを説得した[Callahan 2003: 184-190]。こうしてビルマは独立後一〇年目にして軍が政治の表舞台に登場するという事態を迎えた。

ビルマ国軍は組織の強化拡大と改革を推しすすめ、士官学校や国軍歴史資料館（ＤＳＨＲＩ）の創設にくわえ、一九五〇年に国軍関係者の便宜のためにつくった国防協会（ＤＳＩ）による食料や雑貨品販売などの事業活動を、五〇年代後半までに銀行や海運会社の経営まで含む軍の一大利権組織に発展させ、軍の財政を安定させようとした。このうち士官学校の開設は、自力で将校を生みだすシステムをつくりあげたことを意味する。それまでは中途半端な幹部養成学校で下士官を訓練し、彼らが戦場で「手柄」を挙げれば将校に昇進させていくような「現場主義」がまかり通っていたが、自前の士官学校ができて卒業生を出すようになった一九五〇年代後半からは、将校の人事システムが徐々に合理化（制度化）されていった。これと並行して、首都の参謀本部勤務と地方の軍管区勤務とのあいだに相互の異動を導入することによって、地方勤務将校たちの不満を和らげることにも努めた。

③ネィウィン大将による選挙管理内閣

前述のようにネィウィン選挙管理内閣は半年毎に議会の承認を得ることを前提とした合法政府だった。しかし、実質的には軍政そのものであり、軍事力を発揮して共産党関係者や左翼の学生活動家を封じ込め、国内治安の回復を力で実現した。この間の軍による暴力は合法的なものとされたが、多くの反体制活動家の憎しみを買うことになった。

一九六〇年二月、ネィウィンは治安回復を宣言して公約に掲げていた総選挙を実施した。独立後三回目(戦後四回目)となる総選挙では、ウー・ヌ率いる連邦党(旧「清廉パサパラ」)が議席の過半数を獲得し、彼が首相に返り咲いた。しかし、この選挙の際、国民のあいだに国軍に対する不満が高まっていたことをウー・ヌは利用し、対立する「安定パサパラ」が国軍と近しかったことを攻撃しながら選挙戦を有利にすすめた。そのためネィウィンはウー・ヌへの反感を強めた。

復活したウー・ヌ首相はしかし、その後も失政を繰り返した。ひとつは仏教の国教化をめぐる失敗である。ウー・ヌは一九六〇年の選挙で、国民の九割近くを占める上座仏教徒の支持を得ようとして仏教国教化を公約した。首相に復帰すると、翌一九六一年に憲法を改正して仏教を国教に定めたが、人口の一割を占める非仏教徒の不満が高まり、それが少数民族問題の悪化にもつながったため、再び憲法を改正して元に戻した。これによって今度は仏教界の反発が強まり、彼の政権は不安定化した。与党(連邦党)の内部に対立が生じ、それを治められないため議会が混乱した。また、独立後に目指した段階的社会主義化をあきらめ、資本主義路線を強めたが、経済回復の遅れを取り戻すことはできなかった。

こうして国政が行き詰まりを見せ、ビルマの議会制民主主義は再び危機に陥る。ウー・ヌ首相はさらにもうひとつの難問と直面した。シャン州をはじめとする各州が自治権の強化を要求してきたのである。独立後の最初の憲法では、シャン州とカレンニー(カヤー)州に限り、独立後一〇年目以降の連邦からの分離権が認められていたため、ウー・ヌ首相は少数民族州側の要求を無視するわけにはいかなかった。このとき国軍は、ウー・ヌ首相が各州から出されている自治権強化要求に妥協してしまえば、シャンとカレンニー両州がさらに要求を強め、最終的に連邦からの分離権を行使するのではないかと恐れた。ウー・ヌ首相には少数民族に対する大幅譲歩の意思はなく、またシャン州側にも分離権を行使する意図はなかったと言われているが、国軍は最悪の事態を恐れ、政権を奪取し連邦を軍主導の中央集権下に置こうとする決意を下すに至った。すなわち、軍事クーデターの決行である。

④一九六二年のクーデター

一九六二年のクーデターで成立したビルマ式社会主義体制の特徴については、第1章でアウンサンスーチーの半生を見た際、3の(2)「祖国の激変――軍による政権奪取(ビルマ式社会主義)」の部分で説明した。ここでは、軍が支えたビルマ式社会主義期の暴力の問題について指摘する。

国軍にバックアップされたビルマ式社会主義体制は、ヤンゴン大学の学生同盟の建物を(中に学生たちがいたにもかかわらず)爆破して学生運動に打撃を与えるなど、その最初期から強権的体質を顕著に示していた。軍の政治への関与を嫌う学生運動を封じ込めたのちは、ウー・ヌ時代に一定程度認められていた少数民族の自治権を剥奪し、中央集権的な統治を徹底させた。これに対し、カレン民族同盟(KNU)やカチン独立機構(KIO)は反政府武装闘争を激化させた。このほか、シャン州、カヤー州(旧カレンニー州)、モン州、チン州でも武装抵抗が広がった。独立以来、革命路線を歩んだビルマ共産党の武装闘争も激しさを増した。

ビルマ国軍は一九六〇年代後半以降、これら諸勢力を倒すための治安作戦を展開し、特に「四断作戦」と呼ばれた反政府軍への食糧・人間・情報・武器の四つの供給を遮断しようとする作戦は、少数民族が住む多くの村々や村人を疲弊させ犠牲者を増やした。結局、それらは部分的な成功しか見なかったが、この作戦により、おもに山地地帯に住む多くの一般人が日常の生活を壊され、その一部は国内避難民状態となり、また一九八〇年代以降はタイ側に多くの難民となって脱出した。

中央による一元的支配は、必然的に国家による国民全般に対する思想統制を強め、情報機関による国民の監視をもたらした。国民のあいだで「MI」という名称で呼ばれた軍の公安組織も拡大強化され、人々の自由を制約した。彼らによる秘密活動は、政治囚を生みだすことになり、人々の政治への「問いかけ」の意思を挫く役割も担った。報道や言論に対する統制も徹底され、人々の貴重な娯楽だった映画も検閲下に置かれた。

ビルマ式社会主義下では軍による官僚制の乗っ取りもおこなわれた。独立以降のビルマの官僚制は英領期のそれを引き継ぐものであったが、一九六二年以降、軍将校が各省の中枢であるそれぞれの大臣官房に天下り、官僚が軍に抵抗できるかすかな基盤もこわした。各省の大臣、副大臣、局長のポストには、ほぼ例外なく軍人が退役したうえで就き、その結果、官僚機構も軍の下部機関と化した。

⑤一九八八年の民主化運動とその制圧

こうした一党独裁体制はしかし、一九八八年に国民の強い抗議を受けて崩壊に至る。「民主化運動」として語られる一連の政治的盛り上がりである。これについてもアウンサンスーチーの半生を振り返った第1章で基本的な経緯について記したが(同章6の(1)および(2))、ここでは運動が封じ込められる過程の暴力と共に、運動内部に存在した暴力についても触れることにしたい。

一九八八年にビルマで広がった民主化運動は当初、学生を中心とした反ネィウィン運動の色彩が濃かった。そのきっかけは、一九八八年三月一二日、ヤンゴン(ラングーン)工科大学(RIT。現在のYIT)の一人の学生が警官に射殺された事件であった。工科大学の学生たちは怒り、たちまち八キロほど南のヤンゴン大学にも飛び火した。六日後の三月一八日、両大学の学生たち数千人が抗議デモをおこなうと、治安警察が出動してこれを弾圧し、そのためヤンゴン大学のすぐそばにあるインヤー湖沿いで大量の死傷者を出すに至った。このとき治安警察は学生たちを湖に追い詰めてつき落とし、這い上がってくるところを警棒で叩き、頭を水に押し付けて溺死させるという仕打ちに出た(ダダーピュー事件)。また、逮捕した学生を狭いトラックに数十人も無理に乗せたため、警察署に着くまでのあいだに多くが窒息死するという事件も生じた(これについては政府が公式に謝罪)。

同年六月、学生たちが新たに大規模なデモをおこない、このときも治安警察や軍と激しく衝突した。このころヤンゴン大学では学生同盟がひそかに復活し、ほかの学生団体も結成されるようになった。また、かつて一九六三年二月に経済政策をめぐる不一致から当時の革命評議会議長ネィウィンに解任されたアウンヂー元准将が、ネィウィン個人に宛てて体制批判の手紙を送りつけ、そのコピーといわれるものが町中に出回るようになった。

デモはヤンゴンだけでなく、地方にも徐々に広がり、ネィウィン議長は七月二三日にビルマ社会主義計画党(ＢＳＰＰ)の臨時党大会を招集して演説をおこない、党議長からの辞任を表明した。さらに国民が希望するのなら複数政党制への移行も検討すると発言した。このときネィウィンは演説の終わりのほうで突然原稿から目を離し、「私は引退するが、今度また国民が騒動を起こしたら、国軍はそうした連中に対し、威嚇射撃ではなく命中するように撃つから、覚悟しておくように」という、国民に向けた脅し文句を付け加えている。

ネィウィン議長の辞任と共にサンユ大統領も職を辞し、後任には人民評議会によってセインルウィン(Sein Lwin 1923-2004)が選ばれ、大統領とＢＳＰＰ議長を兼任した。しかし、国軍の強硬派の一人だった彼は、それまでの一連の学生弾圧を推し進めた最高責任者であり、彼の登場は学生たちの怒りの炎に油を注ぐ結果となった。八月八日にゼネストと大規模デモがヤンゴンでおこなわれ、「八八年八月八日」を意味した「８８８８」が叫ばれるなか、セインルウィン打倒の強い意思表示がなされた。大統領は戒厳令を布告して軍を出動させ、軍はデモ隊に発砲を繰り返し、ヤンゴン総合病院前では看護師を含む多数の死傷者が出るに至った。それでも運動を封じ込めることはできず、セインルウィンは八月一二日、大統領と党議長を辞任した。

一週間後の八月一九日に文官出身のマウンマウン博士(Dr. Maung Maung 1925-94)が大統領に就任すると、彼は世論に妥協し戒厳令を解除した。これによりヤンゴン市内でデモ隊に睨《にら》みをきかせていた軍部隊は兵舎に引き上げ、一般市民や公務員が大手を振ってデモに加わるようになった。ヤンゴン市内は連日数十万人規模のデモや集会で盛り上がりを見せた。アウンサンスーチーの民主化運動へのデビューもこのタイミングだった。人々の訴えは「民主化の実現」「複数政党制に基づく総選挙実施」「人権の確立」「経済の自由化」といった主張に収斂《しゅうれん》していき、外国メディアからもビルマの「民主化運動」として認識されるようになった。国営新聞にかわり、民間の新聞が多数登場し、憶測を含む様々な政治報道を自由に書き連ねるようになった(ヤンゴンの春)。ただし、テレビとラジオだけは軍によって守られ、学生や市民らに放送局を乗っ取られないよう厳重な警備が敷かれた。

民主化運動はしかし、息切れを示すようになり、的確な着地点を見いだせなくなっていった。マウンマウン大統領がＢＳＰＰ体制のもたらした過去の過ちをテレビで謝罪し、三カ月以内に複数政党制に基づく総選挙を実施すると宣言しても、運動側はそれを受け入れなかった。アウンサンスーチーをはじめ、何人かの著名な元軍人や元政治家が政治集会を催すようになったが、この段階では誰ひとり運動の最高責任者として行動しようとする者はいなかった。学生側は、九月一二日に総選挙実施のための暫定政府設立を宣言するようアウンサンスーチーやティンウー元国防大臣らに強く求めたが、事態は決定的な推移を見ないまま九月一八日を迎えた。

その日の午後四時過ぎ、国営ラジオから勇ましい行進曲とともに臨時ニュースが流れ、国軍が「法秩序の回復」と「国土の治安維持」のために全権を掌握したことを伝えた。軍の高官一九人から構成される軍事政権の発足が宣言され、これによって民主化運動は武力で抑え込まれた。同時にビルマ式社会主義は放棄され、ＢＳＰＰも解党となった。軍政が発足してから、ヤンゴンはもとより地方都市でも学生たちが抵抗を続けたが、軍による水平射撃を含む強硬策によって封じ込まれた。

この間の全国の死傷者は軍事政権側の発表で死亡三三七人、負傷者二〇九人とされたが、実際は一〇〇〇人以上が死傷したと推定されている。

(6) 民主化運動のなかの暴力

この間、民主化運動のなかでも悲惨な暴力が生じている。九月に入るとヤンゴン市内のあちこちでデモ隊の飲水に「毒が入れられる」という事件が発生し、人民裁判的な犯人捜しを誘発した。犯人とされた者は公安のスパイとみなされ、興奮する群衆によって「死刑」判決を下され、公衆の面前で生きたままナイフで首を切り落とされ、それを僧侶らが黙ってみつめ「認める」という、異常で残虐極まりない事件が数十件起きた。

また、政府機能が停止して刑務所で食事の供与ができなくなったため、一斉に囚人らが「解放」されたことも市民に不安感を与え、各地で自警団が結成される事態を生み、彼らが時に行きすぎた尋問や暴力に及ぶこともあった。

(7) 悪しき「連鎖」を断つ

以上、ビルマ近現代史のなかのおもな暴力事象について、植民地期から一九八八年の民主化運動まで少し細かく振り返ってみた。これらはごく簡単に、次のように整理することができよう。

- 植民地化による国家の根源的つくりかえに対する直接的反発として生じた武装抵抗と、それを

封じ込めようとする植民地軍による行きすぎた軍事的抑圧（これによって「国家」と「社会」の間の相互信頼関係が築けなくなる）

- 世界恐慌（一九二九年―）の波及による農村の極度の疲弊および植民地支配体制への反発が招いた農民たちの暴力行使と、それに対する武力的封じ込め
- インド本土からの短期移民の急増およびビルマ・ナショナリズムの活発化に伴って発生した反インド人暴動における大量流血と、それに対する植民地政庁の過剰防衛
- 日本占領期に発生した戦争特有の様々な暴力
- 独立後の内乱と地方ボスたちによる暴力
- 軍による政権奪取後の抑圧的体制下で生じた暴力。特に少数民族に対する暴力的封じ込め
- 一九八八年の民主化運動時の軍による武力的封じ込めと、民主化運動内部で発生した暴力

無論、ここに項目化した近現代ビルマ史における暴力は、それぞれの政治的・社会的・経済的背景が異なることに注意が必要である。しかし、共通するのは「暴力で物事は解決できる」と考え「暴力で解決しようとした」事件や政治体制だったということである。そのことだけを見れば、間違いなく「連鎖」していると言えよう。アウンサンスーチーはここにあげた自国の近現代史における負の部分を知りすぎるくらいに知っており、その知識に自信を持っていたからこそ、それを「暴力の連鎖」と認識したのだと考えられる。一九八八年八月、民主化運動に自ら飛び込んでからは、本節冒頭で見た進歩史観的な歴史認識に基づき、この悪しき「連鎖」を国民自らが断ち切る方向へ

歩むよう奮闘しているのだとみなすことができる。

3　タイ－ビルマ国境の活動家から見たアウンサンスーチーの非暴力主義

ここで本章の冒頭で論じた彼女の「戦術としての」非暴力という特徴にもう一度戻り、この考え方をタイとビルマの国境で反軍事政権の戦いを続けてきた活動家たちが、どのように理解していたのか、見てみることにしたい。アウンサンスーチーの「政治的戦術としての非暴力主義」は、タイ側の国境一帯で一九八八年一一月以来、軍事政権と戦い続けてきたビルマ人活動家たちに大きな影響を与えてきた。まずは彼らの活動の歴史的経緯から紹介したい。

(1)　国境の民主化活動家たち

一九八八年九月一八日にビルマ国軍が民主化運動を封じ込め、軍事政権を発足させると、逮捕の危険を避けるためタイ側に脱出して民主化活動を続けようとしたビルマ人の数は万単位に達した。タイ国内には、ビルマ難民の支援活動をおこなうＮＧＯまで含めれば、優に一〇〇を超える数の民主化支援団体が誕生し、一部を横断的に組織する団体も登場した。その正確な数や名称の確認は難しく、確認できたとしても数カ月もすればその一部は分裂したり新たな団体が発足したりするのが現実だった。ここでは、筆者が二〇〇九年三月初旬に約一週間かけてタイのチェンマイと国境の町メソートでおこなった聞き取りを元に、彼らの非暴力主義理解について紹介することにしたい。内容はすべて『年報政治学』(二〇〇九－Ⅱ)に発表した拙論「ビルマ民主化闘争における暴力と非暴力」[根本二〇〇九]に基づく。

タイ国境を拠点とするビルマ民族を中心とした武装組織は、一九八八年一一月に結成された全ビルマ学生民主戦線(ABSDF)に代表される。一九八八年九月一八日の軍事政権成立直前から、ヤンゴンを中心に民主化運動を組織化してきた主にビルマ民族から成る学生たちが身の危険を感じ、大挙してタイ国境へ向かって移動をはじめ、新たな抵抗の拠点を築こうとした(一部は中国国境やインド国境へも移動した)。タイ国境地帯ではすでに、一九五〇年代からカレン民族同盟(KNU)がビルマ中央政府に対する軍事的抵抗を続けていた。一九六〇年代にカチン独立機構(KIO)がそれに加わり、さらにネィウィン体制(ビルマ式社会主義体制)によるビルマ民族中心の一元的支配主義を嫌って、ほかの少数民族反政府武装組織も抵抗の拠点を築き、七六年には一三の少数民族組織が連合して民族民主戦線(NDF)を結成していた。一九八八年九月以降に移動してきたビルマ人学生たちは彼らと共闘することになり、そのなかで産声をあげたのがABSDFであった。ABSDFはただちにNDFと組んで新たにビルマ民主戦線(DAB)を発足させた。

このあと、一九九〇年五月の総選挙で総議席の八割を獲得したにもかかわらず、軍政によって政権委譲を拒否されたNLDの当選議員の一部が、逮捕の危機を逃れて国境に移動し、国民民主連盟－解放地域(NLD－LA)を結成している。彼らは同年一二月、前述のDABと組んで、ビルマ連邦国民連合政府(NCGUB)という国境に基盤を置く亡命政府を発足させた(その後、米国メリーランド州ロックヴィルに移動、二〇一二年九月解散）。首相にはアウンサンスーチーの従兄で元数学者のセインウィン（Dr. Sein Win 1944–）が就いた。ＮＣＧＵＢは非暴力闘争を原則とするＮＬＤ－ＬＡが中心となった亡命政府であるが、武装闘争を継続するＤＡＢも大きな影響力を有していた。ＤＡＢ所属の少数民族武装勢力のうち、大半の組織が一九九〇年代前半までにビルマ軍政と停戦協定を結んだため、途中で状況は変わったが、それでもＤＡＢ内のＡＢＳＤＦやＫＮＵは武装闘争を継続していた。

しかし、ＤＡＢ、ＮＣＧＵＢといった「老舗」組織は、ビルマで軍政が長期化していくにしたがって、国境地帯において強い影響力を持てなくなった。一九九〇年代半ば以降に生まれた数々の新規団体や、そこから分裂した団体、そしてそれらの一部を横断的にまとめようとするいくつもの組織が、ゆるい連帯を保ちながら活動を展開するようになったからである。筆者が現地で聞き取りをおこなった二〇〇九年三月はそうした状態がますます顕著になっていた時期であった。聞き取りは九団体一〇人に対しておこなった。それら九団体の組織概要と聞き取り相手の基本情報は次に説明するとおりである。すべて二〇〇九年三月現在の情報である。

全ビルマ学生民主戦線（ＡＢＳＤＦ）

英語公式名称 The All Burma Students' Democratic Front。一九八八年一一月にタイ－ビルマ国境で結成されたビルマ民族を中心とする学生戦闘組織。一貫して武装闘争を採用し、ＫＮＵなどから武器の支援と武装訓練を受けたが、徐々に弱体化し、一九九〇年代後半以降はビルマ国軍との防衛的戦闘(それも小規模なもの)が中心となった。会員数も当初の一万数千人規模から激減し、新規の補充がほとんどできないなか、聞き取り実施時には一五〇〇人前後が所属、結成当初の学生たちのうち残っている者は四〇代に達していた。会員数には家族が含まれており、彼らはメソートやチェンマイなどの都市やその近郊で仕事に就きながら、非暴力手段による民主化活動支援を続けている。武装闘争の路線を捨てないため、欧米諸国からの支援は、NGOからのものを含め、いっさい受け取れないでいる。活動資金はABSDFから第三国へ移住した元会員(在外支援者)からの送金が中心。

〈聞き取り相手〉

①議長　タンケー(Than Khe)
男性／一九六五年生まれ／ビルマ民族／医科大学中退

②元兵士　ミンテイ(Min Htay)
男性／一九六七年生まれ／ビルマ民族／高校卒

国民民主連盟－解放地域(NLD－LA)

英語公式名称 The National League for Democracy-Liberated Area。一九九〇年五月の総選挙で圧勝をおさめたNLDの国外組織。総選挙後、軍事政権が民政移管に応じず、選挙結果を無視し当選議員らの逮捕や抑圧をはじめたため、一部の当選議員と党員たちが国境に脱出、国内のNLDとは別組織として結成された。聞き取り実施時、日本、韓国、英国、オーストラリア、マレーシア、ノルウェーに支部を有していた。
〈聞き取り相手〉
外交委員長　ニョウオンミン（Nyo Ohn Myint）
男性／一九六二年生まれ／モン民族／大学院卒（元大学歴史学教員）

ビルマ政治囚支援協会（AAPPB）

英語公式名称 The Assistance Association for Political Prisoners（of Burma）。ビルマ軍政下の政治囚経験者によって二〇〇〇年に結成された団体。会員数は〇九年三月現在で一三二人。会員資格を政治囚経験者だけに限定。事務局はメソートにある。同地に政治囚博物館（公開展示室）を設け、未解放の政治囚や犠牲者の写真をはじめ、刑務所のジオラマ、拷問の様子を説明した図、ビルマ全土の刑務所一覧などを一般公開している。常時、ビルマ国内の政治囚の人数を確認して公表し、一人ひとりの投獄先刑務所の究明にも力を注いでいる。全米民主化基金（NED）から財政支援を受けている。
〈聞き取り相手〉
事務局長　テイッナイン（Tate Naing）
男性／一九六二年生まれ／ビルマ民族／大学卒（元公務員）

カチン民族機構（KNO）

英語公式名称 The Kachin National Organization。一九九九年に結成されたカチン民族の政治団体。カチン民族には、一九六一年三月に結成されたＫＩＯとその武装組織カチン独立軍（ＫＩＡ）が存在するが、両者とも一九九四年にビルマ軍事政権と停戦協定を結んだため、政治活動は中断するに至った。そこで、別個に国外を中心に情宣活動を展開する組織が必要となり、一九九九年に本機構が結成された。会員数は未公表。財政基盤は会員による寄付でまかなっている。なお、ＫＩＯとＫＩＡは聞き取りから二年後の二〇一一年以降、ビルマ政府軍（国軍）と戦闘を再開している。

〈聞き取り相手〉

書記長 マコー・クンサー（Mahkaw Hkun Sa）

男性／一九五三年生まれ／カチン民族／大卒（元弁護士）

在タイ・カチン民族女性協会（ＫＷＡＴ）

英語公式名称 The Kachin Women's Association Thailand。一九九九年九月にチェンマイで結成。カチン民族の女性のエンパワーメントを目的とし、保健衛生をはじめとする各種訓練コースや、調査および資料作成、人身売買撲滅プロジェクトの推進、カチン民族の伝統工芸品の生産、アドヴォカシー活動を展開している。活動範囲は国境だけでなくビルマ国内のカチン州奥地にまで及ぶ。ＮＥＤから財政支援を受けている。

〈聞き取り相手〉

代表 シャーリー・セン（Shirley Seng）

女性／一九四七年生まれ／カチン民族／高校卒

ビルマ民主主義フォーラム（ＦＤＢ）

英語公式名称 The Forum on Democracy for Burma。二〇〇六年にメソートで結成。ＡＢＳＤＦを含む国境で活動を展開する七団体の横断組織。ＤＡＢやＮＣＧＵＢの影響力が弱体化した状況下で、国境の民主化運動の連帯強化を目指す。武装闘争を展開するＡＢＳＤＦが加盟していることもあり、海外からの財政支援はない。

〈聞き取り相手〉

外交担当委員　ノウノウテッサン（Noe Noe Htet San）

女性／一九七三年生まれ／カチン民族／大学中退

諸民族青年フォーラム（ＮＹ－Ｆｏｒｕｍ）

英語公式名称 The Nationalities Youth Forum。計一三団体から構成される少数民族横断組織。少数民族の権利問題を扱う隔月刊の雑誌 *Magnolia* を発行。事務局はチェンマイにある。保健衛生教育をはじめ、女性のエンパワーメントを目指すプロジェクトの実施、英語やビルマ語による書籍の諸民族言語への翻訳（およびその逆）などが主な活動内容。米国の大規模民主化支援団体オープン・ソサイエティ・インスティテュート（ＯＳＩ）や、日本ビルマ救援センター（ＢＲＣＪ）から財政支援を受けている。

〈聞き取り相手〉
書記長　アウンナインソウ(Aung Naing Soe)
男性／一九七八年生まれ／アラカン民族／高校卒

The Irrawaddy 編集部

一九九三年創刊のビルマ民主化支援を目的とする雑誌の編集部。聞き取り時の二〇〇九年三月現在で約九〇〇〇部の発行部数を持つ紙媒体の月刊誌(英語)と、毎日更新されるインターネットサイト(英語・ビルマ語)の両方を通じ、ビルマを中心とする政治・経済・社会・文化にかかわる報道をおこなっている。本部はチェンマイ市内にあり、スタッフはビルマ人主体だが、欧米人の契約スタッフ(校閲担当など)も常駐する。このほかにビルマ国内を含む各地に契約記者がいる。NEDのほか、EU諸国の複数の団体から長期にわたる財政支援を受けている。

〈聞き取り相手〉
編集幹部　チョオズワーモウ(Kyaw Zwa Moe)
男性／一九七一年生まれ／ビルマ民族／大学中退

「ビルマ民主の声」(DVB)

英語公式名称 The Democratic Voice of Burma。ノルウェーのオスロに本拠を置く在外ビルマ人活動家による民主化支援メディア(衛星テレビ・短波・インターネット放送)。一九九二年からビルマ向けに短波放送を開始し、二〇〇五年から衛星を使ったテレビ放送を実施、並行してインターネット放送もおこなっている。NEDをはじめ欧米の複数の団体から財政支援を受けている。チェンマイにテレビと短波放送のスタジオを持つ。

〈聞き取り相手〉

上級プロデューサー兼レポーター　タンウィントゥッ（Than Win Htut）

男性／一九六九年生まれ／ビルマ民族／大学卒

(2) アウンサンスーチーへの支持をめぐって

まずは各人にアウンサンスーチーを支持するかという大上段の質問をしてみた。聞き取りをおこなった一〇人全員が「支持する」と答えたが、これは民主化闘争を国境で続けている以上、当然のことであろう。ビルマ国内では軍事政権による抑圧で手に入らなかった彼女の著作も、ビルマ国外で活動している彼らには手に入れやすく、彼女の思想の特徴は彼らのあいだでかなり理解されていた。しかし、支持の強弱の差は明確に見られた。

NLDの国外組織であるNLD－LAのニョウオンミン外交委員長と、ABSDFのタンケー議長および元兵士ミンテイは、とりわけ強い支持を表明した。なかでもタンケー議長は「我々はビルマ国民の多数意思に従うことを基本としている。一九八八年、ビルマ国民は民主主義を求めて立ち上がった。彼らはアウンサンスーチーを国民運動の指導者として支持し、そのことは一九九〇年五月の総選挙で証明された。国民の多数意思はそこにあり、ABSDFはその原点に常に立つ」と明確に語った。すなわち、アウンサンスーチーという人物への個人崇拝ではなく、「ビルマ国民の多数が彼女を支持している」ということを根拠に、彼女への強い支持を表明しているのである。またAAPPBも彼らが運営する政治囚博物館の中で、アウンサンスーチーの写真を政治囚全体の象徴として大きく飾っていた。

一方、カチン民族の女性活動家であるKWATのシャーリー・セン代表は、「アウンサンスーチーを尊敬している」と述べる一方で、「彼女もビルマ民族の一員なので、彼女が政権をとっても少数民族問題が解決されるとは思わない」と語り、限定的な支持であることを強調した。しかし、同じカチン民族の女性活動家でも、メソートで七団体を横断して組織しているFDBの外交担当委員ノウノウテッサンは、セン代表の発言とは反対に、「アウンサンスーチーがビルマ民族だから信用できないという言い方をする少数民族の活動家が多いのは確かだが、私はそのようには考えず、彼女に期待している」と述べた。両発言から推測できることは、少数民族の活動家のなかにはアウンサンスーチーの強い支持者がいる一方で、限定的な支持にとどまっている層もかなりいるのではないかということである。

(3) 武装闘争の論理——ABSDF

「ビルマ国民の多数意思に従う」という論理に基づいてアウンサンスーチーへの強い支持を表明するABSDFは、既述のとおり、一貫して武装闘争を継続してきた。それでは、同組織は彼女の非暴力主義をどのように理解し、自らの武装闘争をどのように正当化しているのであろうか。以下、タンケー議長の発言要旨を紹介する。

「民主主義という目的達成のためには民主主義的な方法だけに頼るべきというアウンサンスーチーの哲学は理解している。しかし、軍政が民主主義的な方法の行使すら許さない状況下では、それが回復されるまで武装闘争が必要である。ビルマの歴史を振り返ってみても、第二次世界大戦時の反英闘争や反ファシスト〔抗日〕闘争において、我々ビルマ人は武装闘争を展開し祖国を勝利に導いた。我々を暴力的な連中であるとみなす見解があるが、軍政の統治はどうなのか。彼らこそ国民を抑圧する暴力団体ではないか。我々は民主主義が推進できるようになる基盤をつくるために、軍政と戦い続けるのであり、そのために武器をとっている。

アウンサンスーチーも国境で武装闘争を続ける学生たちに理解を示し、私たちに行動の選択を一任している。ただし、国境地帯とちがって、ビルマ国内で国民が武装闘争を展開するにはリスクが多すぎる。軍政は非暴力で民主主義を求めているNLDのような政党すら破壊分子と結びつきがある団体だとみなして抑圧をしている。そのような状況下で、国内で国民が武装闘争を開始すれば、軍政はいっそう、彼らへの弾圧を激化させることになろう。戦術的に見て、国内での闘争は非暴力がふさわしい」

タンケー議長のこの発言には、ＡＢＳＤＦの武装闘争が「〔軍政が用いる〕暴力に対しては暴力で対抗するしかない」という単純な論理を超えた解釈が示されている。すなわち彼は、本章の前半で示したアウンサンスーチーの非暴力主義に見られる柔軟な理解をもって、彼女がタイ－ビルマ国境の地にいる自分たちに行動の選択を一任していると受け止め、武装闘争を選んだ自分たちの状況を彼女が「理解」しているととらえている。また、彼女の非暴力主義がビルマ国内においては戦術的な意味を有すると評価し、そこには「国内では非暴力」「国境では武装闘争」という、アウンサンスーチーの非暴力主義に内包される政治的戦術のほうを重視する姿勢が見られる。彼らはそれを武装闘争の正当性根拠にしているのだとみなせる。

(4) 非暴力支持のなかの暴力「容認」

一方、ABSDFと異なり武装闘争から距離を置く組織に属する活動家は、アウンサンスーチーの非暴力主義をどのように理解しているのだろうか。

最も明確に非暴力の意義を語ったのは民主化支援メディアに属するチョオズワーモウ(*The Irrawaddy* 編集部)とタンウィントゥッ(「ビルマ民主の声」放送)、そしてAAPPBの事務局長テイッナインである。三人とも非暴力闘争によってのみ民主化は実現すると述べ、武装闘争は勝利の見込みが立たず、支援できないと明言する。特にタンウィントゥッはABSDFの武装闘争は支持できないと強調した。ただし三人ともABSDFが置かれている状況には同情的で、なかでもチョオズワーモウは、ビルマ国内の学生運動が一九八八年九月の軍政発足以降、軍政打倒・民主化達成という共通目標を持ちながら、「武装闘争」「政党活動」「学生運動」の三つの道に分かれて闘争を展開する方針を打ち立て、ABSDFはそのひとつである武装闘争をいまでも忠実に守っているにすぎないという言い方で同情をあらわしていた。

　タンウィントゥッを除く二人は、ＡＢＳＤＦの武装闘争が自衛の側面を有していると解釈し、それについては理解すると語った。また三人とも、少数民族の自己防衛においては武装活動が必要であることを例外として認めている。ここでも本章1で論じたアウンサンスーチーの非暴力主義における戦術的側面が反映されており、三人とも、彼女の非暴力主義はいついかなるときも絶対貫くべき精神的原則を語ったものではないという理解に立っていることがわかる。

　そのほかの活動家たちはどうだろうか。ＮＬＤ－ＬＡの外交委員長ニョウオンミンは、一九八九年七月にアウンサンスーチーが一回目の自宅軟禁に処されるまで、彼女の演説草稿を執筆した経歴を有する元側近であるが、その彼は意外にも「政治には武装闘争や暴力の使用が必要なときがある」と語る。そして「そのことをアウンサンスーチーが否定したことはない」と言い、「彼女の真意は、国民の側に武器がない場合、団結して非暴力闘争を展開し独裁権力に迫る戦術を採用したほうが効果的であるという点にあり、政治における暴力を全否定しているわけではない」と説明する。この考え方はＡＢＳＤＦ議長タンケーの語りと重なる。アウンサンスーチーの元側近級の人物までが彼女の非暴力主義のなかの戦術的側面を重視していることは、実に興味深い。

　ＦＤＢの外交担当委員ノウノウテッサンも、「民主主義を求めるのであれば民主的な方法だけに頼るべき」というアウンサンスーチーの哲学を理解すると語る一方、「ある程度の柔軟性は政治闘争には必要だと思う」とも述べ、武装闘争や暴力の使用が場合によっては必要となるときもあることをほのめかしている。彼女自身はビルマ名を名乗るカチン民族であるが、一九九三―九六年に中国との国境地帯でＡＢＳＤＦの一員として武装闘争に加わった経歴を有している。そのことがこうした発言の背景にあるのかもしれない。

少数民族横断組織として、主に文化的な活動に力を入れているＮＹ－Ｆｏｒｕｍの書記長アウンナインソウ（アラカン民族）も、アウンサンスーチーを支持し「武装闘争では民主主義は達成できない」と語る一方で、「自分の民族を守るために自衛としての武力は必要」とも述べている。彼はアラカン解放党（ＡＬＰ）に属していた一九九〇年代後半当時、同党の命令で、軍政と停戦協定を結ぶことを拒絶していたシャン州軍（ＳＳＡ）に派遣され、軍事訓練に参加した経験を有している。またカチン民族機構（ＫＮＯ）書記長のマコー・クンサーも、元弁護士だった本人に武装闘争の経験はないが、「自己防衛のためであれば武装闘争も必要」と強調している。

少数民族組織に属する活動家は、ビルマ国内における少数民族抑圧政策に長期にわたって苦しんできた経験を有するだけに、必然的に「自衛としての武装は必要」と強調するのだと考えられる。このことをもう少し極端に語るのがＫＷＡＴ代表のシャーリー・センである。「ビルマ国軍は武装勢力を持たない少数民族をいじめるが、武装勢力が存在するとそうはできにくくなる」と語る彼女は、「カチン民族は一九六〇年代から武装闘争を展開し、ビルマ国軍に抵抗してきた。基本的に武器を持たない反政府組織は弱く、まわりから一目を置かれたり尊敬を受けたりすることはない」と断言する。さらに「現在、ビルマ国内でアウンサンスーチー率いるＮＬＤが弱体化しているのは、彼らが武装勢力を持っていないからだ」とまで言う。

しかし、それではなぜ、シャーリー・センは非暴力の典型的組織とも言える女性の自立を目指す

KWATの重鎮として活動をつづけているのであろうか。彼女は次のようにきわめて現実的なことを語った。

「本当は軍政を打倒し民主化を実現するためには武装闘争が必要だと思っている。しかし、米国における二〇〇一年九月一一日の事件以降、国際社会がテロとの戦いを強調するようになり、武装闘争をいっさい許さなくなった。私たちの組織は現在、外国から財政支援を受けており、非暴力を選択せざるを得ない状況にある」

なんと明確な「論理」であろうか。国際社会からの財政支援を受け続けるために、あえて本心を隠しながら非暴力重視の姿勢をとるというこの説明は、アウンサンスーチーが語る非暴力主義とは異なる位相にある。長期にわたりビルマ国軍による暴力によって脅かされてきた少数民族の場合、こうした建前と本音を使い分ける現実的な対応をしているのだと解釈できる。

(5) 二つの明確な傾向

以上、アウンサンスーチーの非暴力主義が、タイのチェンマイとメソートで活動を続けるビルマ人活動家にどのように理解されていたのか、二〇〇九年三月に実施した聞き取り調査を元に紹介した。聞き取り調査の人数が少なく、また少数民族団体の選択において偏りも見られるため、不完全な考察ではあるが、その点をとりあえず横に置けば、タイにおけるビルマ人活動家たちが有する非暴力の意味理解の傾向は、次の二つの明確な特徴を持つと言えるであろう。

ひとつは「民主主義を達成するためには民主主義にふさわしい非暴力の手段を用いるべきだ」とするアウンサンスーチーの考え方への基本的同意と、同時に状況によっては武装闘争を採用することへの一定の理解である。武装闘争では民主化を達成できないと断言する者も、少数民族やＡＢＳＤＦがビルマ国軍による攻撃から自己を防衛するためにやむなく行使する暴力（武装抵抗）については、例外なく理解ないし同情を示している。そうした理解の根拠は、ビルマ民族を中心とする団体に属する活動家の場合、強弱の差こそあれ、彼らが支持するアウンサンスーチーの非暴力主義に示される柔軟な解釈に求められている。

もうひとつの特徴は、少数民族団体に属する活動家の場合、状況によって武装抵抗を認める根拠が、彼らが自然権のようにみなす自民族を防衛する権利と結びつけて語られていることである。それはアウンサンスーチーの非暴力主義とは異なると言える。

一方で、二〇〇一年九月一一日にニューヨークで大規模テロ事件が発生して以降、欧米各国のテロリズムへの警戒がいっそう強まり、在外ビルマ人による民主化活動にも影響を及ぼすようになった。純粋に非暴力手段による活動でないかぎり、外国から財政支援が受けられなくなったのである。とりわけ、欧米諸国の支援団体から財政援助を受け続けるためには、各組織が暴力闘争とは無縁である姿勢を強調せざるを得なくなり、筆者が聞き取りをおこなった二〇〇九年三月は、そのような状況下でＡＢＳＤＦを除くほかのすべての活動団体が非暴力を前面に押し出していた。

二〇一一年三月末の「民政移管」、そして同年半ば以降から顕著となったビルマの「変化」のなかで、とりわけ一二年以降、国境の民主化支援組織の状況は大きく変化しつつある。しかし、この聞き取りで明らかになった、軍政末期にあたる二〇〇九年三月段階の彼らの非暴力理解(および政治と暴力との関係に関する理解)は、現在も大きく変わっているとは考えにくい。

◇◇

コラム3　ジーン・シャープとアウンサンスーチー

「非暴力のマキャヴェリ」「非暴力のクラウゼヴィッツ」と呼ばれるジーン・シャープというアメリカ人の政治学者がいる(Gene Sharp 1928–)。ビルマの旧軍事政権のような独裁的かつ暴力的な権力と対抗する人々のため、自身が考えた一九八種類にのぼる非暴力行動を効果的に組み合わせた非暴力戦略論を唱えていることで知られる。海外での知名度は以前から高かったが、日本では二〇一二年に著作の翻訳が出てから知られるようになった(瀧口範子訳『独裁体制から民主主義へ——権力に対抗するための教科書』)。

筆者がジーン・シャープの名前をはじめて聞いたのは、一九九四年にバンコクでビルマ人活動家たちと話をしていたときである。一九八八年にはじまったビルマの民主化運動が国軍によって封じ込まれ、発足した軍事政権によって関係者の逮捕や無慈悲な処罰が繰り広げられたなか、多くの学生活動家たちが山を越え、国境を越え、タイ側に入ってきた。筆者が会った活動家たちもそうした元学生らであった。彼らの力のこもった説明を聞きながら、それまでシャープのことをまったく知らなかった私は、その非暴力戦略論に強い印象を受けた。

その後、一九九〇年代後半、東京で在日ビルマ人が発行するビルマ語の機関紙などを通じて、何度か彼の名前を見かけるようになった。彼の著書『独裁体制から民主主義へ』は世界各地で独裁政権と戦う人々のあいだで大きな影響力を持っているが、そもそもはビルマの民主化運動を外側から支援するために書かれた理論書だった。この本のおおもとは、一九九〇年代はじめに在タイのビルマ人が発行する機関紙に連載されたシャープのインタビュー記事だったということを後から知った。

ガンディー流の非暴力主義を戦略的に組み立て直し、独裁権力と戦い民主化を実現させるための教科書として提示されたシャープの理論は、抽象的で難しい部分が多い。しかし、ところどころに具体的な「作戦」を示唆するわかりやすい個所があり、そういう部分がビルマ国外で非暴力を手段に民主化活動を続ける人々のあいだで読み継がれ、かつ勇気を与えてきたのだと言えよう。

ただ、ビルマ国内に目を転じると、事情は大きく異なる。シャープの名前はビルマのなかではあまり知られてこなかった。二〇一一年の「民政移管」以降、状況は変わってきているが、ビルマ国内に住む人々のあいだで彼の名前が登場することはこれまでほとんどなかった。

その理由は明白である。ビルマにはアウンサンスーチーという非暴力主義に基づく民主化運動のカリスマ的リーダーがおり、国民の圧倒的な支持のもとで長期にわたる指導をおこなってきたからである。彼女はシャープの影響を受けて非暴力主義の運動をはじめたわけではない。少女時代からの読書や思考を通じて、彼女は彼女なりにガンディーの強い影響を受け、非暴力主義の重要性をビルマの現代政治のなかで訴え、かつ実行してきたのである。軍政期二三年のうち実に一五年間を自宅軟禁という不利な状況で送った彼女であるが、国民の多くは彼女が手段として選んだ非暴力の意味をおおむね理解していた。

しかし、ビルマ国軍が日常的に情け容赦なく襲いかかってきていたタイ－ビルマ国境では、非暴力主義は反軍政の戦いを展開する人々にとって「臆病者の選択」ないしは「受身的な抵抗」とみなされてきた。そういう彼らに非暴力主義の持つ本当の力と価値を理解させることになったのが、シャープが「発案」した一九八種類にのぼる非暴力行動と、その効果的・戦略的な組み合わせだったのだと言える。シ

◇◇◇◇◇◇◇◇

ャープがアウンサンスーチーによる非暴力の戦いを高く評価したことも、彼らのシャープ理論への信頼を増したものと想像される。その意味で、シャープの存在は国外で活動するビルマ人活動家たちとアウンサンスーチーとの「真の架け橋」を築くきっかけを与えたと言えるかもしれない。

第4章
国民和解への遠き道のり

来日したアウンサンスーチー
（東京のホテルニューオータニにて，
2013年4月，山本宗補氏撮影）

これまでアウンサンスーチーの半生と、彼女の思想の骨格、そして本人が最も力を入れる、非暴力でビルマの民主化を実現させることによって祖国を「暴力の連鎖」から解放するという考え方について詳しく見てきた。本章では、二〇一一年半ば以降、顕著な「変化」を見せるビルマで、一二年五月に下院議員に就任して、民主化運動指導者のまま現実の立法府の一員としても活動することになった彼女の行動と、その直面する様々な課題を見ていくことにしたい。なお、本章の記述は二〇一四年一一月現在の情報に基づいている。

1　二〇一一年三月の「民政移管」と〇八年憲法体制

(1) アウンサンスーチーの最終的解放

二〇一〇年一一月一三日、アウンサンスーチーは〇三年五月三〇日以来七年半におよんだ三度目の自宅軟禁からやっと解放された。最初の軟禁が六年間（一九八九年七月―九五年七月）、二回目が一年八カ月間（二〇〇〇年九月―〇二年五月）、三度目を合わせ彼女の自宅軟禁期間は実に一五年二カ月（約五五二〇日）にもおよぶ。一九八八年八月にビルマ政治の舞台に颯爽《さっそう》と姿を現してから二二年三カ月、そのうちの七割弱にあたる期間を彼女は軍政によって封じ込められてきた。

最後の自宅軟禁から彼女が自由になったとき、外では「民政移管」のための総選挙が終わり、投票日から六日がたっていた。彼女の解放は総選挙の投開票が終わるまで軍政によって延ばしに延ばされてきた。これは明らかにアウンサンスーチーとＮＬＤが総選挙に参加できないようにするためにとられた措置だったとみなせる。

自由になったアウンサンスーチーは、慎重に政治活動を再開した。国民も国際社会も彼女に与えられた自由の度合いがどの程度のものなのか関心を持って見つめた。この時点ではＮＬＤが軍政に合法政党として認定されていなかったので、ＮＬＤが政党活動をしたりアウンサンスーチーがそれを指導したりしたら、党そのものを解党させられるリスクがあった。よって、基本的にはＮＧＯのような社会活動をおこなう形で国民との接触を推し進めた。

彼女が解放された翌年、二三年間続いた軍政は自ら幕を閉じ、「民政移管」が実現した。二〇一〇年一一月の総選挙で当選した議員らが翌一一年一月三一日に連邦議会に召集され、二月四日には大統領テインセイン（Thein Sein 1945-）と副大統領二名が選出された。上下両院（定数二二四議席の民族代表院と同四四〇議席の人民代表院）の議長と副議長も選出され、三月三〇日には軍事政権（国家平和発展評議会ＳＰＤＣ）の解散とテインセイン新大統領を国家元首とする新政府の発足が宣言された。正副大統領を含む全三三人の閣僚も発表された。

ここに二三年間にわたる軍政の幕が下ろされ、「民政」がスタートした。しかし、新大統領は旧軍政のナンバー4だった元大将であり、下院（人民代表院）議長は同ナンバー3、二人いる副大統領のうち片方も軍出身者である。発足時の閣僚三三人中二七人（八二％）も退役軍人である。さらに、上下両院それぞれの議席の二五％（総定数六六四議席中一六六議席）があらかじめ軍人たちに割り当てられている。残り七五％の議席は選挙で選ばれるものの、二〇一〇年一一月の総選挙には第1章で触れたようにＮＬＤが参加しなかったため、当選者の六割強は軍出身者ないしはそれに準ずる人物（軍から見て害がないと判定された者）だった。「民政移管」したとはいえ、実態は「軍による新しい形の支配」と言ったほうがよい。よって本章でもカギ括弧を付した「変化」という表記を用いる。

新体制では憲法の規定に基づき、正副大統領を議会で互選することを定めており、彼らを含め議員が大臣や副大臣に就任した場合、その議員は議席を失うばかりでなく、所属政党の公務からも離れることが義務づけられている。大臣らが就任と同時に議席を失う規定を持つ国はほかにもあるが、所属する政党からも実質的に離れなければならない規定まで合わせ持つ国は非常にめずらしい。この制度は、議会制民主主義や政党というものに不信感を抱くビルマ国軍が、大臣などに就任して行政府に入る議員を確実に政党活動から引き離すために考え出したものである。二〇一〇年一一月の総選挙から一年五カ月ほどしか経過していない段階で、補欠選挙の対象が上下両院で四三議席（選挙区）にもおよんだのは、この制度のせいである。

(2) 二〇〇八年憲法

新体制がその正統性根拠に据える「ミャンマー連邦共和国憲法」（二〇〇八年憲法）は、大統領を国家元首とする共和制と、少数民族に限定的な自治権を認める連邦制を基本とし、民族代表院（上院）と人民代表院（下院）の二院制議会の設置を定めている。しかしすでに触れたように、両院とも議席の二五％は国軍が議員を指名できる「軍人の指定席」となっており（それも入れ替え自由）、選挙で選ばれるのは各院総議席の七五％に限られる。大統領と副大統領は議会から選ばれる仕組みになっているが、彼らには軍事に通じていること、家族に外国籍の者がいないことが資格として義務づけられている。また、内務大臣、国防大臣、国境担当大臣の三ポストに関しては、大統領に任命権がなく、国軍最高司令官が任命することになっており、国家統治の中枢を担う三つのポストを軍がコントロールできるように制度化している。国家が非常事態に直面したと判断した際は、大統領は全権を国軍最高司令官に委譲することができるという規定もある。この規定を恣意的に利用すれば、「合法的」に軍がクーデターをおこなえることになる。

こうした軍事色の強い憲法であっても、段階的に改憲して民主的なものに改めればよいという見方もできる。しかし、この憲法は改憲のハードルがたいへん高いので、それは困難を極めることになる。改憲の発議には両院で七五%プラス一名以上の議員の賛成が必要で、二五%を軍人が占める議会では民主化に向けた憲法改正はまず望めない。仮に七五%プラス一名のハードルをクリアして改憲を発議できたとしても、そのあとの国民投票で有権者名簿登載者数の過半数が賛成しないと成立しない規定になっている（当日投票者数の過半数ではないことに注意）。したがって、この憲法に基づいて漸進的に民主化を進めていくことは、それこそ「ラクダを針の穴に通す」ようなものだと言ってよい。テインセイン政権はこうした盤石な基盤に基づいてスタートし、この二〇〇八年憲法によって安定を確保し、その範囲内で「民主化」や「自由化」を進めているのである。

(3) 「変化」の範囲

テインセイン政府の登場によって何がどこまで変わったのだろうか。第一にアウンサンスーチーと大統領との直接対話の実現が挙げられる。これが「変化」の実質的な起点になったことは疑いない。二〇一一年八月一九日、テインセイン大統領は軍政期の二〇〇五年から〇六年にかけてヤンゴンから遷都した新首都ネイピードーに彼女を招き、二人だけの会談をおこなった。アウンサンスーチーが政治の世界にデビューした一九八八年以来、ずっと求めてきた自国の最高権力者との直接対話が実現したことは画期的なできごとだった。会談場所となった大統領執務室にはアウンサンスーチーの父アウンサン将軍の遺影が飾られ、マスコミ向けの写真もその遺影の下で二人が立って並んでいる姿が使われた。軍事政権の時代、娘のアウンサンスーチーの人気を恐れた政府は、たとえ「独立の父」とはいえアウンサンの写真を公的な場所に飾ることを例外的にしか許さなかった。しかし、テインセイン大統領はその方針を変え、アウンサン将軍の写真を大統領の執務室に飾ることによって、アウンサンスーチーとの友好的雰囲気を演出した。

アウンサンスーチーにとって、大統領が自分の父に尊敬の念を抱いていると確認できたことは、信頼を深める良いきっかけになった。会談の具体的内容は公表されなかったが、マスメディアに対し「テインセイン大統領は本気で改革を進めようとしている」と彼女が語っていることからも、この二人の直接対話が単なる儀礼的会談ではなかったことがわかる。

テインセイン政府による一連の「変化」は、この直接対話のあとから本格化する。同年九月に入ると、国家人権委員会が設置され、政治囚解放に向けた進言を政府におこなった。六月から緩和されはじめた事前検閲もさらに緩められ、ビルマ語の週刊誌などでアウンサンスーチーのことが特集されるようになった。ビルマ政府に批判的な外国メディアのホームページへのアクセスも解禁された。さらにビルマ北部カチン州のミッソン(二つの河が合流してエイヤーワディ河となる起点の町)で中国資本によってすすめられていた大規模ダムの建設中止宣言が出され、国内外の人々を驚かせた。

政治囚(良心の囚人)のまとまった解放も「変化」を象徴していた。それは遅れ気味だったとはいえ、二〇一一年一〇月一二日と一二年一月一三日の二回に分けておこなわれ、とりわけ二回目は長期にわたり何度も拘束されていた元学生運動指導者ミンコーナインやコーコージー、〇七年僧侶デモの実質的指導者だったガンビラ師が含まれる本格的なものだった。その後も数回にわたって解放は続き、二〇一四年八月現在で政治囚はほとんどゼロになり、この問題は（少なくとも軍政期に投獄された人間に関しては）解決されたとみなしてよい。

アウンサンスーチーとＮＬＤの補欠選挙参加を実現させた政党法の改正も、意味のある「変化」だった。この法律は軍事政権によって二〇一〇年一一月の総選挙前に施行され、様々な厳しい基準を政党の要件として課し、それらをクリアしない限り総選挙への参加を認めず、政党としても認定しないというものだった。なかでも、提出を義務づけられた党員名簿に政治囚を含む有期刑を受けている者を載せてはならないという条件がＮＬＤを困惑させることになった。アウンサンスーチーは自宅軟禁中だったが、関係者を通じこの条件では政党登録はできないことを党側に伝えた。ＮＬＤの公式機関での審議の結果、多数決でアウンサンスーチーの提案は可決され、この段階でＮＬＤの総選挙不参加、政党としての登録なしが確定した。第１章で触れたように、このとき、決定に反対した党員の一部がのちに国民民主勢力（ＮＤＦ）を結成することになる（同党は総選挙に参加したが、上下両院に一二人の当選者を出すにとどまった）。

テインセイン大統領は、直接対話以来、アウンサンスーチーとの関係改善を求め、この政党法を改正してＮＬＤが政党登録できるようにし、アウンサンスーチーにも補欠選挙への出馬を促すことになった。改正にはまわりが期待していたより時間がかかったが、二〇一一年一一月四日に施行され、同月二五日、ＮＬＤは政党登録を申請し、翌一二年一月五日、連邦選挙管理委員会によって認められた。これにより、アウンサンスーチーをはじめとするＮＬＤ党員の選挙参加が可能となった。

2　下院議員となる

(1)　補欠選挙での圧勝

二〇一二年四月一日におこなわれた補欠選挙で、アウンサンスーチーと彼女が率いるNLDは圧勝した。補欠選挙に過ぎないとはいえ、その勝ち方はすさまじく、外国のマスメディアもこぞって注目し報道した。

補欠選挙の対象は国政(上下両院)四三選挙区と地方議会二選挙区の計四五選挙区だった。各選挙区の定数は一、日本でも採用されている小選挙区制である。アウンサンスーチーが党首を務めるNLDは、候補者の資格審査段階で落とされた上院の一選挙区を除き、四四選挙区に四四人の候補を立て、選挙戦に臨んだ。投票の結果、落選者はたった一人、四三人の当選者を出して圧勝した。下院三七選挙区と地方議会二選挙区では全勝を演じ、上院は候補を立てた五選挙区中四選挙区で勝利を収めた。

唯一負けた上院の選挙区も、与党の連邦団結発展党(USDP)の候補に負けたのではなく、地元の少数民族政党の候補に惜敗している。それも期日前投票分が捨てられるという不正が伝えられるなかでの敗戦だった。国軍関係者が多く住む新首都ネイピードーでも下院の四選挙区で激戦が展開されたが、事前の予想に反しNLDが全勝している。もちろんアウンサンスーチーも、ヤンゴン南部のカレン民族が多く住むコームー下院選挙区で与党候補に大差をつけ、八五%強の票を得て当選した。

(2)「法による支配」の確立を目指す

こうしてアウンサンスーチーとNLDはビルマの国政に進出することになった。アウンサンスーチーは補選での圧勝が確定したとき、国民に対する第一声のなかで「急激な変化を望んではいけない。やるべき課題は多く、一歩一歩着実に進んでいくしか方法はない」という主旨の発言をおこなった。そこには彼女の慎重な姿勢がよく反映されている。実際、彼女は立法府のなかの下院の一議員にすぎず、彼女の政党も野党第一党とはいえ、議席数のうえではとても小さな勢力にすぎない（上院で定数の一・八％、下院で同八・四％）。

アウンサンスーチーは自分の現在の立場を下院議員、すなわち立法府の一員としてとらえ、下院における議論の活発化と立法府全体の自律性の強化を目指している。ただ、彼女は立法府の改革をいっそう進める必要があると語る一方で、いまのビルマで最も求められているのは「法による支配」の確立だと、これまでに何度も強調している。

ビルマでは長期に続いた軍人たちによる統治のために、行政府と司法府が本来の機能を遂行できない能力不足の状態に陥っている。行政に関しては軍人が天下って官僚機構を乗っ取ったため、優秀な文民官僚が育っていないことが指摘できる。様々な場面で賄賂を受け取る腐敗官僚が多く、市民に対し、前例があろうがなかろうがその場限りの恣意的な対応を繰り返す習性も目立つ。これでは立法府がたとえ良い法律をつくっても、行政府の欠陥によって正しく運用されないことになる。

また、司法についても、ビルマ式社会主義期以来五〇年以上にわたり行政が裁判に介入することが日常化しており、三権のひとつとして独立できていない現状にある。立法府に属するアウンサンスーチーは、こうした行政と司法の現状を問題視し、それを改革して「法による支配」をビルマで確立させることこそ最も重要な課題であると指摘する。「法による支配」の確立なくしては、次に述べる国民和解の推進もままならないからである。

(3) 国民和解の推進

彼女が目指すビルマにおける国民和解の推進は、その中身を三つに分類することができる。ひとつはビルマ式社会主義期以来、国軍が支えてきた強権的体制によって拡大した軍と国民との間の不信感を解消すること(=国軍と国民との間に存在する対立の解消)、もうひとつは独立以降七〇年近くにわたって解決がなされないでいる少数民族問題を克服すること(=民族間に横たわる溝の解消)、そして三つ目は宗教間対立を解決すること(特に多数派仏教徒と少数派ムスリム間の対立の解決)である。

実際の和解においては、彼女はどちらかの側に立つのではなく、自ら中立的な和解者(仲介者)として振る舞うことを決意している。たとえば、二〇一三年四月の来日時に次のような発言をおこなっている。

「私がカチン民族やロヒンギャー(本章3参照)の人々の側に立っていないと言って批判する人々がいます。批判されること自体は民主化が進んでいることの証しですから歓迎します。しかし、和解者（仲介者）となるべき人が、もし対立する両者のいずれかの側に立ってしまったら、和解は実現できません。立たなかった側の当事者から信頼を失います。和解者がなすべきことは、まずはこの国に欠けている「法による支配」を確立し、対立する双方が暴力に頼らず、身の危険を感じることなく、安心して対話に臨める制度を作ることにあります」（二〇一三年四月一七日、筆者も参加した東京でのNGO三団体との意見交換会での発言を要約）

ここに見られるように、対立する両者が互いに身の危険を感じることなく話し合うことができ、それぞれが受けた被害を認定できるようにする必要があり、暴力的環境や威圧的雰囲気から守られる法制度と、それに基づく和解推進の仕組みをつくりあげることがまずは求められると彼女は語り、そのことに自身が邁進するという決意を述べているのである。繰り返しになるが、「法による支配」の確立が実現しない限り、彼女の考える和解は推進できないというのはこのためである。

また、もっと注目すべき点は、本書の序章でも紹介したように、彼女にとって和解とは、どちらかが一方的に正しく、相手がそれに対して一方的に謝るようなものであってはならないと考えられていることである。ビルマ国内における様々な対立状況をおさめるために和解を推し進める必要があるが、その際、和解のための話し合いの過程では、相対立する当事者同士が「自ら犯した過ち」についても自覚することが大切で、それぞれが相手に謝罪する勇気を持つ必要があることを強調する。「間違っているのは相手側だけで、自らは無謬である」という姿勢からは、和解も政治的前進もけっして生まれないという考え方である。

これは一般論としては注目に値する見解である。しかし、構造的暴力による被害者まで「自らの過ち」を自覚して抑圧者に対し謝る必要があるのかという批判がなされ得る。たとえば、ビルマ国軍によるカレン民族やカチン民族などの少数民族武装勢力への長期にわたる抑圧を考えた場合、少数民族側の武装勢力も少年兵を徴用したり地雷を敷設したりした経緯があるので、「自らの過ち」を見出すことは可能であり、その自覚は必要であろう。しかし、少数民族の一般人で国軍部隊のポーター（運搬人）に強制動員され、重い武器や弾薬を山の中で運ばされ、地雷敷設地帯を国軍兵士たちの先に立って歩かされるなど危険な目に遭い、命令にそむけば拷問を受けるような状況に置かれていた人々にとっては、それは不合理な話となる。アウンサンスーチーの言う「和解の過程では相対立する当事者同士が「自ら犯した過ち」についても自覚することが大切」という主張は、あくまでも国軍と少数民族武装勢力間の和平協定をめぐる話し合いのような、「組織」対「組織」の和解の過程において求められるものとしてとらえたほうが合理的である。

一方、国民和解への彼女の積極的姿勢と関連して忘れてならないことは、実質一五年以上にわたった軍事政権期の自宅軟禁措置や、そのときに軍政から受けた様々な嫌がらせや身の危険（二〇〇三年五月のディペーイン事件など）に関し、軟禁からの解放後、彼女がただの一度も公的に謝罪や補償を求めたり、遡及的に批判したりすることがなかったという事実である。いずれ時期が来たらこの問題について責任を追及するという発言をしたり、そうした素振りを見せたりしたこともない。これは並大抵の努力ではできないことである。この背後には、本書第2章でとりあげた「真理の追究」の実践に象徴される彼女の思想が影響していると言えよう。かつて対話相手のクレメンツに語った

「私は自分を捕えた人々をけっして憎むようにはなりませんでした。……もちろん私は怒りました。しかし、彼らが人間である事実を見失ったことはまったくありません。ほかのすべての人間と同じように、彼らには好きになれるところがあります」[Aung San Suu Kyi 2008: 142-143]という言葉が、単なる口先だけではなく、彼女の偽りのない真意であったということが伝わってくる。

(4) 憲法改正への戦略

アウンサンスーチーが「法による支配」の確立を語るとき、そこに現行憲法(二〇〇八年憲法)の改正が大きな課題として位置づけられていることは間違いない。彼女にとって、軍が立法・行政・司法の三権に介入できることを認めている現行憲法は、民主主義の確立にとって障害以外の何物でもない。しかし、前述したように憲法の改正規定はハードルが高く、上下両院それぞれの「七五%プラス一議席」以上の賛成がないと改正発議ができない。両院とも議席の二五%が「軍人の指定席」になっているかぎり、二〇一五年一一月に実施が予定されている次回の総選挙でNLDが民選議員への割り当て議席すべてをとったとしても、軍人議員から「勇気ある」賛成者が一名以上出ないと改正の発議はできない計算になる。そもそも、少数民族政党や現在の与党USDPもそれなりの支持者を有していることを考えれば、民選議員すべてをNLDで占めることは夢物語である。

これは、憲法改正を実現するために次回総選挙で圧勝を目指すことに決定的な意味がないことをあらわしている。大切なことは選挙前に改正(ないしは改正への着手)を実現させることである。アウンサンスーチーは、こうした状況をよく理解したうえで、テインセイン大統領との限定的な協調路線を戦略として選んだと言える。協調姿勢を示すことによって、政府や国軍との信頼関係を醸成し、その過程でビルマのよりよき未来のために憲法改正が必要であると相手を説得することが可能となり、相手の理解を得ながら改正への手続きを進めていくことができると彼女は考えている。

ただ、仮にそのような路線が奏功して大統領や国軍、与党ＵＳＤＰの理解を得たとしても、憲法のどの条項から改正に取り組むのかをめぐって対立が生じる可能性が高い。立法府における「軍人の指定席」の比率を二五％より減らすことや、軍の知識や経験が求められ、家族に外国籍の者がいないことを義務づける大統領の資格条項の緩和などがとりあえずの議論の対象となろうが、現実には憲法改正の必要性を軍も行政府もこれまで公的には認めていない。二〇一四年に入ってから、彼女はこうした現状に危機意識を強め、自らが党首を務めるＮＬＤを中心に、全国各地で憲法改正への国民の意見を聞く集会を開催している。並行して市民団体とも組んで憲法改正を求める署名運動を実施し、二〇一四年八月六日にはそれが四九四万人に達したと発表している。ただ、本書の序章でも述べたように、彼女もＮＬＤも仮に次回の総選挙までに憲法改正への着手にこぎつけられなくても、選挙に参加し、憲法改正を訴え続けることを明言している。

(5) 道徳的なジレンマ

ところで、アウンサンスーチーは自らが下院議員という政治の生々しい現場に入ることをどのように理解していたのだろうか。現実の立法府や行政府の外側に立ってカリスマ的民主化指導者として活動を続けるという選択肢もあったはずである。とりわけ国軍の影響力の強い、現行の不充分な議会のなかに議員として入ることに躊躇はなかったのだろうか。そのことを知るために、軍事政権の時代にクレメンツに語った政治家の在り方に関する彼女の理解について紹介しておきたい。彼女にとって政治家とは、道徳的なジレンマと日常的に直面する世界で苦悩しながら決断を下していく存在として理解されている。次の発言を見てみよう。

「人は常に道徳的なジレンマに直面していると思います。特に政治にかかわる場合はそうです。政治とは人々に関することなのだということをいつも覚えておくべきです。それを忘れはじめると、スターリンやヒトラーのようになり、人々を操作するだけの存在になります。しかし、政治とは人々に関することなのだということを認めれば、そうした人々の人間的な弱さや感情について考慮する必要が生じます。もちろん、時にこのことによって仕事の効率は妨げられるでしょう。それは絶えざるジレンマだといえます」[Aung San Suu Kyi 2008: 203]

「民主主義は完全からほど遠いのです。人は常に問いかけること〔to question〕をしなければなりません。……問いかける心〔the questioning mind〕は、問題となる事柄のプラス面とマイナス面を同時に考えます。……〔たとえば〕ある演説、歌または映画を禁止にすることによって、実際に民主的な権利に干渉しているのか、それとも保護されるべき人々を保護しているのか、常に〔同時に〕問いかけなければなりません。……〔政治家の〕人生は〔このように〕道徳的なジレンマ〔の連続〕だと言えます」[Aung San Suu Kyi 2008: 205–206]

これらの発言は必ずしも「政治家」に限定してのものではないが、自ら政治家となり、一国を率いる指導者になる可能性が高まれば、国民に対し責任を持つ存在として、ここに示された「道徳的なジレンマ」と日々直面し、正答のみつけにくい問いや苦悩と格闘せざるを得ないことは明らかである。その責務を引き受けるのは並大抵のことではないが、アウンサンスーチーは政治家として抱え込む苦悩を理解したうえで下院議員となり、「絶えざるジレンマ」と格闘する道を積極的に選んだと言える。

しかし、ジレンマである以上、「問いかけ」を通していかなる判断を下したとしても、それは常に一定の反対や批判にさらされることになる。批判されることについて彼女は、前述のように「〔そのこと〕自体は民主化が進んでいることの証しですから歓迎します」と述べている。しかし、こうした彼女の考え方を彼女の支持者たちが理解しているかどうかは別問題である。政治家としての彼女は、支持者の思いに反する決断を迫られることもあり、その際に彼女のなかの「道徳的なジレンマ」が支持者に伝わるかどうかは、どこにも保証がないからである。

その典型的事例のひとつが、二〇一二年に生じたレッパダウン銅山開発事業に関する彼女の判断と地元住民の反応である。この銅山はビルマ中部レッパダウンで一九五〇年代から長期に開発されてきたものであるが、旧軍政期には中国の国営企業とビルマ国軍が所有する企業が組み、事業をいっそう拡大してきた経緯がある。地元住民の一部がこれまでに収用された土地の補償額の低さや健康被害に反発し、二〇一二年一一月に事業中止を求める実力行使を展開したが、その際、当局が強制排除をおこなったため多数の負傷者を出すに至った。アウンサンスーチーはこの事件と銅山開発事業の継続に関する立法府側の調査委員会の委員長に就任し、現地調査を重ね、下院議会へ提出される報告書作成に責任ある立場でかかわった。報告書は住民の訴えにある程度の理解を示しつつも、基本的には事業内容を改善することと補償額を増額すること、当局の排除のやり方が行き過ぎていたことの指摘にとどまり、銅山開発自体についてはビルマの国益と国民の利益にかない、中国側企業との契約書にも法的な問題はないと結論づけた。報告書発表後にアウンサンスーチーが地元を訪問して説明をおこなうと、反対派の住民はそれまでのアウンサンスーチーへの期待が裏切られたとして激しく彼女を糾弾した。彼女はまったくひるまず報告書の内容の正当性を説明したが、彼女の心のなかは「道徳的なジレンマ」への苦悩に満ちていたにちがいないと想像される。

3　国民和解を阻害する排他的ナショナリズム

しかし、政治家としてのアウンサンスーチーが国民和解を推し進めるにあたってぶつかる最大の課題は、ビルマの排他的ナショナリズムの問題にある。それは具体的に言えば、この国の国籍法の問題であり、もうひとつはそのことと深く関連するイスラーム系少数民族ロヒンギャーをめぐる問題である。

(1)　一九八二年国籍法

この国の国籍法はビルマ式社会主義期の一九八二年に全面的に改正され（一九八二年市民権法）、それ以降、ビルマでは国籍保持者が「国民」「準国民」「帰化国民」の三つのカテゴリーのいずれかに分類されることになった。「国民」とは、第一次英緬戦争（一八二四―二六年）が始まる前年にあたる一八二三年以前から、両親双方の先祖がビルマに住んでいた人と定義され、「準国民」とは一九四八年の独立時に施行された国籍法に基づいて国籍を得た人々とされた。一九四八年国籍法は独立前の英領ビルマに住んでいた人々をなるべく広く国民として受け入れようとする性格の法律だったが、国籍を得ないまま法的には中途半端なかたちで住み続けるインド系や中国系の人々が続出した。それらの人々に対しては「帰化国民」というカテゴリーが用意された。

一九八二年国籍法は「ビルマ式」を強調した社会主義時代の法律なので、政府側がこの法律の施行に秘めた動機は、インド系や中国系を中心とする人々の法的地位を明確にしたうえで、彼らの経済的・社会的活動に制限を加えようとすることにあった。その結果、「準国民」「帰化国民」のカテゴリーに分けられた人は、ヤンゴン工科大学など理工系の大学に進学できなかったり、公務員になっても昇進に差がつけられたりした。また、ビルマに二世代ないしは三世代以上にわたって住み、「ビルマ民族」（バマー）としてのアイデンティティを持っているのに、宗教がイスラームであったり、顔つきがインド系や中国系だったりすると、役所が国民登録証を発行する際に「国民」と認めても、民族名を書き込む欄に「ビルマ民族」（バマー）と記入することを拒絶するという事態も続出した［斎藤二〇〇八：七五―八七］。

同じ国籍保持者なのに国民を三分類するという考え方自体に深刻な問題が潜むが、ここでは「国民」と定義された人々の根拠である「一八二三年からすでに両親双方の先祖がビルマに住んでいた人」という部分の問題性を特に考えてみたい。この一八二三年という区切り方は、第一次英緬戦争開始の前年からビルマに住んでいた人々だけが「土着」のビルマ人であるという考え方に基づいている。しかし、それをいちいち証明したり審査したりすることは不可能なので、現実にはそれ以前から住んでいた民族を政府がリストにまとめ、その人たちは一律に土着「国民」とみなした。この民族リストには一三五の民族名が載っており、彼らは問題なく「国民」の地位を獲得したが、このリストに掲載されていない人々、すなわちインド系や中国系の人々、英系ビルマ人などは、一八二四年以後にやってきた(登場した)人々であるとみなされることになった。

歴史的に見た場合、一八世紀後半のコンバウン朝の時代から都のインワやアマラプーラ、マンダレーなどでは、多数派の上座仏教徒のほかに、ムスリムやヒンドゥー教徒、キリスト教徒が王の庇護を受けながら住んでいたことが文献上知られている。当時は「民族」という概念はなかったが、あえて今風に言えば、中国系、インド系、アフガン系、ペルシア系、アルメニア系、ポルトガル系などが王都に混住しており、それも短期の滞在者ではなく長期に何代にもわたって住んでいた。当時の王権は「民族」で人々を区別して支配することはせず、王権の支配が及ぶレベルの強弱でその「集団」の違いを認識していた。「民族」を基準に統治対象を分類したり区別したりする発想が導入されるのは、英国による植民地統治が始まってからであり、ビルマを「多民族」国家とみなす見方が定着するのも一八八六年以降のことだと言ってよい。その後、英領下で多くのインド移民がビルマにやってきたとはいえ、多くは数年で帰る短期移民だった。

しかし、二〇世紀に入って台頭したビルマ・ナショナリズムにおいては、英国の植民地統治のせいでインド系を中心とした「外国人」が大量にビルマに入り、ビルマ人を経済的にも文化的にも苦しめているという感情が強まった。前章のビルマ近現代史における暴力の部分でも触れたように、大規模な反インド人暴動が生じるに至る。反インド人の感情は独立後も残り、そこから一八二三年を区切りに「土着」と「非土着」を分ける考え方が強まり、結果的に一九八二年の国籍法に見られる分類定義に行きついたとみなせる。この排他的な見方はしかし、国家や政府だけが一方的に国民に押し付けたとは言いにくい。ビルマ民族に限らず、非ビルマ系少数民族も含め、土着「国民」として分類されるビルマの一般の人々から大きな疑問もなく受け入れられているからである。このことが典型的に示されたのが、次に示すビルマ西部ラカイン（アラカン）州の西北部に住むムスリム集団のロヒンギャーに対するビルマ国民の排他的感情である。

(2) ロヒンギャー問題

民族名としての「ロヒンギャー」の使用は、文献では一九五〇年までしか遡って確認することができない。しかし、歴史的には一五―一八世紀にこの地に栄えた交易国家のアラカン王国（一四三〇―一七八五年）内に多数派の仏教徒と共に住んでいたムスリムを基盤に、一九世紀以降の英領下において、現在のバングラデシュにあたるベンガル地方から入ってきたムスリム移民と、独立前後の混乱期に同じようにベンガル地方から入ってきたムスリムが、お互いに重なり合いながら、その一部が第二次世界大戦後に単独の民族ロヒンギャーとして自己主張をはじめた経緯を持つ。その意味では「新しい」民族だが、ロヒンギャー自身は自らの歴史を長いものとして認識している。

現在のビルマ国民の大半はしかし、彼らを土着民族と認めず、第二次世界大戦後にベンガル地方から入ってきた「不法移民」としてとらえている。そのため彼らに対する抑圧が生じ、大量の難民が流出しても、それを他人事のように考える傾向が強い。「ロヒンギャー」という名称の使用を断じて認めず、「ベンガル人」と呼ぶ人も多い。特にアラカン(ラカイン)民族の多くは「ロヒンギャー」という名前に不快な表情を見せ、拒絶の姿勢を示す。そこにはロヒンギャーが単に「不法移民」だからということにとどまらず、ビルマのなかで最も保守的な部類のムスリムであり、容貌がほかの土着「国民」と大きく異なるという、宗教的・人種的偏見も含まれている。その基本には、「彼らはそもそも一八二三年以前から住んでいた人々ではない」という、一九八二年国籍法と重なるビルマ国民の多数派の歴史認識が影響していることは間違いない。

下院議員のアウンサンスーチーが、二〇一二年六月に発生したロヒンギャーに対する地元多数派のアラカン民族(仏教徒)による大規模な迫害について、暴力行為の即時停止と一九八二年国籍法の見直しを提言した際、大変なブーイングが国内外で起きたことは、上述の多数派国民の意識をわかりやすく反映している。批判者たちは彼女がロヒンギャーの肩を持ったと解釈したのである。彼女の強調点は、一九八二年国籍法が有する不合理な「国民」定義(すなわち一八二三年という線引きの在り方)と、三つのカテゴリーに国民を分類する考え方への再考にあるのだが、彼女を批判した国民はアウンサンスーチーのそうしたリベラルな考え方よりも、一八二三年という幻想にこだわる排他的ナショナリズムを優先させたと言える。

ビルマでは二〇一一年の「民政移管」以来、ロヒンギャーの問題と同時に少数派のムスリム全般に対する多数派仏教徒による攻撃やヘイトスピーチが激化している。その典型は、二〇一三年三月に中部ビルマの中規模都市メイッティーラで起きたムスリムの住む家やモスクへの放火と彼らに対する集団殺人であった。この背景には反イスラームの説法をおこなう戦闘的仏教僧侶たちの存在がある。上座仏教の教えに明らかに反する過激な排斥の言説を展開する彼らは、ビルマ・ナショナリズムの負の側面を仏教に持ち込み、きわめて排他的な姿勢を強めている。ビルマを「仏教の聖地」と訴える彼らの主張は、一九三〇年代にビルマ民族中心主義を訴えて反英運動を繰り広げたタキン党（「我らのビルマ協会」）の思想とつながるところがある。タキン党は結党初期のころ、配付したリーフレットのなかで「ビルマ語」と「仏教」と旧ビルマ王都のあった上ビルマを自分たちの歴史的故地とみなす見方を強調した史実がある［根本一九九〇：四三一―四三七］。

二〇世紀に台頭したビルマ・ナショナリズムは、英国からの独立達成という面では前向きに作用し、独立運動を精神的に支えた点で間違いなくプラス面を有した。しかし、独立後は様々な民族から構成されるビルマ連邦という主権国家に住む人々を「ひとつの国民」として形成していく精神的なよりどころにはなりえなかった。多数派のビルマ民族をはじめ「一八二三年以前から住む土着の人々」を中心とした排他性が強くなり過ぎ、連邦国民としてまとまることをかえって阻害する結果をもたらしたと言える。

この国の未来は、自らのナショナリズムのなかにある強すぎる排他性を、どこまで自覚的に制御できるかにかかっていると言っても過言ではない。しかし、現状を見るかぎり、アウンサンスーチーが訴える「真理の追究」を実践し「真理にかなった国民」になる努力をおこなうなかで、「開かれた」ナショナリズムを形成するという考え方(第2章6参照)は、すぐには国民に受け入れられそうにない。アウンサンスーチーは二〇一三年四月の来日時、筆者も参加したNGO三団体との意見交換会で、この問題は排他的ナショナリズムに問題があるのではなく、いまだビルマに真のナショナリズムが存在しないから生じている問題なのだと力説していた(二〇一三年四月一七日、筆者の質問への回答)。排他的ナショナリズムがもたらしたのであれ、ナショナリズムの未成熟がもたらしたのであれ、見解は異なるにしても、彼女にとって最大のジレンマがこの問題の扱い方にあることだけは論を俟たないであろう。

4 「私は魔術師ではない」

最後に、アウンサンスーチーが下院議員になって以来、彼女の政治家としての姿勢に対する批判や失望が一部で湧きおこっている現象をどう見るべきか考えることにしたい。二〇一二年以降よく見かけるようになった彼女への批判は、彼女を昔から批判していた軍人やビジネス界から出されているのではなく、彼女を強く支持していた人々や著名な国際人権団体から湧きおこっている。

彼らの批判の最大公約数は、彼女が下院議員になって以来、国内の人権問題に対する取り組みに熱心でなくなり、テインセイン大統領や国軍に必要以上に遠慮し、「現実主義者」になってしまったというものである。二〇一二年六月に発生したロヒンギャー(ムスリム)に対するアラカン民族(仏教徒)による迫害と、それによる避難民の大量発生、カチン州で続くカチン独立軍(KIA)に対する国軍の継続的な攻撃に伴う民衆の犠牲、さらに、二〇一三年三月にメイッティーラで生じた多数派の仏教徒による反ムスリム暴動に対し、アウンサンスーチーがいずれの場合もどちらの側にも立たず、「中立」を決め込み、結果的に事態を悪化させたと批判するのである。

また、既述のように、レッパダウン銅山開発プロジェクトをめぐる彼女の対応も強く批判された。環境汚染や人権抑圧に対する憂慮よりも、国益やこの事業を請け負っている中国企業の利益を優先させているとして、反対派や国際人権団体が強い不満を表明したのである。

このほかにも、アウンサンスーチーが二〇一三年三月二七日、首都ネイピードーで盛大におこなわれた国軍記念日の式典にVIPとして招かれ、軍首脳らと一緒に最前列に座ったことに関しても、一部から批判が出た。なかには「彼女は向こう側(＝軍側)へ行ってしまった」と嘆く人権活動家まで出てきた。

政治にかかわる人間が人々に批判されるのは避けることができない。国際的認知度においても国民的人気においても群を抜くアウンサンスーチーではあるが、その発言や行動が常に人々の支持を得るとは限らない。逆に、国民のなかから批判が出てくることは、彼女自身が認めるようにビルマで民主化が進んでいる健全な証しともみなせよう。

しかし、その批判が「現実主義者になりさがったアウンサンスーチー」という趣旨のものだとすれば再考を要する。彼女が下院議員になって以来、それまでと異なる「現実主義者」の行動をとるようになったとする見方は、彼女の本来の思想や実践を誤解しているか、軽視していることから生じているとしか言いようがない。彼女が何を目的に政治家になり、どのような手段でそれを達成しようとしているのか、本書が議論してきた内容を理解したうえで建設的な批判が出されることが望まれる。彼女がなぜ、泥沼にはまる可能性すらあり得る政治家（国会議員）の道を選んだのか、そこには、政治というジレンマに満ちた世界において、「正しい目的を正しい手段によって達成させる」という自らの思想と、状況を常に客観化し自覚したうえで目的と手段の「正しさ」を判断するという実践を敢えて試す強い決断があったのではないかと考えられる。彼女の言動を批判する場合、この部分をしっかり理解しておかないと、建設的ではない的外れな「ないものねだり」の批判になりかねない。本書で述べた彼女の思想の骨格、非暴力のとらえ方、歴史理解や和解に関する考え方が、現実のビルマにおいてどこまで説得力を持つのかという議論こそが求められていると言える。

ここではこれに関する彼女の苦悩を象徴する発言を紹介し、その意味を考えることで終わることにしたい。それは序章でも触れた、二〇一三年四月の来日時に東京大学での講演会で語られたものである。

「私は魔術師《マジシャン》ではありません。もしそうなら〝民族間や宗教間の対立よ、消えてなくなれ〟と叫んで、あっという間にそれらを消して見せるでしょう。でも私は魔術師ではないので、そんなことはできません」

この発言の意味は重い。彼女にカリスマ的指導者としての役割を期待する人々への「戒め」として語られているからである。アウンサンスーチーの熱心な支持者であっても、彼女の思想をよく知らない人々は、彼女にカリスマ的な役割を期待しがちである。自分がそういう存在ではないことを、彼女は民主化運動を率いた初期のころから一貫して力説しているにもかかわらず、彼女に「魔術師」のような期待を抱く人々がいまでも国内外に多くいることは否定できない事実である。これはアウンサンスーチーへの個人崇拝であるとも言える。彼女が政権を運営するようになれば、ビルマではすべてが即座に良い方向に変わっていくと信じる「アウンサンスーチーお任せ」タイプの人間は、いまでも国内外で見かける。

こうした支持はしかし、言うまでもなく彼女の思想の対極に位置し、彼女が最も望んでいないもののひとつである。それは彼女の思想や彼女が何のために闘い続けているのかについて理解できていないか、もしくは頭では理解できてもその自力救済的な厳しい「生き方」を自分が実践できないために、彼女にすべてを任せるという形でしか支持できないということなのかもしれない。もちろん、その背景には長期化したビルマの政治的・経済的低迷に基づく体制への強い不満が国民のあいだにあり、それに対抗できる人間が彼女以外に見当たらなかったという現実があることも事実である。

個人崇拝的アウンサンスーチー人気は、長期にわたって軍事政権が彼女と国民との接触を妨害してきた結果としてとらえることもできる。彼女が国民に直接メッセージを語り伝えようとするたびに、軍事政権が介入し妨害してきたことは本書の第1章で見てきた通りである。彼女が英語やビルマ語で著わしたいくつもの書籍や論考も、国民は長いあいだ手にとって読むことができないでいた。

これでは国民が彼女のメッセージを聴くことも読むこともできず、自分の心の中に抱くアウンサンスーチーを救世主のようにとらえるイメージをいたずらに強化することになっても不思議ではない。長期にわたる軟禁措置を通じて軍事政権が彼女を「隠して」きたことも、かえって彼女に対する国民の個人崇拝を強める作用をもたらしたと言えよう。長期自宅軟禁が解かれ、彼女の政治活動の自由が認められ、国民に直接メッセージを伝えることができるようになったいま、ビルマ国民はやっと落ち着いてアウンサンスーチーの思想を知り、自覚的・客観的に彼女の主張の是非を判断する機会が与えられるようになったのである。本章で触れたロヒンギャー問題に対する彼女の立ち位置への支持者らの不満は、彼女の思想を充分に理解してこなかったことのあらわれかもしれず、その意味でも彼女を支持する国民の責任は、今後よりいっそう重くなっていく。

民主化運動にデビューしたとき、彼女は「この闘いは〔民主主義のための〕第二の独立闘争です」という発言をしている。そこに込められた思いは、国民一人ひとりが政治的に自立したうえで団結することであり、彼女一人に頼り彼女を偶像化することではなかったことを忘れてはならない。

コラム4　アウンサンスーチーはビルマで成功するのか?

この問いは重い。成功することの定義にもよるが、正確な答えが出せるのはまだ先のことである。彼女自身は自分の世俗的成功について何も望んでいないだろう。しかし、自分の思想がビルマ国内で広がりを持つことへの願いは強く有しているはずである。

◇◇◇

ここで考えたいことは、インドのガンディーがそうであったように、アウンサンスーチーの場合も、その思想の普遍性とは別に、ビルマにおいて実際にその思想を引き継ぐ者は少数にとどまるかもしれないということである。インド独立運動の精神的指導者だったガンディーは、現実に達成されたインド独立の在り方に最も批判的で、独立記念式典への出席を拒否したほどである。独立後のインドはガンディーが強く批判した西欧流の近代化を積極的に推し進め、軍事力を強化し、核兵器まで所有するようになった。ヒンドゥー原理主義が姿を消すこともなかった。ガンディーはインドがそういう道を歩む危険性を予見し、そのような方向性を有する現実のインド独立の在り方を強く批判したのである。

こうした事実を思い出すとき、将来、軍の影響力から自由な議会制民主主義体制がビルマでつくりあげられたとしても、それがアウンサンスーチーの思想から外れた位相に存在する可能性を考えずにはいられない。民主主義や人権などの普遍的価値と結びついたナショナリズムは、国民を魅了し動員するが、その結果生じる現象は、本来の普遍的価値の実現を保証するものではない。

インドでガンディーが「国民的な誇り」として長く語りつづけられる一方で、彼の思想のあと継ぎが国内では少数にとどまっているように、アウンサンスーチーもまた、ビルマの「国民的な誇り」としての地位は確立できるだろうが、その普遍性を持つ思想が現実のビルマ政治においてどのような実を結び得るのかは、現段階では不透明としか言いようがない。このことは彼女がビルマで果たし得る積極的な役割とあわせて、私たちが常に考えておくべき事柄だと言える。そのためにも、本書でとりあげた彼女の非暴力主義と国民和解の在り方について、その意味内容を知ることが求められるのである。

あとがき

ナショナリズムは多かれ少なかれ排他的である。ベネディクト・アンダーソンの名著『想像の共同体』(一九八三年)に従えば、ナショナリズムの核心であるネイション(国民)は、人間の心の中にイメージされる「想像の政治共同体」とされ、そこでは対象を平等な存在(=同胞)とみなす水平的な想像力が作用すると定義される。しかし、「政治共同体」である以上、それをつくりあげようとするナショナリズム運動には、必然的に排他的性格がついてまわる。共同体が規定する「ある一線」を越えたら、その外側に分類された人々は「同胞」ではなくなり「外国人」(=よそもの)とみなされ、彼らが「同胞」に加えてくれと主張しても、それは例外的にしか認められない。

アウンサンスーチーもまた、ビルマの愛国的な政治家である以上、こうしたナショナリズムが内包する排他性から自由ではない。しかし、ナショナリズムにおける排他性は、その範囲が国や時代によって大きく異なることも事実である。世界のナショナリズムには、多種多様な民族やその文化を可能な限り包摂していく「開かれたナショナリズム」もあれば、特定の民族とその文化以外を「よそもの」として軽視し排除しようとする「排他的ナショナリズム」もある。こうした単純な分け方に従えば、アウンサンスーチーが生きる現代ビルマのナショナリズムは、間違いなく後者のほうに分類できよう。ビルマはアメリカ合衆国やオーストラリアのように移民がつくりあげた国家ではないため、もともと土着以外の人々に対する視線は排他性を帯びやすかった。また、英国による植民地統治が決定的要因となり、宗主国を打倒するための「我らビルマ国民」意識をつくりあげる独立運動が展開されるなかで、ビルマ語を母語とし、上座仏教を信仰する「ビルマ民族」を核とする人々を「国民」とみなす主張が支持されるようになった歴史的経緯がある。

こうした流れのなかで、二〇世紀に入ると、英国による最初のビルマ侵略である第一次英緬戦争（一八二四―二六年）の史実を重視し、開戦後にインドなどから入って来た人々を、その後に彼らが定住して土着化しても「外国人」とみなす考え方が登場するようになった。さらに、この戦争が起きる前からビルマに住んでいたインド系やイスラームの人々まで、戦争の後に入ってきた「移民」として認識する「排除の論理」が国内で広まっていった。やや乱暴にまとめれば、そうした解釈が一九三〇年代以降、タキン党というビルマ・ナショナリズムに立つ戦闘的反英団体を生み出し、その後の独立ビルマの排他的イデオロギーの基盤をつくりあげたのだと言える。

一方、本書でとりあげたアウンサンスーチーの思想には、和解志向やその実現のための非暴力主義が顕著に見られ、彼女の思想的骨格でもある「真理の追究」や「目的より手段の正しさを重視する」考え方も含め、そこからはビルマの「排他的」ナショナリズムを「開かれた」ナショナリズムに変えていこうとする姿勢が読み取れる。第4章で触れたように、彼女はビルマに本物のナショナリズムがまだ形成されていないと考えている。それは排他性を有し過ぎる現状のビルマ・ナショナリズムに対する彼女の強い不満の表れとして受け止めることができよう。彼女は「真理の追究」を実践する国民を増やすことによって、未成熟なビルマ・ナショナリズムをその排他性から解放し、様々な民族と宗教集団を包摂する「開かれた」ナショナリズム（＝彼女にとっての本物のナショナリズム）に変えていく必要があると考えているように映る。包摂的ナショナリズム（＝開かれたナショナリズム）は必然的に民主主義とも親和性を持つ。アウンサンスーチーが力を入れる「法による支配」の実現や「国民和解の推進」が、究極のところで「ナショナリズムのあり方」とつながっていると見ても差し支えあるまい。

ビルマにおける包摂的ナショナリズムと民主主義の定着を考えるにあたっては、同国における市民社会の形成も大切な必要条件となる。これについては、ちょうどこの「あとがき」を書いているときに初来日したミンコーナイン（Min Ko Naing 1962–）を紹介することが適切であろう。彼は一九八八年に生じた全土的民主化運動の際、学生運動のカリスマ的リーダーとして活躍し、アウンサンスーチーにつぐ国民的人気を誇った人物である。それだけに軍事政権による封じ込めは徹底的で、通算二〇年間も政治囚として投獄された。それでも彼は「転向」することなく、祖国の民主化を目指し不屈の抵抗を貫いた。しかし、二〇一二年に刑務所から最終的に解放されると、彼は政党政治にいっさい関わることなく、市民活動家として、ビルマにおける市民社会形成のために多くの人々や団体とゆるやかに連携し、憲法改正を求める国民的署名運動の展開や、宗教間・民族間対話の試み、幅広い文化的活動などに力を入れている。詩や小説を書いたり絵を描いたりすることが好きな彼は、講演や演説での語り方もソフトで、ユーモアのセンスも磨かれている。

もう一人、ラーパイ・センロー（Lahpai Seng Raw 1949–）という女性市民活動家についても紹介しておきたい。カチン民族に属する彼女はビルマ最大のＮＧＯ「ミッター開発財団」（Metta Development Foundation）の創始者であり、軍事政権の時代から国境地帯の少数民族を対象に、所得創出のための職業訓練をはじめ、国内避難民（IDP）や難民の支援に深く関わってきた。二〇一三年にはアジアのノーベル賞とも言われるマグサイサイ賞を受賞している。彼女もまた政党政治から距離を置きながら、ビルマにおける市民社会形成に地道に力を注いでいる活動家の一人である。アウンサンスーチーが敢えて政党政治の世界に入って行ったなかで、ミンコーナインやラーパイ・センローのような人物がその外側で市民社会形成を目指し、市民の目線に基づいて地道に努力を続けている姿は、現在のビルマの「政治の風景」の興味深いひとこまである。そこにビルマにおける排他的ナショナリズムから包摂的ナショナリズムへの変化の糸口を見出すことは、充分可能だと言えよう。

本書は二〇一二年に岩波書店から執筆依頼を受け、二年近くかけて書きあげたものである。一九九〇年代からアウンサンスーチーの思想と行動に関する論考や概説書を書いてきた者として、骨格と論証のしっかりしたものをまとめて一冊の本にしたいという気持ちを有していたので、快く引き受けた。しかし、いざ取り組みはじめると、和解と非暴力主義を議論の中心に設定したものの、彼女の発言や著作に見られる思想の広さと奥深さにあらためて直面し、筆の進みが鈍った。構成を何度か変更する作業が続き、少しずつ書き進めながら、二〇一四年八月末になんとか第一稿を完成させるに至った。この間、参考文献としては伊野憲治氏の翻訳（『アウンサンスーチー演説集』）や、同氏の緻密な分析が展開される『アウンサンスーチーの思想と行動』に特に助けられた。ほかの優れた二次文献からも多くの示唆を得た。

この本で展開した議論の中核は、かつて勤務先の上智大学の授業「東南アジア政治論」と「東南アジアの政治思想」で扱ったテーマと重なる。本書でもとりあげたアウンサンスーチーとクレメンツとの対話集『希望の声』を精読しながら、私の解釈や学生たちから出される質問やコメントをつなげ、自分の中でアウンサンスーチーの思想に関する議論を深めていった。この授業に参加してくれた当時の学生たちに心から感謝したい。こうした思い出は大学教育の現場にいる人間の喜びでもある。

編集者の藤田紀子さんには前著『抵抗と協力のはざま――近代ビルマ史のなかのイギリスと日本』(二〇一〇年)でお世話になり、今回もいろいろ助けていただいた。昨今の出版社の編集者はますます多忙をきわめ、ひとつひとつの本にかつてほど時間やエネルギーをかけられない状況にある。にもかかわらず藤田さんは拙稿を丁寧に読みこみ、読者にとって読みやすい文章に書きあらためるためのヒントを適切に与えて下さった。感謝は尽きない。岩波書店からは前著のほか、かなり昔になるが一九九六年に『アウン・サン――封印された独立ビルマの夢』も出版しており、本書が私にとって岩波からの三冊目の単著となる。あいかわらずの拙著であるが、アウンサンスーチーの思想やビルマの問題に関心を有する方々に少しでもお役に立てれば、著者としてそれに勝る喜びはない。

最後に、日ごろから私をあたたかく支えてくれる妻の尚美に本書をささげる。

二〇一四年一一月二日

根本　敬

岩波現代全書

050

ジャーナリズムは再生できるか

激変する英国メディア

門奈直樹

メディアの統廃合など、歴史的転換を迎える英国の新聞・放送界。ジャーナリズムの役割を問い続ける英国に、日本社会は何を見るべきか。

本体二四〇〇円

051

アウンサンスーチーのビルマ

民主化と国民和解への道

根本　敬

かつてビルマ軍政が最も恐れたアウンサンスーチー。彼女の闘いを支える思想の骨格を浮き彫りにし、ビルマの未来を展望する。

本体一九〇〇円

052

占領空間のなかの文学

痕跡・寓意・差異

日高昭二

「占領」という未曽有の経験の下に紡がれた、さまざまな文学テクストを精緻にたどることから、人びとの意識と心理の諸相に迫る。

本体二四〇〇円

053

地球科学の開拓者たち

幕末から東日本大震災まで

諏訪兼位

明治期の地質学誕生からプレートテクトニクス確立を経て現在に至るまで、地球科学の一五〇年にわたる発展に貢献した開拓者二四名の物語。

本体二三〇〇円

054

近代医学の先駆者

ハンターとジェンナー

山内一也

科学と呪術が一体だった医学を変えたナチュラリスト の代表的人物ハンターとジェンナーの生涯を紹介。その誠実な研究姿勢に学ぶ。

本体一九〇〇円

定価は表示価格に消費税が加算されます(2015年1月現在)

岩波現代全書

039

原典でよむ
渋沢栄一のメッセージ

島田昌和 編

「近代日本の民間リーダー」渋沢栄一(一八四〇—一九三一)が聴衆を前にして語った、平易で情熱的かつウィットに富んだスピーチ。

本体二二〇〇円

040

データから読む
アジアの幸福度
生活の質の国際比較

猪口 孝

ベテラン政治学者が、アジア各国で実施した世論調査に基づいて、「生活の質」の観点から人々の幸福度を描き出したユニークな一冊。

本体二二〇〇円

041

中国国境 熱戦の跡を歩く

石井 明

中国国境地帯で繰り広げられてきた数々の戦闘の現場や兵士らの墓所を訪ね歩き、冷戦下中国で戦われた熱戦の意味を再検証する。

本体二四〇〇円

042

白隠 江戸の社会変革者

高橋 敏

さまざまな矛盾が噴出して近世社会が行き詰まりを見せる時代のなかで、宗門の堕落を糾弾し、「世直し」を遂げようとした白隠の生涯を描く。

本体一九〇〇円

043・4

東アジア近現代通史(上)(下)
19世紀から現在まで

和田春樹・後藤乾一・木畑洋一・山室信一・趙景達・中野聡・川島真

一国史の硬い枠組みの克服を目指し、和解と協力を展望しうる新たな東アジア地域史の視座を提示した通史。

本体各二三〇〇円

定価は表示価格に消費税が加算されます(2015年1月現在)

岩波現代全書

034

9・11以後のイスラーム政治

小杉 泰

9・11事件以後、ますます混迷の度を深め、従来の近代化、共存論では解決できないイスラーム世界の危機を、宗教と政治の接点からわかりやすく解く。

本体二三〇〇円

035

絵画の向こう側・ぼくの内側

未完への旅

横尾忠則

美とは何か。完成とは。描くとはどのような行為なのか。アトリエの現場や日々の日常の中で問い続けた独自の考察を展開する。創造の現場からの体験的芸術入門。

本体二五〇〇円

036

特講 漱石の美術世界

古田 亮

夏目漱石の脳内美術館から名品、珍品、秘蔵品を紹介、キュレーターの視点で漱石と美術との関わりを徹底的に分析、考察する試み。

本体二三〇〇円

037

「東アジアに哲学はない」のか

京都学派と新儒家

朝倉友海

アジアには近代西洋のような哲学の伝統が育たなかったというのは本当だろうか。日本の京都学派と中国の新儒家の哲学的系譜に光を当てて考える。

本体二一〇〇円

038

人類発祥の地を求めて

最後のアフリカ行

伊谷純一郎
伊谷原一 編

人類の祖先はアフリカの森林から乾燥帯に出て二足で歩くようになった？ 新しいアプローチで人類進化過程の解明に挑む最後の旅！

本体一九〇〇円

定価は表示価格に消費税が加算されます（2015年1月現在）

岩波現代全書発刊に際して

いまここに到来しつつあるのはいかなる時代なのか。新しい世界への転換が実感されながらも、情況は錯綜し多様化している。先人たちは、山積する同時代の難題に直面しつつ、解を求めて学術を頼りに知的格闘を続けてきた。その学術は、いま既存の制度や細分化した学界に安住し、社会との接点を見失ってはいないだろうか。メディアは、事実を探求し真実を伝えることよりも、時流にとらわれ通念に迎合する傾向を強めてはいないだろうか。

現在に立ち向かい、未来を生きぬくために、求められる学術の条件が三つある。第一に、現代社会の裾野と標高を見極めようとする真摯な探究心である。第二に、今日的課題に向き合い、人類が営々と蓄積してきた知的公共財を汲みとる構想力である。第三に、学術とメディアと社会の間を往還するしなやかな感性である。様々な分野で研究の最前線を行く知性を見出し、諸科学の構造解析力を出版活動に活かしていくことは、必ずや「知」の基盤強化に寄与することだろう。

岩波書店創業者の岩波茂雄は、創業二〇年目の一九三三年、「現代学術の普及」を旨に「岩波全書」を発刊した。学術は同時代の人々が投げかける生々しい問題群に向き合い、公論を交わし、積極的な提言をおこなうという任務を負っていた。人々もまた学術の成果を思考と行動の糧としていた。「岩波全書」の理念を継承し、学術の初志に立ちかえり、現代の諸問題を受けとめ、全分野の最新最良の成果を、好学の読書子に送り続けていきたい。その願いを込めて、創業百年の今年、ここに「岩波現代全書」を創刊する。

（二〇一三年六月）

根本 敬

1957年生まれ．国際基督教大学教養学部卒業．同大学院比較文化研究科博士後期課程中退．東京外国語大学アジア・アフリカ言語文化研究所教授等を経て，現在，上智大学総合グローバル学部教授．専攻はビルマ近現代史．著書に『アウン・サン——封印された独立ビルマの夢』(岩波書店，1996年)，『抵抗と協力のはざま——近代ビルマ史のなかのイギリスと日本』(同，2010年)，『ビルマ独立への道——バモオ博士とアウンサン将軍』(彩流社，2012年)，『物語 ビルマの歴史——王朝時代から現代まで』(中公新書，2014年)などがある．

岩波現代全書 051
アウンサンスーチーのビルマ
——民主化と国民和解への道

2015年1月20日　第1刷発行

著　者　根《ね》本《もと》　敬《けい》

発行者　岡本　厚

発行所　株式会社 岩波書店
〒101-8002 東京都千代田区一ツ橋 2-5-5
電話案内 03-5210-4000
http://www.iwanami.co.jp/

印刷・三秀舎　カバー・半七印刷　製本・松岳社

ISBN 978-4-00-029151-4　　Printed in Japan

参考文献

＊日本語と英語の文献だけを示した．ビルマ語文献と公文書館所蔵資料は省略してある．

1　日本語文献（五十音順）

アウンサンスーチー（著），マイケル・アリス（編），ヤンソン由実子（訳），1991，『自由――自ら綴った祖国愛の記録』集英社

アウンサンスーチー（著），伊野憲治（編訳），1996a，『アウンサンスーチー演説集』みすず書房

アウンサンスーチー（著），土佐桂子・永井浩（訳），1996b，『ビルマからの手紙 1995～1996』毎日新聞社

アウンサンスーチー（著），大石幹夫（訳），2000，『希望の声――アラン・クレメンツとの対話』岩波書店

アウンサンスーチー（著），大石幹夫（訳），2008，『増補版 希望の声――アラン・クレメンツとの対話』岩波書店

アウンサンスーチー（著），土佐桂子・永井浩・毎日新聞外信部（訳），2012，『新ビルマからの手紙 1997～1998／2011』毎日新聞社

伊野憲治，2001，『アウンサンスーチーの思想と行動』アジア女性交流・研究フォーラム（北九州市）

伊野憲治，2002，「ビルマ農民大反乱（サヤー・サン反乱）――農民蜂起の意識過程」『岩波講座 東南アジア史 第7巻　植民地抵抗運動とナショナリズムの展開』岩波書店

宇田有三（写真・文），2010，『閉ざされた国ビルマ――カレン民族闘争と民主化闘争の現場を歩く』高文研

大津典子，2012，『アウンサンスーチーへの手紙』毎日新聞社

奥平龍二，1990，「国民統合の政治思想――「ビルマ的社会主義」論」，土屋健治（責任編集）『講座 東南アジア学 第6巻　東南アジアの思想』弘文堂

カレンニー開発調査グループ（著），久保忠行・ビルマ情報ネットワーク（訳），

2009,『ビルマ軍政下のダム開発』ビルマ情報ネットワーク，メコン・ウォッチ
ガンディー，マハトマ(著)，森本達雄(訳)，1997,『わたしの非暴力』1・2，みすず書房
ガーンディー，M. K.(著)，田中敏雄(訳)，2001,『真の独立への道――ヒンド・スワラージ』岩波文庫(岩波書店)
工藤年博(編)，2008,『ミャンマー経済の実像――なぜ軍政は生き残れたのか』アジア経済研究所
工藤年博(編)，2012,『ミャンマー政治の実像――軍政23年間の功罪と新政権のゆくえ』アジア経済研究所
斎藤紋子，2008,「「バマー・ムスリム」という生き方――ビルマ政府の国民概念とムスリム住民の生存戦略」東京外国語大学大学院提出博士論文(未公刊)
斎藤紋子，2010,『ミャンマーの土着ムスリム――仏教徒社会に生きるマイノリティの歴史と現在』風響社
早乙女勝元(編)，1996,『スーチーさんのいる国――ビルマと日本の接点』草の根出版会
佐久間平喜，1984,『ビルマ現代政治史』勁草書房
シャープ，ジーン(著)，瀧口範子(訳)，2012,『独裁体制から民主主義へ――権力に対抗するための教科書』ちくま学芸文庫(筑摩書房)
「戦後日本・東南アジア関係史総合年表」編集委員会(早稲田大学アジア太平洋研究センター)(編)，2003,『戦後日本・東南アジア関係史総合年表』龍渓書舎
高橋八郎，1977,「親日ビルマから抗日ビルマへ」『鹿児島大学史録』第10号，鹿児島大学教養部史学教室
チョーカー，ジャック(著)，根本尚美(訳)，小菅信子・朴裕河・根本敬(著)，2008,『歴史和解と泰緬《たいめん》鉄道――英国人捕虜が描いた収容所の真実』朝日新聞出版
津守滋，2014,『ミャンマーの黎明――国際関係と内発的変革の現代史』彩流社
長崎暢子，1996,『ガンディー――反近代の実験』岩波書店
永瀬隆，1986,『「戦場にかける橋」のウソと真実』岩波書店

中西嘉宏，2009，『軍政ビルマの権力構造――ネー・ウィン体制下の国家と軍隊 1962–1988』京都大学学術出版会
根本敬，1990，「1930 年代ビルマ・ナショナリズムにおける社会主義受容の特質――タキン党の思想形成を中心に」『東南アジア研究』第 27 巻第 4 号，京都大学東南アジア研究センター
根本敬，1996，『アウン・サン――封印された独立ビルマの夢』岩波書店
根本敬，2001，「アウンサンスーチーの思想と行動――「恐怖に打ち勝つ自己」と「真理の追究」」『アジアの草の根運動』(国際基督教大学学報Ⅲ–A『アジア文化研究』別冊 10)，国際基督教大学アジア文化研究所
根本敬，2002a，「ビルマのナショナリズム――中間層ナショナリスト・エリートたちの軌跡」『岩波講座 東南アジア史 第 7 巻 植民地抵抗運動とナショナリズムの展開』岩波書店
根本敬，2002b，「ビルマの独立――日本占領期からウー・ヌ時代まで」『岩波講座 東南アジア史 第 8 巻 国民国家形成の時代』岩波書店
根本敬，2004，「現代ミャンマーの政治をどうみるか――軍政下の政治過程と民主化問題」『国際問題』第 535 号，国際問題研究所
根本敬，2005，「国家の再翻訳にともなう普遍の意味――アウンサンスーチーの思想に見るナショナリズムと普遍」，真島一郎(編著)『だれが世界を翻訳するのか――アジア・アフリカの未来から』人文書院
根本敬，2008，「アウンサンスーチー――真理の追究」，石井貫太郎(編著)『現代世界の女性リーダーたち――世界を駆け抜けた 11 人』ミネルヴァ書房
根本敬，2009，「ビルマ民主化闘争における暴力と非暴力――アウンサンスーチーの非暴力主義と在タイ活動家たちの理解」『年報政治学』2009–Ⅱ，木鐸社(日本政治学会)
根本敬，2010，『抵抗と協力のはざま――近代ビルマ史のなかのイギリスと日本』岩波書店
根本敬，2012，『ビルマ独立への道――バモオ博士とアウンサン将軍』彩流社
根本敬，2013，「アウンサンスーチー――「対話」による国民和解を求めて」，根本悦子・工藤年博(共編著)『ミャンマー・ルネッサンス――経済開放・民主化の光と影』コモンズ
根本敬，2014，『物語 ビルマの歴史――王朝時代から現代まで』中公新書(中央公論新社)

根本敬・田辺寿夫，2003，『ビルマ軍事政権とアウンサンスーチー』角川書店
根本敬・田辺寿夫，2012，『アウンサンスーチー――変化するビルマの現状と課題』角川書店
林博史，1998，『裁かれた戦争犯罪――イギリスの対日戦犯裁判』岩波書店
ポパム，ピーター(著)，宮下夏生・森博行・本城悠子(共訳)，2012，『アウンサンスーチー　愛と使命』明石書店
三上義一，1991，『アウン・サン・スー・チー　囚われの孔雀』講談社
守屋友江(編訳)，根本敬(解説)，ビルマ情報ネットワークほか(翻訳協力)，2010，『ビルマ仏教徒 民主化蜂起の背景と弾圧の記録――軍事政権下の非暴力抵抗』明石書店
森山康平・栗崎ゆたか，1976，『証言記録 大東亜共栄圏――ビルマ・インドへの道』新人物往来社
山本宗補，1996，『ビルマの大いなる幻影』社会評論社
吉川利治(編著)，1992，『近現代史のなかの日本と東南アジア』東京書籍
吉川利治，1994，『機密文書が明かすアジア太平洋戦争　泰緬鉄道』同文館
吉田敏浩，1995，『森の回廊――ビルマ辺境民族解放区の 1300 日』日本放送出版協会
リンヨン・ティッルウィン(著)，田辺寿夫(訳)，1981，『死の鉄路――泰緬鉄道ビルマ人労務者の記録』毎日新聞社
ロジャーズ，ベネディクト(著)，秋元由紀(訳)，2011，『ビルマの独裁者タンシュエ――知られざる軍事政権の全貌』白水社

2 英語文献(abc 順)

Aung San, 1946, *Burma's Challenge*, Tathetta Sarpay Taik, Rangoon.
Aung San Suu Kyi, 1984, *Aung San of Burma*, Kiscadale, Edinburgh.
Aung San Suu Kyi, Michael Aris (ed.), 1991, *Freedom from Fear*, Penguin Books, London.
Aung San Suu Kyi, 2008, *The Voice of Hope: Conversations with Alan Clements* (revised and updated edition), Rider, London.
Aung Zaw, 2013, *The Face of Resistance: Aung San Suu Kyi and Burma's Fight for Freedom*, Mekong Press, Chian Mai.

Ba Than, U, 1962, *The Roots of the Revolution*, The Government Printing Press, Rangoon.

Burma Socialist Programme Party, 1966, *Party Seminar, 1965*, BSPP, Rangoon.

Callahan, Mary P., 2003, *Making Enemies: War and State Building in Burma*, Cornell University Press, Ithaca.

Charney, Michael W., 2009, *A History of Modern Burma*, Cambridge University Press, Cambridge.

Fink, Christina, 2001, *Living Silence: Burma under Military Rule*, Zed Books, London.

Ganesan, Narayanan and Kyaw Yin Hlaing (eds.), 2007, *Myanmar: State, Society and Ethnicity*, Institute of Southeast Asian Studies, Singapore.

Houtman, Gustaaf, 1999, *Mental Culture in Burmese Crisis Politics: Aung San Suu Kyi and the National League for Democracy*, 東京外国語大学アジア・アフリカ言語文化研究所(ILCAA), Tokyo.

Khin Yi, 1988, *The Dobama Movement in Burma (1930–1938)*, Cornell University Southeast Asia Program (Monograph), Ithaca.

Kin Oung, 1993, *Who Killed Aung San?*, White Lotus, Bangkok.

Lintner, Bertil, 1990, *Outrage: Burma's Struggle for Democracy*, 2nd edition, White Lotus UK, London.

Loviny, Christophe, 2013, *Aung San Suu Kyi: A Portrait in Words and Pictures*, Hardie Grant Books, London.

Naw, Angelene, 2001, *Aung San and the Struggle for Burmese Independence*, Nordic Institute of Asian Studies (NIAS) Press, Copenhagen.

Nemoto, Kei, 1996a, "Aung San Suu Kyi and Burmese Nationalism",『通信』第 86 号(東京外国語大学アジア・アフリカ言語文化研究所).

Nemoto, Kei, 1996b, "Aung San Suu Kyi: Her Dream and Reality", in Yoneyuki Sugita (ed.), *Aung San Suu Kyi and Contemporary Burma*, Kansai Institute of Asia-Pacific Studies (KIAPS) Discussion Paper No. 1, Osaka University of Foreign Studies, Osaka.

Nemoto, Kei, 2000, "The Concepts of *Dobama* (Our Burma) and *Thudo-Bama* (Their Burma) in Burmese Nationalism, 1930–1948", *The Journal of Burma Studies*, Volume 5, Center for Southeast Asian Studies, Northern Illi-

nois University, DeKalb.

Nemoto, Kei, 2005, "The Rohingya Issue: A Thorny Obstacle between Burma (Myanmar) and Bangladesh", in Kyoko Inoue, Etsuyo Arai and Mayumi Murayama (eds.), *Elusive Borders: Changing Sub-Regional Relations in Eastern South Asia*, Institute of Developing Economies, Tokyo.

Nemoto, Kei, 2009, "Neither Pro-British nor Pro-Japan: How the Burmese Political Elite Reacted under British and Japanese Rule", in Hugo Dobson, Nobuko Kosuge (eds.), *Japan and Britain at War and Peace*, Routledge, London.

Nu, Thakin, J. S. Furnivall (ed. and trans.), 1954, *Burma under the Japanese: Pictures and Portraits*, Macmillan, London.

Popham, Peter, 2011, *The Lady and the Peacock: The Life of Aung San Suu Kyi*, Rider, London.

Skidmore, Monique (ed.), 2005, *Burma at the Turn of the 21st Century*, University of Hawaii Press, Honolulu.

Smith, Martin, 1991, *Burma: Insurgency and the Politics of Ethnicity*, Zed Books, London.

Taylor, Robert H., 2009, *The State in Myanmar*, Hurst & Co., London.

Thant Myint-U, 2001, *The Making of Modern Burma*, Cambridge University Press, Cambridge.

Yegar, Moshe, 2002, *Between Integration and Secession: The Muslim Communities of the Southern Philippines, Southern Thailand, and Western Burma/Myanmar*, Lexinton Books, Oxford.

Wintle, Justin, 2007, *The Perfect Hostage: A Life of Aung San Suu Kyi*, Hutchinson, London.

Who's Who in Burma, 1961, People's Literature Committee and House, Rangoon.

アウンサンスーチー略年譜

年	月	主な出来事
〈ラングーン（ヤンゴン）在住時代〉		
1945	6	19日，父アウンサン，母キンチーの間に3人兄妹の末子として誕生
1947	7	19日，父，政敵に暗殺される（アウンサンスーチー2歳）
1948	1	4日，ビルマ独立
1953	1	7歳のとき2番目の兄アウンサンリンが8歳で事故死
1950年代		ヤンゴンで聖フランシスコ修道会経営の女子小学校，英国メソディスト系中高等学校に通う
1960		母キンチーがウー・ヌ政府によって駐インド大使に任命され，一家でデリーへ移る（15歳）
〈デリー在住時代〉		
1960～62		デリーで「イエスと聖母マリア修道会付属学校」（イエズス会運営男女別学高校）に通う
1962		2年制のレディー・シュリラム女子大（Lady Shri Ram College for Women）に進学，翌年中退，英国への留学準備に専念
〈英国，米国，日本在住時代〉		
1964		インドを出て英国に留学，オクスフォード大学セント・ヒューズ・カレッジ入学（1967年卒業）
1969		米国ニューヨーク大学大学院で国際関係論専攻，中退して同年，国連本部事務職員
1972	1	英人チベット学者マイケル・アリスと結婚（26歳）．ブータンとネパールに長期訪問，英国に帰国後は専業主婦として2人の息子を育てながら勉強を継続，ボーダリアン図書館でビルマ語文献整理担当研究員，ロンドン大学東洋アフリカ研究院（SOAS）博士課程院生，父の伝記執筆のため日本語も勉強
1985	10	京都大学東南アジア研究センターで客員研究員（86年7月まで）
1986	10	ヤンゴン経由でオクスフォードに戻る
〈ビルマ帰国～2014年〉		
1988	3	30日，ヤンゴンより母危篤の知らせ届き，4月2日，ヤンゴンに戻り看病をはじめる
	8	民主化闘争が盛り上がるなか，運動への参加を決意（43歳）

年	月	主な出来事
		26 日，シュエダゴン・パゴダ西側広場で大規模集会を開き，演説
	9	18 日，軍事政権成立
		30 日，国民民主連盟(NLD)結成，書記長に就任
1989	7	20 日，自宅軟禁(第一次拘束)に処される
1990	5	総選挙で NLD 圧勝(議席の 81% 獲得)，軍政は政権委譲拒否
1991	12	ノーベル平和賞を受賞(授賞式不参加)
1995	7	10 日，自宅軟禁(第一次拘束)より解放，NLD 書記長復帰，自宅前演説開始
1996	9	軍事政権によって自宅前演説を禁じられる
1999	3	夫マイケル・アリス，英国で死去(会うことはできず)
2000	9	再び自宅軟禁(第二次拘束)
2002	5	7 日，自宅軟禁(第二次拘束)より解放
2003	5	30 日，上ビルマのディベーインでアウンサンスーチー一行襲撃事件，軍事施設に監禁．その後自宅軟禁(第三次拘束)
2009	5	米国人男性がアウンサンスーチー宅に侵入した事件で起訴，軟禁継続
2010	11	7 日，20 年ぶりの「総選挙」(NLD 不参加)
		13 日，3 度目の自宅軟禁から 7 年半ぶりに解放(65 歳)
2011	8	大統領執務室にてテインセイン大統領と公式対話
	11	政党法の改正に伴い NLD が政党登録
	12	ビルマを訪問した米国のクリントン国務長官と会う
2012	4	上下両院および地方議会の補欠選挙実施，NLD 圧勝，アウンサンスーチーも下院議員に当選(翌月就任)
	5	解放後最初の外遊先としてタイを訪問
	6	ヨーロッパ訪問，オスロにて 1991 年に受賞したノーベル平和賞の受賞演説をおこなう
	9	米国を訪問，オバマ大統領と会談
	11	ヤンゴンを日帰りで訪問した米国オバマ大統領と会う
2013	3	レッパダウン銅山開発事業に関する調査委員長として報告書を議会に提出，国軍記念日式典に初めて来賓として出席，韓国を訪問
	4	日本政府の招聘で来日(13～19 日)，月末にモンゴルを訪問
	8	民主化運動 25 周年記念式典(ヤンゴン)で演説
	9	中欧 3 カ国を訪問
2014	8	NLD と他の民主化活動グループが共同して集めた憲法改正を求める署名約 494 万人分を国会に提出
	11	5 日，記者会見でテインセイン大統領の改革が失速していると批判．あらためて改憲へ向けた交渉に応じるよう訴える
		14 日，ビルマを訪問した米国オバマ大統領と共同記者会見(さらなる民主化推進を求める)

ビルマ近現代史関連年表

年	月	主な出来事
1885	11	第3次英緬戦争(コンバウン朝滅亡)
1886	1	英国がビルマ全土を英国領土に併合することを宣言
	3	ビルマ全土が英領インド帝国の一州となる(準州扱い)
1889		クロスウェイト準州弁務長官が上ビルマ村落法を施行
1890		英軍，1886年から続いた上ビルマでの土着の抵抗を封じ込める
1897		英領インド帝国の準州から正規の州に格上げされる
1906		仏教青年会(YMBA)がラングーンで結成される
1915		マグウェー県でアウンサン生まれる(47年没)
1916		YMBA，靴をはいたまま仏塔や寺院に入る欧州人への反対運動を展開
1917		YMBAの活動が急速に政治化
1920	10	YMBA分裂，ビルマ人団体総評議会(GCBA)結成される
	12	ラングーン大学開学，直後に第1次学生ストライキ
1922		第1回立法参事会選挙
1923		両頭制(ダイアーキー)施行される
1925		第2回立法参事会選挙
1928		第3回立法参事会選挙
1930	5	ラングーンで反インド人暴動発生
	6	ラングーンでタキン党(「我らのビルマ協会」)結成される
	12	下ビルマ農民大反乱(サヤー・サン反乱)はじまる(～32年)
1931		英緬円卓会議開催
1932		第4回立法参事会選挙(印緬分離問題が争点に)
1935	4	ビルマ統治法公布(施行は2年後)
1936	2	ラングーン大学第2次学生ストライキ
	11	翌年4月のビルマ統治法施行を前に下院総選挙実施
1937	4	ビルマ統治法施行により英領インド帝国から分離，英領ビルマとなる(初代総督コックレイン，初代首相バモオ)
1938	7	反インド人暴動(～9月)
	8	タキン党二派に分裂(本部派とバセイン派)
	10	アウンサン，ウー・ヌの両名がタキン党(本部派)入党
	11	アウンサン，タキン党(本部派)の書記長に就任
		上ビルマ油田労働者のラングーンに向けた行進はじまる

年	月	主な出来事
		「ビルマ暦1300年の闘い」(～39年2月)
1939	1	ビルマ・ルート(援蔣ルート)開通
	2	バモオ内閣不信任案可決，ウー・プ内閣発足
	8	ビルマ共産党結成
	9	自由ブロック結成
	11	コックレイン総督，英国が将来ビルマをドミニオン(英連邦内の自治領)とすることを言明
1940	6	鈴木敬司陸軍大佐(参謀本部第2部8課)，身分を偽ってラングーンに入り，謀略活動を開始
	8	アウンサン，同志とともにビルマを密出国，アモイへ行くも，その後，鈴木敬司の連絡で日本軍憲兵に捕らえられる
	9	ウー・プ内閣不信任案可決，ウー・ソオ内閣発足
	11	アウンサンら東京に着く
1941	2	南機関発足
	4	「30人の志士」のビルマ密出国と海南島集結，軍事訓練(～9月)
	5	コックレイン総督離任，ドーマン=スミス総督就任
	10	ウー・ソオ，英国・米国・カナダ訪問(～12月)
	12	日本軍，対米英宣戦布告
		日本軍，ラングーンを初空襲
		バンコクでビルマ独立義勇軍(BIA)結成
		日本軍，ビルマ侵攻を開始
1942	1	BIA，日本軍と別ルートでビルマに侵攻
	3	日本軍，ラングーン占領
	4	ビルマ政庁のインド撤退開始
	5	デルタ地帯のミャウンミャでビルマ民族がカレン民族を襲い，両者間で激しい暴動が発生
	6	日本軍，ビルマ全土に軍政を布告，タキン党の臨時行政府解散
	7	南機関解散，BIA解散(ビルマ国防軍BDAに再編)
	8	ビルマ中央行政府発足(長官にバモオ就任)
1943	3	日本軍，ビルマ方面軍を編制
	8	日本がビルマに「独立」付与(バモオが国家元首兼首相に就任)
		インドに東南アジア軍司令部(SEAC)設置される(最高司令官マウントバッテン)
1944	7	日本軍のインパール作戦大敗，作戦中止
	8	抗日地下組織の反ファシスト人民自由連盟(パサパラ)結成される(当初の名称はファシスト撲滅機構〈パタパ〉)
1945	3	パサパラ主導の抗日武装蜂起はじまる

年	月	主な出来事
	4	バモオ国家元首，ラングーンを脱出，ビルマ南部のムドンへ
	5	英軍，ラングーンを奪還，軍政を開始(～10月)
		アウンサン，メイッティーラで英第14軍スリム中将と会談
		英国，戦後の対ビルマ政策を定めた『ビルマ白書』を発表
	6	ラングーンでアウンサンスーチー生まれる
		ビルマ国軍，愛国ビルマ軍(PBF)に名称変更，英軍の下に入り日本軍との戦いを継続
	8	日本，ポツダム宣言受諾(連合国に降伏)
		バモオ，日本に亡命(新潟県の薬照寺に入る)
	9	キャンディ協定に基づき，愛国ビルマ軍は正規ビルマ軍(植民地ビルマ軍)と合体
	10	インドのシムラからビルマ政庁が戻り，ドーマン＝スミス総督が復帰(軍政から民政へ)
	11	パサパラ関係者抜きで第1次行政参事会発足
1946	1	バモオ，東京の連合軍総司令部(GHQ)に自首
	2	アウンサン逮捕問題おこる(～5月，最終決着は7月)
	3	ビルマ共産党が分裂，赤旗共産党(指導者タキン・ソウ)が分派
	6	ドーマン＝スミス総督帰国，解任される
	8	ランス総督就任
	9	パサパラ関係者が過半数を占める第2次行政参事会発足
	11	ビルマ共産党，パサパラから除名される
1947	1	アウンサンを代表とする行政参事会代表団がロンドンを訪問，英国政府(アトリー内閣)と主権委譲に関して協議，「アウンサン＝アトリー協定」に調印
	2	パンロン(ピンロン)での会議を経て少数民族代表と協定締結
		カレン民族同盟(KNU)結成
	4	制憲議会議員選挙でパサパラ圧勝
	5	パサパラによる憲法草案作成はじまる
	6	制憲議会において憲法制定審議はじまる
	7	アウンサンら閣僚7名と官僚1名，守衛1名の計9名が，閣議の場でウー・ソオの部下らが放った凶弾によって暗殺される
		パサパラ副議長のウー・ヌ，アウンサンの後任として行政参事会副議長とパサパラ議長に就任
		アウンサンらに対する暗殺指示容疑でウー・ソオが逮捕される
	9	新憲法，制憲議会で承認される
	10	「ウー・ヌ＝アトリー協定」調印，ビルマの完全独立決まる
1948	1	ビルマ，英国から主権を回復し，共和制の連邦国家として独立(国名

年	月	主な出来事
		はビルマ連邦），初代首相にウー・ヌ就任
	3	ビルマ共産党，反政府武装闘争に突入
1949	1	カレン民族同盟（KNU），反政府武装闘争に突入，全土的内乱のためにウー・ヌ政府は危機的状況に陥る
1950	3	中国国民党軍（KMT）のビルマ東北部侵入本格化
	6	ビルマ国軍，居座る国民党軍（KMT）と戦闘に入るも敗退
1951	6	第 1 回総選挙（～翌年 1 月），パサパラ勝利
1953	3	ビルマ政府，KMT 問題を国連に提訴
	11	ビルマ東北部に侵入した KMT の一部が台湾に撤退
1955	4	日緬平和条約および日緬経済協力協定発効（国交樹立，日本の対ビルマ戦争賠償はじまる）
1956	4	第 2 回総選挙，パサパラ勝利するも，得票率で国民統一戦線（NUF）に迫られる
	6	ウー・ヌ，首相職をバスウェに譲ってパサパラの党務に専念
1957	3	ウー・ヌ，首相に復帰
1958	4	パサパラ，「清廉派」と「安定派」に分裂
	10	ネィウィン首相による選挙管理内閣発足（国軍の政治介入のはじまり）
1960	2	第 3 回総選挙，ウー・ヌ率いる連邦党（元清廉派）大勝
	4	ウー・ヌ，首相に返り咲く
1962	3	国軍によるクーデターでネィウィン大将を議長とする革命評議会発足，憲法と議会を廃止，主要政治家を逮捕・拘束
	7	ビルマ社会主義計画党（BSPP）結成され，革命評議会議長ネィウィンが党議長を兼任
1963	2	ネィウィンとの経済政策等をめぐる対立からアウンヂー准将解任される
	10	産業国有化令出る
1964	3	BSPP を除く全政党に解散命令
1965	4	改正小作法施行
		私立学校国有化はじまる（～66 年 3 月）
	11	BSPP 第 1 回党セミナー開催
1967	6	ヤンゴンで反中国人暴動発生
1974	1	ビルマ式社会主義に基づく新憲法公布（新国名はビルマ連邦社会主義共和国）
	3	形式的民政移管，ネィウィンは大統領に就任（BSPP 議長兼任）
	12	ウー・タン（ウ・タント）前国連事務総長の遺体取扱いをめぐって，学生たちが反政府運動を展開
1975	6	学生・労働者による反政府ストライキ発生

年	月	主な出来事
1976	3	タキン・コウドオフマイン生誕100年記念を機に学生たちの反政府運動盛り上がる
	7	ネィウィン暗殺計画に関与したとされる青年将校らを処分
1981	11	ネィウィン，大統領職をサンユに譲り，BSPP議長職に専念
1982		ビルマ市民権法(新しい国籍法)施行
1983		全国規模の人口調査を実施
1988	3	学生たちによる大規模反政府デモ発生
	7	サンユ大統領とネィウィンBSPP議長が辞任
		新大統領にセインルウィン就任(BSPP議長兼任)
	8	反政府運動に市民や公務員が合流，全土的民主化運動へ
		セインルウィン大統領辞任，文官のマウンマウン大統領就任
		アウンサンスーチー，民衆の前で初演説
	9	国軍，民主化運動を封じ込め，ソオマウン大将を議長とする国家法秩序回復評議会(SLORC)を設置，軍政を開始
		国民民主連盟(NLD)結成，アウンサンスーチー書記長に就任
1989	6	軍政，国名の英語呼称をバーマ(ビルマ)からミャンマーに変更
	7	軍政，アウンサンスーチーを自宅軟禁に処す
1990	5	複数政党制に基づく30年ぶりの総選挙実施，NLD圧勝
	6	軍政，NLDへの政権委譲を拒否(議会を召集せず)
1991	10	アウンサンスーチーにノーベル平和賞授与決定(授賞式12月)
1992	4	軍政，ソオマウン議長引退，タンシュエ上級大将が後任に就任
1993	1	軍政主導の制憲国民会議はじまる(途中1996年から8年間の休会をはさんで2007年まで)
1995	7	アウンサンスーチー，6年ぶりに自宅軟禁から解放される
	11	NLD，制憲国民会議をボイコット，軍政はNLDメンバーを同会議から全員除名
1996	5	NLD，独自に新憲法草案づくりをすすめることを宣言，軍政はそれを抑圧，制憲国民会議も長期休会に
1997	5	米国による対ビルマ経済制裁はじまる
	11	軍政，自らの名称を変更(国家法秩序回復評議会〈SLORC〉から国家平和発展評議会〈SPDC〉へ)
1999	3	アウンサンスーチーの夫君マイケル・アリス氏，前立腺ガンのため53歳で死去
2000	9	アウンサンスーチー，再び自宅軟禁に処される
2002	5	アウンサンスーチー，2度目の自宅軟禁から解放される
	12	ネィウィン死去(国営メディアは報道せず，遺族による死亡公告のみ)
2003	5	アウンサンスーチーとNLD一行が上ビルマ遊説移動中，ディベーイ

年	月	主な出来事
		ンで暴徒に襲われ多数の死傷者を出す(ディペーイン事件). この事件により, アウンサンスーチーは軍事施設での監禁を経て3度目の自宅軟禁に処される
	7	米国による対ビルマ経済制裁の強化
	8	軍政,「民主主義へのロードマップ」(政権委譲への7つのステップ)を発表
2004	5	制憲国民会議8年ぶりに再開
	10	軍政ナンバー3のキンニュン首相失脚
2005	7	軍政, 翌年のASEAN議長国就任を辞退
	11	ピンマナー近郊へ首都移転開始
2006	3	国軍記念日記念式典を新首都ネイピードーで挙行
2007	8	燃料費大幅値上げを発端としたデモ発生
	9	軍政主導の制憲国民会議における新憲法草案審議終了
		僧侶デモに市民が10万人規模で合流(ヤンゴン), 軍政は武力で封じ込め
2008	5	サイクロン「ナルギス」被災(犠牲者14万人, 被災者240万人)
		新憲法承認の国民投票を強行, 投票率99%, 賛成率92%で「承認」と発表
2009	5	アウンサンスーチーを国家防御法違反で新たに起訴(米国人男性によるアウンサンスーチー宅侵入事件との関連)
	8	アウンサンスーチーに懲役3年の有罪判決(「恩赦」で1年6カ月の自宅軟禁に)
2010	3	軍政, 選挙関連法を公布(アウンサンスーチーとNLDの選挙参加事実上不可能に)
	11	軍政, 1990年以来20年ぶりの総選挙を実施, 軍政系の連邦団結発展党(USDP)が圧勝
		総選挙終了後, アウンサンスーチーを3回目の自宅軟禁から解放
2011	1	上下両院(民族代表院と人民代表院)から成る連邦議会召集
	2	大統領, 副大統領, 両院正副議長を選出
	3	軍事政権解散. テインセイン大統領を国家元首とする新政府発足
	5	テインセイン大統領, 訪中し胡錦濤国家主席と会談
	8	大統領執務室においてテインセイン大統領とアウンサンスーチーが公式対話
	9	国家人権委員会設置
	10	1回目の政治囚大規模解放
	11	政党法改正に伴い, NLDが政党登録
		ASEAN首脳会議がビルマの2014年議長国就任を承認
	12	米国のクリントン国務長官がビルマを公式訪問

年	月	主な出来事
2012	1	2 回目の政治囚大規模解放(主要政治囚は全員自由の身に)
	4	長年にわたった二重為替レートを一本化，管理変動相場制へ移行
		上下両院および地方議会の補欠選挙実施，NLD 圧勝(対象となった下院 37 議席と地方議会 2 議席を全て獲得，上院も 6 議席中 4 議席を獲得)，アウンサンスーチーも下院で当選
		EU がヤンゴンに事務所を開設
		テインセイン大統領訪日，野田首相と会談
	5	アウンサンスーチー，解放後最初の外遊先としてタイを訪問
	6	ラカイン州北部で反ロヒンギャー・反ムスリム暴動が発生，200 人が死亡
		アウンサンスーチー，ヨーロッパ訪問中にオスロで 1991 年に受賞したノーベル平和賞の受賞演説をおこなう
	9	アウンサンスーチー，米国を訪問，オバマ大統領と会談
	11	米国オバマ大統領が日帰りでヤンゴンを訪問，ヤンゴン大学で講演，アウンサンスーチーと会う
2013	3	中部ビルマのメイッティーラで反ムスリム暴動発生，43 人死亡
		アウンサンスーチー，国軍記念日式典に来賓として出席
	4	アウンサンスーチー，日本政府の招請で来日
	5	テインセイン大統領，訪米してオバマ大統領と会談
		安倍首相，ビルマを訪問，テインセイン大統領と会談
	7	テインセイン大統領，欧州を歴訪
	8	1988 年の民主化運動 25 周年を記念する集会がヤンゴンで開催される
	9	アウンサンスーチー，中欧 3 カ国を訪問
2014	5	ASEAN 首脳会議ネイピードーで開催される(ビルマは 2014 年議長国)
	6	国会内に設置された憲法改正実現委員会(31 議員で構成)が大統領資格条項の改正に反対決議(10 月に本会議に提示)
	7	政府，ビルマ西部沿岸のチャウピューと中国の雲南省昆明を結ぶ鉄道計画を中止
	9	12 月に実施予定だった補選の中止が選挙管理委員会によって発表される
	11	米国オバマ大統領，東アジアサミット出席のためビルマを訪問．テインセイン大統領と会談．アウンサンスーチーと共同記者会見

はじめに

いま、この本を手に取ってくださっているあなたは、おそらく「営業」の仕事に携わっている方ではないかと思います。

「一件の契約を得るのがこれほど大変なのか」と身をもって痛感し、結果を出すための方法を模索されているのではないでしょうか。

会社命令で心ならずも畑違いの営業部門に配属され、どうすれば成績を上げられるのかと途方に暮れている方もいるかもしれません。

そうした方々に、私が長年の実践で培ってきた「最強の営業スキル」をぜひお伝えしたいと考え、本書の出版を決意しました。

「営業」という言葉には、なぜか「強引にモノを売りつける」といったイメージがつきまといます。そのせいか、最近は営業職を敬遠する方も多くなってきています。

しかし、**私の伝えたい営業の方法はそうしたマイナスの要素とは無縁です。**

「飛び込みの恐怖」や「売り込むストレス」「断られるつらさ」から解放される最強の営業スタイルがあるのです。
それは**「紹介営業」、つまり顧客に新たな顧客を紹介してもらう営業手法**です。

私はもともと、教員を目指して大学に進学しました。しかし、人に教えるためには、自分自身がまず社会人としての体験を積むことが必要なのではないかと考え、大学卒業後、ゴルフ場開発などを手がける大手デベロッパーに就職しました。

配属されたのは一口5500万円という高額ゴルフ会員権の営業でした。時代はバブルの最盛期から終焉《しゅうえん》に向かっていた頃です。

株価が最も高かった時期で、ゴルフ会員権は1、2年で倍の価格になりましたから、扱う商品は黙っていても売れる時代でした。


しかし、**私が入社してほどなくバブルは崩壊**します。私が営業マンとしてスタートしたのはそんな時代でした。

もはや「ゴルフ会員権」と言って飛び込み営業をしても、「そんなうまい話はないだろう」と誰も会ってくれなくなりました。

上司からは「断られてからが営業だ」と強烈にハッパをかけられました。もちろん、それでも徹底的に売れません。

私自身、当時は「うまくいかない営業マン」の典型だったのです。

そんな苦戦続きの私が、暗中模索の末にたどりついた方法が「紹介営業」でした。「紹介」の手法を駆使し、大手・上場企業へのアプローチに特化した法人営業に取り組むようになり、**見込み客ゼロの状態から数百社との取引ルートを新規開拓することに成功**しました。

その傍《かたわ》ら、実践で培ったスキルを生かして、社員サービス研修や業務改善コンサルティング、営業マンのセールストレーニングも手がけるようになりました。

その後は教育事業での独立・起業を果たし、現在は**全国のセールスマンの売上向上のため、北は札幌、南は沖縄までセミナー講師として年間約200回の研修・セミナーを実施しています。**

受講者総数は1万8000人を超えました。「教員になる」という夢が思わぬ形で叶ったことになります。

他方、金融機関やシンクタンクの契約コンサルタントなども務めており、全国の企業の売上向上や営業マンの育成をお手伝いしています。

「自分は営業に向いていないのではないか……」

そんな思いにとらわれている人もいるかもしれません。

でも、断言しましょう。**この世の中に「営業に向いていない人」など存在しません。**

人間の心理を理解し、お客様の心をとらえる科学的な営業スキルを身につけ、ちょっとした習慣や心がけを変えるだけで、すぐに営業成績は上がっていきます。

紹介営業は、お客様がお客様を呼ぶという終わりのない円環をつくる最強の仕組みです。この方法はどんな業種でも使えます。

とくにおすすめなのが「紹介依頼シート」と「報告シート」というそれぞれA4 1枚の書類です。

この「たった2枚の紙」があるだけで、あなたはもう新規のお客様を探すという苦労を一生しないでよくなります。

では、すぐにでも実践できる「最強の営業」のコツについて詳しくお話ししていきましょう。

2015年11月

三井　裕

たった2枚の紙が一生、新規顧客に困らない営業マンに変身させる　目次

第1章 なぜ紹介営業が最強の営業なのか？

第2章

紹介だけで売れる仕組み① 紹介依頼

第3章

紹介だけで売れる仕組み② テレアポ

第4章

紹介だけで売れる仕組み③　顧客見込との面談

第5章

紹介だけで売れる仕組み④　紹介者への報告

第6章

紹介だけで売れる営業マンは「なに」を売っているのか？

第1章

なぜ紹介営業が最強の営業なのか？

教員志望から大手デベロッパーの営業マンへ

最初に、私自身のこれまでについて少しだけお話しさせてください。私がたどってきた回り道を紹介することも、読者の皆さんにとって何らかのお役に立てるのではないかと思うからです。

私は「クレヨンしんちゃん」と同じ埼玉県春日部市で生まれ育ち、楽しい思い出に満ちた幼少時代を過ごしました。

ところが、中学1年の秋に広島の中学校へ転校することになり、そこでイジメに遭うようになりました。ほとんど学校に行かず、心配した親に戸塚ヨットスクールのような不登校児の専門更生施設に入れられる寸前でした。

自分の運命を嘆く一方で、心の奥底では「高校では中学の自分とはまったく違う自分になろう」と決意しました。

高校に進学し、3年間はアメリカンフットボールに熱中しました。当時のアメフトの顧問の影響を受け、教員を目指そうと思い立ちます。

さまざまな先生との出会いの中で、自分が不登校児だった体験から、自分と同じような境遇の子どもたちの痛みや悩みを理解できるのではないかと思い、教員を目指したのです。教育実習が終わり、商業科の教員免許を取り、実際にしばらく講師として教員を務めました。ところが、実際に教員になってみると、自分が思い描いていた姿と1つだけ違うところがありました。教員は、生徒、教員同士、ＰＴＡという3つの世界の中での狭い関係に終始しがちだということでした。

私は、生徒に何かを教えるためには、自分自身が社会人になってもっと広い世界のことを体験しておくべきではないかと考えるようになりました。

とくに商業や経済を教えるには、実際に社会の中でお金がどう動くかという仕組みを知っておかなければなりません。

そこで、まずは企業に就職することにしたのです。

金融機関や証券会社などの選択肢もありましたが、当時のバブル時代にあって、巨額のお金が動いている会社を探し、ゴルフ場やスキー場の開発、飲食店、不動産業を手がける大手デベロッパーに就職しました。

1990年、時はバブル期の真っ只中でした。そのデベロッパーは新橋に150階のビルを建てる計画があり、会社でヘリコプターを所有していました。社員旅行は数百人を引き連れ、海外で大豪遊。いまでは考えられないような話です。

300件電話をして、アポが取れたのはわずか1件だけ

私はもともとスキーが好きだったので、スキー場の開発に携わりたかったのですが、配属されたのはゴルフ会員権の営業でした。それも一口5500万円という高額会員権です。

当時、副社長の面接で「おまえはたぶん営業だよ。うちは、120人の男子全員が営業に配属される。どうする?」と言われました。

ずいぶん正直に言う会社だなと思いましたが、私は「30歳になるまでの7年間はしがみついても営業をやります」と答えました。さらに、「その間、初任給のままでかまわない」とも。

その会社では当時、年間1000万円の報奨金がもらえるということでした。売れば売っただけ報奨金がもらえる。だから、「初任給のままでも7年間は勤めさせていただき、

いろいろなことを学びたい」と話しました。

実は、入社した会社の社長は政界や財界のトップとの関係が深く、高級官僚などとも比較的容易にアポが取れたのです。そうした人間関係を徹底的に自分のものにできれば、すぐに1000万円プレイヤーになれるだろうとタカをくくっていました。しかし実際はそう甘くはありませんでした。

私は、株価がいちばん高かった時期に会社に入りました。先輩たちのボーナスの封筒が縦に立っているのをよく見ていました。

しかし、**ほどなく株価は暴落し、バブルは崩壊。会員権はまったく売れず、営業マンとして苦戦続きの新入社員時代を送りました。**

毎日、ゴルフ場のパンフレットを持たされて、**いろいろな会社に飛び込み営業に出向きました。**

図鑑のように分厚いパンフレットを、宇宙旅行に行くのかというくらいに重いアタッシュケースに入れて持っていくわけです。もちろん、誰も会ってくれません。

先輩たちはどうしているのかと観察すると、売れていたバブル時代に会員権を買ってもらったお客さんに、また次の新規のゴルフ会員権を売ったりしていました。

しかし、われわれの時代は、**新しいお客さんを見つけるのが難しくなっていました。**

「ゴルフ会員権」と言うと、「えっ……」と言われる時代になっていましたから。

300件の電話をしても、アポを取れるのはたった1件という世界でした。

もちろん、1000万円の報奨金は結局、私は一度ももらえませんでした。

入社3年で120人いた同期はわずか数人に

当時は多くの会社の営業マンたちが企業の経営陣などをターゲットに、株式投資、商品先物、ゴルフ会員権、リゾート会員権などいろいろなものを売ろうとしていました。

取引銀行経由でめぼしい会社を紹介してもらおうとすると、銀行からは「会員権屋が来た」といった目で見られました。

上司からは「断られてからが営業だ。また行ってこい」とか「冬でもコートは着るな。コートを持つ手があったら、よけいにパンフレットを持っていけ」とハッパをかけられま

す。そんなことをしてもお客様にはまったく会ってもらえません。

いつの間にか、ひとり辞め、ふたり辞め、入社3年で120人いた同期は、たった数人になっていました。

当時、マクドナルドでモーニングを食べて、その後にパチンコ屋で昼過ぎまで遊んでから お客さんに電話して、「今日もダメでした」と帰ってくる営業マンもたくさんいました。

お客様は、売り込まれることが嫌い

報奨金が欲しかった新入社員の私は、毎日100軒の飛び込み営業をしていました。

訪問した会社に断られたら隣の会社。ビルであれば、上の階から下の階へとローラー作戦で飛び込み営業をするのです。

100社行くと3社の社長は会ってくれました。

そして、100人の社長に会えば3人は会員権を買ってくれます。

でも、そのためには何千社と回らなければなりません。私は途方に暮れていました。

あるとき、紹介先を求めて、とある第二地方銀行の支店へ営業に行きました。先輩からは「そんな銀行に行っても誰も紹介してもらえない」と言われました。

ところが、その支店長がなかなかの野心家で、「このへんには資産家がたくさんいる。会員権を売ればうちは融資をつけられるだろう。利害関係が合うな」とお客様を紹介してくれたのです。

その後もお客様を紹介してもらったのですが、その支店長はたまに大げさなことを言うのです。「これは10倍になりますから」とか「5500万円が5億になります」とか平気で言うわけです。「これはまずいな」と思いながら、でも一方では「買ってもらえるのなら」という気持ちもあり、売り続けました。

実は、そのオーバートークが原因で、会社が訴えられたこともあるのです。裁判の経緯を見ていて、私が感じたのはお客様に「売りつけるのはよくない」ということでした。

このときから私は、お客様の「心」ということについて考えるようになりました。

不登校だった中学時代、私は家族以外には心を開いていませんでした。でも、高校に行って先生や仲間との出会いがあって心の扉が開いた、ということをふと思い出しました。

そして、**お客様は心を開いていない他人に「売り込まれるのは嫌なんだ」と思った**のです。

スーツなどを買いに行くと店員さんがついてきて、「こちらが今の流行です」などと話しかけてくることがあります。一昔まえなら、必ずといっていいほど見られた光景ですが、売りつけられるような気がして私は嫌な気分になったものです。

自分が「良いものを売っている」と思えれば、お客さんに無理に売り込もうとする必要などありません。

逆に、「悪いものを売っている」という自覚や後ろめたさがあるなら、そんな仕事はさっさと辞めるべきです。

思い出してみると、私がかつてゴルフ会員権を買っていただいたお客様に聞くと、「会員権を買ってよかった」という方が少なくありませんでした。そういう商品なら、徹底的に売るべきだと思います。

ただ、**良いものであっても飛び込みで営業に行けば、お客さんはどうしても「売り込ま**

れている」という心理になりがちです。

では、「売られた」と思われず、「買ってよかった」と思っていただくためにはどうしたらよいか？

私が直接売りに行くよりも、**誰かの紹介をもらって訪ねた方がお客さんに安心していただける**のではないかと考えたのです。

紹介者も自分が商品に満足していれば紹介してくれます。これなら誰も苦しまずに、良い循環が生まれるのではないかと思いました。

こうして私は紹介営業にたどりついたのです。

「売り込まれること」がお客さんにとって苦痛なように、「売り込むこと」は営業マンにとってもストレスになります。

でも、紹介営業であれば営業マンは売り込まなくてもよいのです。**これほどストレスのない営業スタイルはありません。**

紹介営業でたちまちトップセールスに

入社して2年目の頃から、私は紹介営業というアプローチに取り組みました。とはいえ、当時からその方法論を確立していたわけではありません。

最初のうちは、お客様にただ「誰かを紹介してください」とお願いしていました。その一言を言わないことには紹介はもらえませんから。

しかし、言われた方は嫌ではないけれども、誰を紹介していいのかわからないということもあり、どうしても**「わかった。そのうち誰かを紹介するね」と話だけに終わってしまいがちです。**

相手と良い関係を築けたと思っているのに、なかなか紹介がもらえないということが続きました。

そこで気づいたのは、**「紹介してほしいのは誰か」をこちらからはっきり言った方がいい**ということでした。

そう言わないと、相手は紹介する人を具体的に想像することができないのです。

紹介営業をしている先輩のやり方を見ていると、パソコンで紹介してほしい先のリストを作っていました。なるほど、こうやって紹介してほしい先を書けばいいのか、と。

さらに、そこから発想を一歩進めて、どうせなら私が「紹介してほしい」と書いて持っていくより、上司を連れて行った方が相手も断りにくいのではないかと考えました。

それで、最初は課長、次に部長や役員に同行してもらうことにしたのです。すると、お客様はとても喜ぶわけです。

私にとっては雲の上の存在である社長にも3、4回同行してもらったことがあります。お客様は「社長がわざわざいらっしゃって」と恐縮し、契約がうまく運んだこともあります。

余談ですが、上司と同行した営業の現場でこういうことがありました。

私が少し無謀な紹介先を依頼したり、生意気なことを書いたりしたものを出したときなどに、お客様がちょっとムッとされると、上司が強い口調で「それは失礼だろう、おまえ。下げなさい」と。すると、半分くらいのお客様は「まあまあ、ちょっと見せて」と笑って言ってくれるのです。

かつて、上司に教わったのは「営業はすべて心理と科学だ」ということです。

個人にはもちろん心があるし、法人にも心があって、紹介営業では「このお客さんから言われたら買わざるを得ない」という状況を作るように考えて動くことが大切です。

ともかく、そのころ業界では珍しかった**紹介営業を試行錯誤で行うようになって以来、私はコンスタントに契約が取れるようになり、当時勤めていた会社では、大手・上場企業数百社の新規開拓に成功**しました。

当時は、**200日で600人の紹介をもらっていました。**

その後、30歳でゴルフ会員権の仲介をする会社に転職し、自分なりの紹介営業の方法論を確立していきました。

その後に会員権だけでなく、三井物産、丸紅、伊藤忠商事などのゴルフ場の収益改善コンサルティングも手がけるようになりました。

営業の本質は「人の心を理解すること」

かつての私もそうでしたが、営業マンの6割がこんな悩みや疑問を抱えています。

「できる営業マンと自分は何がどう違うのか」
「実践で役立つ営業スキルとは何なのか」
「そもそも自分は営業に向いているのか」
「いつか自分もトップセールスになってたくさんの成約が取れるようになるのか」

といったことです。

こうした悩みから脱却し成果を求める前に、少しだけ根本的なことを考えてみてください。

あなたは、なぜ営業をするのですか？
そもそも、営業とは何なのか？
それによって何が得られるのでしょうか？

自社の商品やサービスをお客様へ徹底的に売り込み、自分の営業成績を上げて多くの報酬を手にする。それがあなたの目的ですか？

人を動かすのは必ずしも報酬ではありません。

「それが重要だと思うから」「やりたいから」「好きだから」「誰かの役に立てるから」といった動機で人は動くのです。

かつて、アメリカの科学者がインセンティブ（動機付け）の力を証明するために、次のような実験を行いました。

被験者を2つに分け、第1グループにはこう言いました。

「この計算を行うのにどのくらい時間がかかるか平均を知りたいので協力してほしい」

一方、第2グループにはこう言いました。

「この計算を早く解いた人の上位25％には5ドル、トップの人には20ドルあげます」

これは当時の物価を考えれば十分に魅力的な金額です。

さて、どちらのグループが早く計算を解いたでしょう？

結果は第1グループの方が早く、平均で第2グループは3分半よけいに時間がかかったのです。

不思議だと思いませんか？　ビジネスの世界では、良い結果を得たければより高い報酬を出すというのが常識です。より高い報酬を払うことが良い仕事をしてもらうための最大の動機になると考えられています。とくに、営業職ではその傾向が顕著です。

でも、この実験はこうしたビジネスの世界の常識を裏切る結果となったわけです。しかも、興味深いことに、この実験は40年にわたって同じ結果を出し続けてきました。

つまり、**成功報酬型の動機付けは、成果を出すために機能しないことが科学的に証明されているのです。**

これは「営業」という仕事においても同様です。

もう一度、同じ質問をしましょう。

あなたにとって営業の目的とは何ですか？

成果を上げて高い報酬を手にすることですか？

実は、**セールスという能力あるいはスキルは、「相手を知ること」、そして「相手の思考**

や行動を理解すること」です。

つまり、それはあらゆる人間関係においても基本となる「人を理解する」という営みに他ならないのです。

営業とは単にモノを売ることではありません。セールスは目的ではなく、あくまでも手段です。

その目的は、お客様の要望を満たし、お客様の利益や人生に貢献することです。

戦後から高度成長期のような「売り手が圧倒的に有利」な時代はすでに終わりました。もはや**商品力では差別化はできませんし、広告や宣伝の神通力もとっくに消え去っています。**

こうした時代にあって、営業マンに最も求められているのは、売る人の魅力、いわば「人間力」です。

高い目的意識と強いセルフモチベーションをエネルギーとして行動するからこそ、お客様に支持され、成果につながっていくのです。

時代が変われば、結果が出る営業の方法も変わる

いまの時代、マーケットがものすごく変化してきています。ということを、私は研修やセミナーなどでよく話します。

物とお金という側面で見ても市場は大きく様変わりしています。

戦後まもなくは物もお金もありませんでした。新しい物をつくれば売れるという売り手主導の時代でした。

高度経済成長期からバブル期の終焉までは物もお金もある時代でした。企画力やブランドがモノを言っていました。マーケットは買い手主導になりました。

そして現在は、物は豊富にあります。お金も持っている人は持っています。ただバブルの頃に比べると、格段にお金は使われにくくなっています。いままでのようなマーケティングや営業手法では、買い手を振り向かせることが難しくなっているのです。

消費はモノからコトへとシフトしました。**「どこの誰から買うか」ということで商品が選ばれる傾向も強くなっています。**

そうした**時代背景の違いによって、当然、営業手法というものも変わってくる**はずです。

私が就職したとき、営業の方法を教えてくれたのは、戦後からバブル期にかけての営業を学び、実践してきた人たちです。では、現在の若手にやり方を教えてくれるのは誰かというと、いわゆるバブル世代の先輩たちです。

でも、バブルの頃の営業のやり方が、マーケットに一定の原則がなくなったこの時代に通用するでしょうか？　とてもそうは思えません。

セミナーなどで、**いまの時代は前とは違うやり方をしなければ通用しない**のではというお話をすると、ほとんどの方に共感していただけます。

たとえば、かつての時代には、サッカーや野球など部活の練習中に水を飲むことは禁じられていました。でも、いまは反対です。積極的に水分補給することが推奨されています。同じ部活の同じ人間なのに、昔は「水は飲むな」、いまは「水を飲め」と正反対のやり方が指導されている。

営業についても同じだと思います。

バブルの頃は「へこたれない」「芯が強い」「折れない」営業マンが求められました。

バブル期には土下座営業やお願い営業が通用しました。

でも、もはや気合いによる営業だけでは結果を出せない時代なのです。

ただ、勘違いしないでください。気合いやガッツや根性を否定しているのではありません。ガッツや根性だけの営業では限界があると言いたいのです。

紹介営業なら「断られるつらさ」から解放される

営業マンにとっての大きなストレスの一つが「断られるつらさ」です。

飛び込み営業をしたことのある営業マンなら誰もがわかると思いますが、断られ続けていると、**訪問先の玄関のインターホンを押すのが怖くなります。**

企業であれば、「セールスはお断りです」と言われるのが怖くて、**受付の電話のボタンを押さずに帰ってしまう**ということもあるでしょう。

私にもそうした多くの嫌な思い出があります。

「今月こそは契約書をもらってくるぞ」と心に決め、会社を出るときには勢いで「今日は契約書をもらうまで帰ってきません」と言ってしまい、あとで「ああ、言っちゃった」と後悔したことも一度や二度ではありません。

喫茶店でサボってコーヒーを飲みながら、「社長、今日どこかに行って不在ならいいのに」と願ったり、「いま、地震や大事件が起きたら、今日売れなくても誰も怒らないな」などとよく思ったりしたものです。

上司に行ってこいと言われた営業先に行ったふりをして帰社し、「3回くらい行ってみたのですが会えませんでした」と嘘をついたところ、上司が一緒に行ってくれることになったものの、その会社がとっくに移転していたということもありました。

帰りに上司と喫茶店に寄り、「ああ、移転していたんだね」と私を責めずに二人でコーヒーを飲んでいた。その1時間のつらかったことといったらありません。

多くの営業マンがそうだと思いますが、「買ってください」というのは嫌なのです。「いいよ」か「ダメだ」の2つに1つになってしまいますから。

営業マンは、できることならクロージングをしたくないのです。

断られるのはもちろん嫌です。契約を逃すのですから、当たり前ですね。

うまく成約が取れれば、もちろんうれしさはありますが、見込み客が1人減ったことには変わりありません。

断られた場合と同じく、新たな見込み客を探すという活動をゼロからまた始めないといけないのは、結局同じなのです。

「契約してもつらい」ということ自体おかしいですが、これが現実です。

飛び込み営業など通常の営業と紹介営業との大きな違いはここにあります。

クロージングの結果、購入・契約に至ったとしても至らなかったとしても、新たな顧客を紹介してもらうことができれば、見込み客が減るということはありません。

ですから、**一つの仕事が終わっても、新規の顧客を探さなくてもよいのです。**

あなたのストレスを解放してくれる「紹介営業」

「営業」という仕事にストレスを感じている人は少なくありません。

先日、ある大学の講座で学生に**「営業になりたい人は？」と質問したところ、手を上げたのはわずか数人でした。**

「上司やお客さんからいろいろ言われそう」

「お客さんにペコペコ頭を下げていそう」

「営業マンは数字も責任も持たされそうだ」

「通勤電車で吊革につかまり、つらそうにしている人は全員、営業マンに見える」

とか言うわけです。

皆さん、「営業」というものに対する固定観念があるのだと思います。

冒頭に書いたように、**営業に不向きな人など一人としていません。**

というのも、**私たちは普通に生活しているだけでさまざまな「営業」をしている**からです。

アルバイトの経験のある人は面接で自分をアピールして合格したはずです。これも一種の営業、つまりセールスです。

片思いをしている好きな人があなたにいるとします。「どうすれば自分に振り向いてくれるのか」と、告白するための会話を考えることだってセールスだと私は考えています。

商品やサービスを売ることだけが営業ではありません。セールスは誰もが無意識にやっていることなのです。

そして、前述したように、営業という仕事につきまとうストレスから解放されるのが紹介営業です。

紹介営業のメリットは、

「『売り込むストレス』や『断られるつらさ』から解放される」

「無理に新規顧客を探さなくてもいい」

「営業成績に浮き沈みがない」

「広告費がゼロでいい」

などたくさんあります。

紹介営業は、営業マン、紹介者、紹介先の3者すべてにとってメリットがあるという事実を知ってください。

まず、**営業マンにとっての最大のメリットは、苦労することなく継続的に見込み客を獲得できるということです。**もちろん、知り合いからの紹介ということで商品や営業マンへの信頼が高まり、契約率も高くなります。

しかも、**受注できてもできなくても、一つの営業活動が次のお客様につながっていくのです。**

また、**紹介をもらっていくので、競合が少ないという点も見逃せません。営業コストは下がり、受注確率は上がります。**

さらに紹介者にとっては、知人や友人に対して自分が価値を認めた商品などを紹介でき、知人の役に立てるというメリットもあるのです。

「紹介したくない要素」を先に取り払う

このように、紹介営業はいちばん確実な新規顧客開拓の方法です。

紹介が得られれば、購入や契約に至る確率は高くなります。誰だって知らない営業マンから買うよりも、知り合いから紹介された営業マンから買いたいと思うはずです。

しかし、**そうした確実な営業方法であるにもかかわらず、紹介営業を実践している営業マンはあまり多くはありません。それはなぜでしょうか？**

最も大きな理由は、営業マンが顧客に対して「お客さんを紹介してください」と言い出せるほどの信頼関係ができていないということ。そして、営業マンが実際にそれをなかなか言い出せないという理由があると思います。

そこには**営業マンの心理的背景として、紹介をいただく行為や商品を売り込むことへのある種の後ろめたさがある**ようです。

多くの営業マンが、「紹介営業はお客様に歓迎されない活動」だと思い込んでいるのではないでしょうか。

でも、**私の長年の経験から言うと、当のお客様は営業マンが思うほど誰かを紹介することを迷惑がってはいません。**

むしろ喜んで紹介してくれる人が少なくないのです。

私たちは誰でも、自分が価値を感じた良いものは友だちなどにも紹介してあげたくなるものです。それを紹介すれば、その相手がきっと喜んでくれるだろうと思えばよけいに紹介したくなるはずです。それは人間として当たり前の感情です。

「紹介をお願いしたらクレームを言われるのでは」とか「あの人に紹介してもらうなんて無理だろう」と勝手にハードルを上げてしまっているのは実は営業マンの方なのです。

とはいえ、お客様の側にも誰かを紹介することには一抹の不安があります。

私は紹介営業を成功させるには、まずお客様が「紹介したくない要素」を取り払うことが重要だと考えています。

たとえば、**私は紹介依頼をして駄目だったときは、「もしかして、その方に売りつける**

と思っているのではないですか?」と先に聞いてしまいます。相手は「そんなことはない」と答えるでしょう。

そこで、「でも、本当はそう思っていらっしゃるのでは?」「安心してください。もし無理なら断っていただいてけっこうですから」と話します。

相手が不安に思っているであろうことを先回りして言うことは効果的です。

あるいは、「いい人がいたら紹介しますよ」と相手が判断を保留するケースもあるでしょう。

こういうときの心理としては、紹介先からクレームを受けたくないと思っているのです。紹介する以上、売ることが前提です。もしかしたら、そのお客様はかつて営業マンを誰かから紹介されて嫌な思いをした経験があるのかもしれません。

まずは**紹介する側の心理を理解した上で、不安や心配を取り払って、紹介してもらいやすい状況を作る**ことを心がけるようにします。

ではこれから、お客様がお客様を呼ぶ紹介営業のやり方をお教えいたしましょう。

もちろんお客様から紹介を引き出す方法もやさしくお伝えします。

そのために威力を発揮するのが、「紹介依頼シート」と「報告シート」という「２枚の紙」です。

本書を読み終えれば、あなたはもう新規のお客様を探すという苦労を一生しないでよくなり、営業のストレスと永遠にさよならできることでしょう。

第2章

紹介だけで売れる仕組み①
紹介依頼

紹介依頼は、まずは身近な人から始めればいい

「紹介依頼をしてみましょう」と話すと、「実はそもそも紹介を頼める人がいないんです」という営業マンが大勢います。

そういう場合、最初の紹介依頼は、家族でも友人でも誰でもいいと答えています。まず、身近な人から紹介してもらうようにお願いしましょう。

多くの営業マンは「家族や友人など身近な人に紹介をお願いしたら嫌がられるのではないか」と考えてしまいがちです。

でも、営業マンが思うほど相手は迷惑がってはいません。気軽に声をかければいいのです。

さらに、**相手の心理的負担を軽減するキラーフレーズがあります。**この言葉を次に準備しているだけで、あなたは気軽に紹介依頼をすることができるようになります。

「紹介してくれた人には売りません」と約束する

家族、友人、知人などへの紹介を依頼された際に、先方が不安に思うとしたらどんなことでしょう？

そのときの心理状況は、「紹介した人が売り込まれて迷惑するんじゃないか」というものだと思います。

紹介依頼の際には、そうした不安を払拭《ふっしょく》することが必要です。そのためには、そのお客様に対して商品を売り込まないようにします。

身近な人に、まず「少しだけ相談したいことがあります」と切り出しましょう。そして、紹介依頼をします。

「今日来たのは紹介をいただきたいからです。商品は買わなくていいので、紹介だけしてほしい」と。

先方は、「変わった話だな」とは思うでしょう。でも、紹介するだけで自分は買わなくてもいいのなら気が楽です。

そして、**紹介してくれた人にも売らないということを、続けてはっきり言うのです。**

「**安心してください。ご紹介いただいた方には絶対に売り込みません**」**と。**これがキラーフレーズです。

そうすれば、自分にも売らなかったのだから、紹介した人にも間違いなく売らないだろうと納得してくれます。紹介しやすくなるのです。

もちろん、前提としてその営業マンへの信頼がなければなりません。

不思議なもので、「**売らない営業マン**」**に対してお客様は心を開いてくれます。**

逆に商品に興味を示し、「ちょっと話を聞いてみようかな」と乗り気になってくれる場合もあるくらいです。

このように、「**紹介してくれた人には売りません**」**と約束するのが、紹介を引き出す秘訣です。**

「**紹介のための紹介**」**であれば、ほとんどの人はまず断りません。**

よく、保険や車などの営業マンで、友人などとの人間関係に頼って売ろうとしてしまい、その友人の信頼をなくしてしまうというケースがあります。

私は、自分が本当に良い商品だと確信しているのであれば、友人であっても売ってもいい、むしろ売るべきだと思っています。

でも、できれば友人には売らないで、その知り合いの方を紹介してもらうことにとどめた方がいいでしょう。もちろん、その知人にも「絶対に売らない」と約束する必要があります。

まずはこうして、紹介してくれる人を増やすのです。売ることに焦ってはいけません。

紹介依頼を成功させるには「お客様の心を開かせる」ことが第一歩

紹介営業を試したもののうまくいかなかったという営業マンも少なくないと思います。

でも、それはおそらく本当の意味での紹介営業ではなかったのではないでしょうか。

紹介営業が失敗するのは、お客様との人間関係ができていないのに、いきなり「誰かを紹介してほしい」と依頼するケースが多いと思います。

おそらく、そんなときの営業マンは、目が「円（¥）マーク」になっていたり、顔が引きつったり、早口になりながら、勢い込んで「紹介してください！」と言っているのではないでしょうか。

これでは相手の心は閉じてしまいます。

紹介営業を成功させるための基本は、まず「こいつの言うことなら聞いてあげようかな」「この人になら誰かを紹介してあげたい」と思ってもらえないといけません。

では、初対面のお客様との間でそのような関係性をどのようにつくればいいのでしょう？

紹介依頼を引き出す最初のポイントは、「相手の心を開く」ということです。

家族や友人など身近な人であれば、あなたに心を開いてくれているはずです。

それでは、身近な人から紹介してもらった第三者ならどうでしょう。

初対面であればなおさらですが、普段から親しくしている人以外に、人は心を開いている状態にはなっていませんね。

相手の立場になってその心理を考えてみましょう。

相手は「いったい何の話をされるのだろうか？　なにか売りつけられるのでは？」と不安になっている可能性が高いのです。

その心理をよく理解し、安心感を与えるのです。人は安心しなければ、他人に対して心の扉を開きません。

ですから、基本的に初対面の場合は商品や会社の説明などはしません（ただし相手から説明を求められたのであればＯＫです）。

自分からあまりべらべらと話すことも厳禁です。会ったことがありませんか？　ベラベラと自分が言いたいことばかり話す営業マンと。

これらは面談プロセスのすべての段階で言えることです。

「お客様の心を開かせる」というと抽象的で、どうすればいいか、すぐにはわからないかもしれませんね。

しかし、それは難しいことはありません。

まずは「本能をくすぐる」という方法をお教えしましょう。

紹介依頼を成功させるためには「目に見えるところを褒める」

相手の心を開くためのスキルの一つが「承認・褒《ほ》める」ということです。誰でもそうですが、誰かに「認められたい」「褒められたい」というのは人の本能です。その本能をくすぐることはとても効果的です。

相手を褒めるときは、まずは見た目、つまり目に見えるところを褒めるということをお勧めします。

たとえば、「そのシャツ、素敵ですね」とか「ネクタイ、いいですね」とか何でもよいのです。

そうした相手の心の開き方について、私はクラブに行ったときなどによく研究していいます。

だいたいヘルプの女の子はあまり愛想がありません。自分の客でもないし、一言二言喋って盛り上がらないと、もう話もしなくなり、逆に客の方が気をつかって懸命に喋る羽目になります。そのうちに、こちらも疲れて無表情になってくる。

すると、ママが気を利かせて別のちょっと頑張っている女の子に代えてくれます。

その子は、**「ネクタイ、素敵ですね」**とか**「靴がピカピカ」「素敵な時計」とか目に見えるところを褒めてくれます。**でも、そうやって褒められることにもだんだん飽きてきます。

そのうちに、さらに売れている女の子が来てくれて、その子は**「そのネクタイは自分で買ったの？」**とか**「いつもスリーピースだけど何か理由があるの？」と質問してくる**わけです。そう質問されると嬉しくて、いろいろと話したくなります。

それは、こちらが「質問されてもいい状態」になっているからです。

このように、**人が心を開いていくのには段階がある**ようです。

初対面の人にいきなり「そのネクタイ、どこで買ったのですか？」と聞かれたら戸惑います。

でも、**「そのネクタイ、素敵ですね。自分で買ったのですか？　どちらで買ったのか、よかったら教えていただけませんか？」**というように、**まず相手に対する承認がひとつ**

入ってからの質問であれば不快には思いません。

その承認を忘れてしまう営業マンが多いような気がします。

褒めない営業マンは二流、褒めれば一流、そして承認を得た上で会話ができるようなら超一流だと言えるでしょう。


さらに、同じ承認でも「見える承認」と「見えない承認」があります。

たとえば、ネクタイを褒める場合に、「ネクタイ、素敵ですね」というのは目に見えるところの承認です。

それに対して、「**そういうネクタイしている人って、時間などにきちんとしているように見えますね**」とか「**暖かい色のネクタイをしている人は、家族に優しそうな気がする**」**といった褒め方は、目に見えないところにフォーカスした承認です。**

段階を踏んでこういう褒め方をされると、自分に興味を持たれているような気がして、人は心を開きます。

多くのトップセールスマンはこの2つの承認をおそらく無意識に使い分けているのだと思います。

しかし、こうした承認の仕方はトレーニングによって誰もができるようになります。

紹介依頼を成功させるためには「人の3倍のエネルギーで反応する」

お客様の心を開き、信頼を得るための2つめのポイントは相手への「共感」です。

共感力を高める方法は、実はとても簡単です。

共感を示すために効果的な方法が、相手の話に対して普通の人の3倍のエネルギーで反応することです。

そうすることで、**相手は「自分の話を聞いてくれている」ということを実感**します。

相手の発言に対して大きなリアクションで返すと、お互いに気分は盛り上がり、会話は弾みます。

ただし、これはお客様の前で3倍のリアクションをするということではありません。

普段から3倍のエネルギーで反応する練習をしていると、面談でいつもよりよいリアクションができるので、相手に与えるあなたの印象が全然違ってくるのです。

野球の素振りと同じです。**3倍の力で練習しておいて、実戦ではちょっとプラスになる程度を目指しましょう。**

その際、自分の表情にも注意する必要があります。

おそらく、日本全国の営業マンの7割の人は、絵文字で描くとしらけた顔(-_-)をしています。

ところが、**相手の話を真剣に聞けば聞こうとするほど、真面目だけれど怖い表情になってしまいがちです。それでは、いくら共感してくれていると思っても、相手には伝わらず、引かれてしまうでしょう。**

東京ディズニーランドはリピーターが多いので有名です。その理由はいろいろあるでしょうが、ミッキーマウスなどキャラクターの口角が上がっているから、ミッキーに会った人は皆笑顔になり、リピーターになるのかもしれません。

相手がミッキーマウスのようにニコニコと聞いてくれているとうれしく、余計なことまで話したくなるものです。ぜひ、笑顔と3倍のリアクションを心がけてください。

そのためには、鏡を見て練習することをお勧めします。

自分は口下手だと感じている人でも、「3倍での反応」をトレーニングしておけば、お客様との会話を弾ませることができます。

紹介依頼を成功させる「魔法のクロージング」

「紹介をしてください」と紹介依頼をするのは、面談の最終段階であるクロージングです。**営業のクロージングには2種類あります。**

それは「犬のしっぽのクロージング」と「ヘビのしっぽのクロージング」です。


成果の上がらない営業マンというのは、最終段階のクロージングを前にして、「さあ、クロージングだ」と身構えてしまいます。

お客様からすれば、犬の身体が「胴体」と「しっぽ」にはっきり分かれているようなもの。私はこれを「犬のしっぽのクロージング」と呼んでいます。

「今日は決めるぞ」とか「よしっ、これから紹介依頼をするぞ」とモゾモゾした瞬間、犬のしっぽが現れます。**お客様は営業マンのちょっとした変化に気づき、「あっ、来たな」**

と感じて心を閉ざしてしまうのです。

こうなると、お客様は顔では笑っていても、「考えておきます」とか「検討してこちらから連絡します」という結果で終わってしまいます。

一方、「ヘビのしっぽのクロージング」は、どこからどこまでがアプローチで、プレゼンで、クロージングなのかがわからないように一連の流れの中で話を進めます。そして、いつの間にかクロージングに持っていくのです。

「ヘビのしっぽ」はどこからどこまでなのか？　頭の先から始まっているのです。

つまり会った瞬間から紹介依頼は始まっていると考えて対応し、クロージングまでに紹介をもらえる状態を作ることが重要です。

私が「クロージングの達人」だと感じるのが、株式会社ソーシャル・アライアンス会長の桑原正守さんです。私が起業を決意した際、背中を押してくれた人ですが、まさに流れるようなクロージングで、いつの間にか私は起業を決意していました。

面談の最初から「小さなYES」を取り続ける

では、「ヘビのしっぽのクロージング」はどのように進めればよいのでしょう?

クロージングを成功させるために大切なのは「小さな確認(YES)」です。

小さな確認を積み重ねることが、営業の成果を上げるためにきわめて重要です。

これを怠ると、見込み客に最後の最後に断られ、商談や紹介依頼が台無しになってしまいます。

人は、小さいことには躊躇《ちゅうちょ》なく「はい」と答える傾向があります。小さいことには「いいえ」とは言いにくいのです。

たとえば、同僚に「ボールペン貸して」とか、「10円貸して」とか言っても、まず断られません。

人は、小さなお願いごとには「はい」と言いやすいのです。これが「小さなYESを取る」ということです。

そして、人は「はい」を言い続けると、「いいえ」とは言いにくい心理状態になっていきます。それは、繰り返された情報が潜在意識に入っていく心理です。ドラマでコーラを何度も飲んでいるシーンを見ていると、視聴者はその後でコーラが飲みたくなります。これは、かつてアメリカで流行ったサブリミナル広告の手法ですが、人と人との会話でも同じような心理が働くのです。

営業マンの目的は契約や紹介を得るというYESを取ることです。しかしクロージングの段階になっていきなり契約や紹介に対するYESを取ろうとすると相手は心を閉ざしてしまいます。**「大きなYES」を得るためには、面談の最初の段階から「小さなYES」を積み重ねることが大切**です。

商談の冒頭には、世間話やアイスブレイクが重要だというのは常識です。一般に、アイスブレイクは初対面の人同士が出会って、お互いにその緊張を取り除くための手法とされています。しかし、目的はそれだけではありません。

営業活動においては、実は「小さなYES」を重ねて相手の心を開いていくことが、大きな目的なのです。

クロージングの段階になって、お客様から断りがでるのは、「小さなYES」という工程がおろそかになっていることがほとんどです。

クロージングという大切な場面で「はい」をお客様に言ってもらうには、面談の最初の段階から「小さなYES」を積み重ねていくことが重要です。

あなた「今日は暑いですね」
お客様「はい、そうですね」
あなた「今日の打ち合わせは1時間いただいてもよろしいですね」
お客様「はい」

こうした何げない会話に、お客様は2回も「YES」と言っています。信じられないかもしれませんが、こうした「はい」の積み重ねが、お客様の心を開くことに直結します。

「小さなＹＥＳ」を取る達人になるには

アプローチの段階からたくさんの「小さなＹＥＳ」を重ねることが商談をうまく進める秘訣ですが、**どんな質問や話題を選んで、お客様の「はい」という言葉を獲得していけばいいのでしょう？**

結論から言うと、内容は何でもよいのです。

「今日はいい天気ですね」
「昨日は電車遅れて大変でしたよね」
「今日のシャツは黒ですね」
「そのボールペン、消せるやつですね」

などでかまいません。

ただし、**誰もが知っている話題で、聞いた瞬間に相手が「はい」か「いいえ」を判断でき、さらに必然的に「はい」以外には答えがないような質問を選ぶことが大切**です。

返答に時間がかかるような質問はＮＧです。

目的は世間話の中身ではありません。

「はい」と言うことに相手を慣れさせて、肯定的な返答をするようにリードしていくことです。


一例として、取引先の役員秘書のケースをお話しします。

彼女に会うと、必ず最初に天気や気候にまつわる話をします。

先方の会社へ出向いて応接室に案内されるまでの間に、「昨日は急に雷雨が降りましたね」「今日は天気よかったですね」「花粉症、今日はきついですよね」といった具合です。

そして、応接室に通されて、「ちょっと待っていてくださいね、資料を持ってきますから」と言って中座し、部屋に戻ってきても、「さて」とすぐに本題には入らない。

「昨日、地震ありましたよね。最近多いから怖いですよね」とさらに「はい」を引き出す話をします。

彼女はアイスブレイクのつもりで話しているのだと思いますが、無意識に「小さなＹＥＳ」を取るような話題を投げかけてくるのです。

こうした「ＹＥＳ」の取り方は、普段からトレーニングしておくことをお勧めします。たとえば、「天気」「スポーツ」「地震」などを話題にして、30秒間に何個言えるかをゲーム感覚でトレーニングしましょう。

最初はあまり言えないかもしれませんが、慣れれば意識しなくてもいろいろな話題を振ることができるようになります。

「紹介依頼」は、相手に促されるまでは切り出してはいけない

まずは世間話で「小さなＹＥＳ」を獲得してください。そして、目に見えるところを褒め、承認して質問に移ってください。人の3倍で反応することを意識していれば、自然と会話は弾みます。

「口下手だ」「人見知りをする」と感じている人でも大丈夫です。まずは試してください。この方法なら会話は続き、沈黙が訪れることはありません。

一方で、注意したいことは、喋りすぎないということです。

相手に気持ちよく喋ってもらうよう心がけましょう。会話の割合は、相手が8割であな

だが2割というのが理想です。

さて、問題は本題を切り出すタイミングです。

基本的に、**相手から「ところで、今日は何だっけ？」「相談って何？」の一言が出るまでは、紹介依頼はしません。**

私の場合、相手から言われるまでともかく待ちます。相手が心の扉を開いていない状態では絶対に本題に入りませんし、紹介依頼を切り出さないと決めています。

ただ、与えられている面談時間には限りがありますから、あらかじめ自分の中で時間を区切っておくことは必要でしょう。

営業マンのスタイルは大きく2種類に分かれます。**ベラベラと一方的に喋り続ける営業マンと傾聴型の営業マンです。**

前者は相手の心を開かせることができず結局時間切れとなる可能性が高いですし、後者は傾聴しすぎて相手に喋られて終わってしまいがちです。

時間をコントロールすることは重要です。**私の場合、一般に初回面談は30分**にすることが少なくありません。長くて1時間です。

お客様からは、暇そうな営業マンよりも忙しそうな営業マンの方がなんとなく好感を持たれます。だらだらと長い面談はしない方がいいと思います。

ただ、30分というと、アイスブレイクもそこそこにしないとすぐに時間は過ぎてしまいます。

あくまでもその場の雰囲気次第ですが、一つの目安として**10個の「YES」を積み重ねることができたら本題に入ってもいい**でしょう。

相手のことに興味がなければ、なかなか10個の「YES」は取れません。

自分に興味を持ってくれていると感じると、人は心の扉を開きやすいのです。

もし、本題に入る前に30分が経過してしまったら、時計を見ながらこう聞いてください。

「すみません。どうしても今日お話ししたいことがあったのですが、日を改めるか、もしくはあと3分だけ大丈夫ですか？」

ほとんどの方は3分程度なら延長してくれます。それが5分になっても文句を言う人はいません。

「じゃあ、次回に」と言われた場合は、そこでアポを取り、次回は本題から話してもいいわけです。

魔法の「紹介依頼シート」のつくり方

紹介依頼は口頭ではなく文書で行うことが肝心です。

私は、きちんとした書式の「紹介依頼シート」をあらかじめ作成しておき、そこに記入して紹介依頼を行うようにしています。

これが**一生、新規顧客に困らなくなる2枚の用紙の1枚目**です。

文書にすることで、顧客候補を紹介してもらえる確率はかなり高くなります。

お客様は営業マンの目的は契約だと考えています。紹介依頼は「ついで」のように受けとられ、軽視される可能性もあります。**そこで堅い文書をつくってフォーマル感を伝えることが重要です。**

「紹介依頼シート」のフォーマットはＡ４の1ページの用紙に、お客様の名前、日付、自社名、住所、名前に続けて、「ご紹介のお願い」を「謹啓」から始まるやや堅い文章で、「下記の方に〇〇についてご紹介賜《たまわ》りたく、よろしくお願いします」と記します。

さらに、その下に紹介してほしい会社の社名、住所、代表者、電話番号を記入します。

ここでのポイントは、**紹介してほしい会社を3、4社**（3、4名）**挙げること**です。

1社だと紹介者にとってプレッシャーになりますし、逆に10社も挙げると多すぎて軽く感じられて紹介に至りにくいでしょう。3の数字にこだわる人も少なくありませんし、3、4社が適切だと思います。

もう一つ**大切なのは、必ず電話番号を入れること**です。

紹介してもらえることになった場合、相手に連絡先を調べる手間をかけさせないようにするためです。その場で電話してアポを取っていただける場合もあるので、電話番号が書いてある方が話はスムーズに進みます。

また、「紹介依頼シート」には自社の社長や上司の印鑑、社判などを押すと、フォーマル感がさらに高まって効果絶大です。

平成　年　月　日

株式会社○○○○

代表取締役社長　　○○○○　様

株式会社○○○○

東京都○○区○○町１－１－１　○○ビル５階

電話○○－○○○○－○○○○

担当：○○○○

ご紹介のお願い

謹啓

○○の候、益々ご清祥の事とお慶び申し上げます。

本日はご多忙の所、お時間を頂戴し誠にありがとうございます。

さて、誠に勝手ながら下記の会社様をご紹介賜りたく宜しくお願い申し上げます。

敬白

○○○○株式会社

代表取締役　　○○○○　様

東京都○○区○○町１－１－１

○○-○○○○-○○○○

○○○○株式会社

代表取締役　　○○○○　様

神奈川県○○市○○町２－２－２

○○○-○○○-○○○○

○○○○株式会社

代表取締役　　○○○○　様

千葉県○○市○○町３－３－３

○○○-○○○-○○○○

○○○○株式会社

代表取締役　　○○○○　様

埼玉県○○市○○町４－４－４

○○○-○○○-○○○○

そして、紹介していただけることになったら、同じ文書を秘書やアシスタントの方がいるようであれば渡して、「今日こういう話をさせていただき、○○社長からご紹介を快諾いただいたので、何か連絡がいくかもしれませんが、よろしくお願いします」と一言添えます。

紹介してほしい顧客候補を、具体名を挙げて伝える

紹介してほしい顧客候補を紹介依頼シートに具体的に書いて、お客様に伝えることで紹介依頼の成功する確率は格段に上がります。

その場合、候補3、4社（名）の選び方のポイントは、取引先やグループ会社（縦のライン）、あるいは同業他者や大手企業であれば他部署・他支店（横のライン）に絞って候補をピックアップすれば意図が明確に伝わり、紹介に至る可能性が高くなります。

また、顧客候補を挙げる際には、「つるみの法則」を利用しましょう。

人は自分にとって快適な環境（コンフォートゾーン）を求めるので、自分と似た境遇の人

や同じ程度の経済力の人とつるむことが少なくありません。たとえば、社長は同じ社長とよくランチするものです。私はこれを「つるみの法則」と呼んでいます。

ですから、「社長」に紹介依頼をするのであれば、同じように取引先や同業他社の「社長」を紹介してもらうようにします。「部長」であれば同じ「部長」クラスを、紹介してもらう候補にするとよいでしょう。

ただし、取引先を紹介してもらうのであれば「社長」が原則となります。

その理由は、当たり前ですが、社長には決裁権があるからです。社長が無理であれば社長の次にトップに近い人となります。

「うーん、社長を紹介してほしいとは言い出しにくい」

という人も少なくないでしょうが、試しに「社長を紹介してください」と言ってみてください。意外と「取引先の社長なら紹介するよ」と言ってもらえることが多いのです。

紹介してほしい顧客候補が思いつかないときは……

では、具体的に顧客候補の名前を挙げられない場合はどうすればよいでしょう。

方法はいくつかあります。

たとえば、帝国データバンクの会社年鑑で、**紹介依頼をするお客様の会社の販売先や関連会社などを調べて、「この人から言われたら絶対に会わなければまずい」という立場の人を探す**のです。


たとえば、飲料メーカーの社長に紹介をお願いするとしたら、飲料を運んでいる会社や飲料を入れるペットボトルや缶を生産している会社となります。

また、自動車メーカーであれば、部品メーカーやCMを制作している広告代理店。

美容室のオーナーであれば、美容商材の卸会社ですね。

このように考えていけば、「紹介依頼シート」に記載する先はいくらでも浮かんでくるはずです。ぜひ想像力を働かせてください。

また、会社年鑑には取引先銀行も記載されていますので、その会社のメイン銀行の支店長を紹介してもらうという方法もあります。

その支店長から支店の取引先を紹介していただくなど、**使い方によって会社年鑑は紹介依頼の顧客見込の宝庫、すなわちバイブルとなります。**

名簿図書館や大学の卒業名簿などから、紹介依頼をするお客様の人間関係を調べて、紹介してもらう人を探すという方法もあるでしょう。

いずれにしても、**紹介依頼シートには紹介してほしい人を具体的に記載することが基本です。その人を紹介してもらえなくても、それに類する別の人物を紹介してもらう際の目安にもなるからです。**

「こういう人を紹介してほしい。なぜならば」という理由も加えることで、相手がそれに納得すれば「そういうことなら、この人を紹介しよう」と考えやすくなります。

もし、どうしても具体的な名前が挙がらない場合も、紹介してもらいたい顧客の人物像をなるべく具体的に伝えることが重要です。

「この商品に興味を示しそうな人」とか「30〜40代の人」といった漠然としたイメージではなく、「**◯◯業界の年商◯億前後の企業の社長**」「**新宿近辺の歯医者さん**」など**なるべく具体的に伝えましょう。**

そこでお客様の頭に具体的な名前が思い浮かべば、紹介をもらえる可能性は大きくなります。

「腹痛リアクション」でお願いする

営業マンにとって「お願いします」は決めゼリフです。ただし、この「お願いします」には区別が必要です。

成約や紹介を得るための「お願い」という手段も否定するわけではありません。しかし、**「お願い」だけに頼っているとやがて限界がきます。**

それが常套《じょうとう》手段になった場合、どうしても**営業スタイルが卑屈になってしまいます。**

それは、何よりも**営業マンにとって大きなストレスになります。**

ただし、「腹痛リアクション」と名づけていますが、私はときにこの「お願いします」の決めゼリフを使うことがあります。

腹痛リアクションは、「いててて」とお腹を押さえるような仕草をしながら、ちょっと気弱な感じで「申し訳ないですけど、なんとか……」とお願いするのです。

真剣な怖い顔をして「お願いします」と頼まれるよりも、相手は「しょうがないな、紹介してやるか」という感じになることが少なくありません。

この腹痛リアクションは「お願い営業」とは違います。

ここは微妙なところですが、腹痛リアクションが有効かどうかは営業マンの人間性にもよると思います。少なくとも、お客様から好感を持たれていることが前提になります。

トップセールスになるためには、セールスマンとしてではなく、人として「愛される人」「愛らしい人」になることがいちばん大切なのです。

ただ、私の場合も、状況によっては正面からお願いすることもあります。それは、相手が心の扉を開いて、本当にこちらを信用してくれていることが明らかにわかっている場合です。

そうした状況では、「今日お話があって来ました。本当にお願いします」と言われれば、「こいつは本気なんだ」と相手に伝わります。

とくに、いつもニコニコ笑っているような営業マンが、背筋を伸ばして「これはちょっと本気でお願いしたい」と言うとギャップがあります。人はギャップに惹きつけられ、心を開くのです。

「その場で電話」か「名刺の裏書」をお願いする

紹介依頼がうまくいって誰かを紹介してくれることになったものの、相手が「時間があるときでいいですか？」と言ってくることがあります。

でも、**ここはもうひと押ししなければなりません。**

「いま、この場で電話してもらえませんか」と堂々と頼みましょう。

そこまで頼むのは図々しいと思うかもしれませんが、**図々しいことと積極的であることは違います。図々しい営業マンは嫌われますが、積極的な営業マンは好かれ、信頼されます。**

すべての紹介者には「その場で電話」をお願いしましょう。

そして、そこであなたのスケジュール帳を見せて、そのまま紹介者にアポまで取ってもらえれば完璧です。

もし、**電話してもらえない場合は、名刺の裏に一筆書いてもらいます。意外だと感じるかもしれませんが、名刺の裏書を嫌がる人はあまりいません。**

紹介しようという気持ちになれば名刺の裏書はしてくれるはずです。その名刺を紹介先の会社の総務課か秘書の方に渡せばアポを入れてくれるでしょう。

名刺の裏書も駄目であれば、「あとでメールだけでもお願いします」と依頼します。

このように、**ハードルを徐々に下げていくのは効果的です。人間の心理として、頼み事を3回は断りにくいからです。**

紹介に難色を示したらシートは潔く持ち帰る

もし、紹介依頼をして相手が「忙しい」とか「この人はちょっと紹介できない」と断ってきた場合は、何が問題なのかを突き詰めて考えてみましょう。

ほとんどの場合、そうした断り文句は、実は口実です。本音は「紹介できないのは、あなたのことをまだ信用していないから」ということが少なくありません。

なお、お客様に紹介を断られた場合は、「紹介依頼シート」は持ち帰りましょう。「とりあえず置いておきます」と言って置いてきたとしても、相手の気が変わることはまずありません。

これはパンフレットなども同じです。**多くの営業マンが「とりあえず置いていきますので、お時間のあるときにご覧ください」と言って帰りますが、相手はまず見ません。**

むしろ、潔く引いた方が、相手にとっては逆に気になって新たな展開につながることもないとは言えません。引き際は大事です。

相手に「紹介するかどうか、考えさせてほしい」と言われた場合は、私はまずその理由を考えます。私が信用できないというのであれば諦めます。

その際、正直に聞きます。

「**ご紹介しにくいですか？**」と聞いて、そうだと言われたら「すみませんでした」と引き下がります。

「そんなことはないけど、ちょっと考えさせて」と言われても引きます。

でも、「あとで電話しておく」と言われたら、紹介依頼シートは置いていきます。

お客様の中には、過去に誰かを紹介して嫌な目にあった人もいるはずです。

「紹介しにくいのは、以前、何か嫌な思いをされたことがあるからですか？」と先に聞くのもいいでしょう。

そういう経験がある場合は、「私はそういうことはしません」と言えば相手も少しは安心します。もし、あらゆる手を尽くした結果、たとえ断られたとしても、あなたが拒否されたわけではないのでまったく気にすることはありません。

第3章

紹介だけで売れる仕組み②
テレアポ

紹介をしてもらったら、直後に「電話でアポ」が紹介営業の鉄則

「300件の電話をしても、アポを取れるのはたった1件だった」という私の経験をお話ししましたが、一般の営業では、新規のお客様にアポイントを取るということがまず大きな難関です。

知らない相手から電話がかかってくれば誰もが警戒心を持ち、不審に思うからです。

一方、紹介営業では紹介者の影響力を活用することができるので、テレアポの壁はかなり低くなります。

「○○様からご紹介いただいた△△です」と一言名乗るだけで、相手の印象は大きく違ってきます。

紹介された側（以下、「顧客見込」とします）は、**「○○さんの紹介なら会わないわけにはいかないな」という心理が働きます。**

紹介営業は鮮度が命です。

紹介者と会って誰かを紹介してくれることになったら、その直後、事務所へ戻る前に新たな顧客見込に連絡してアポを取ることが基本です。

翌日の電話は厳禁です。事務所に帰ってから電話をするのもおすすめしません。

紹介した側にしてみれば、紹介した結果はどうだったのかということは気になっています。第5章で詳しく説明しますが、紹介者には結果を「報告」することが必須です。

もし、**知人を紹介して10分後に「おかげさまでアポが取れました」と電話がくれば、「おっ、早いな」と悪い気はしませんし、営業マンへの信頼も高まります。**

それが、3、4日も経ってからの連絡だったら、「せっかく紹介したのに、そんなものだったのか」と思うでしょう。

私はかつて、ある企業の方にどなたかを紹介してもらったら、その会社の1階の公衆電話からテレアポをしたものです。いまは携帯電話があるのですから、どこからでもすぐに電話ができるはずです。

紹介者は、商品が気に入って契約したか、あるいは成約には至らなかったとしても、知人を紹介してくれるほどには営業マンを信頼してくれています。少なくともその営業マンには良い印象を抱いているはずです。すぐにアポイントを取り、ただちに報告をすれば、あなたの信頼はますます高まるのです。

もし顧客見込が不在だった場合は、必ず伝言を残しましょう。

「○○様からご紹介いただいた△△と申します。社長にアポイントのお願いのご連絡でしたが、またお電話させていただきます」と。あるいは、「△△と申します。○○様からのご紹介でお電話させていただきました」で終わる場合もあります。

基本的に、先方に秘書がいる場合は、ある程度詳しく用件を言った方がいいのではないかと思います。

電話に出た人がどういう立場かわからない場合でも、最低「○○様にご紹介いただきました」ということは伝えておく必要があります。それを言っておかないと、次に電話をしたときに紹介なしでかけてきたセールスだと勘違いされることがあります。

また、言うまでもないことかもしれませんが、間違っても「折り返し電話してくださ い」などと失礼な伝言を残してはいけません。

アポを取るなら上のクラスの人から

紹介依頼をした結果、「ここの社長と部長を知っているよ」と言われたら、必ず両方の紹介をしてもらうようにしましょう。

では、その際、アポイントは社長と部長のどちらを先に取ればよいのでしょうか？

基本は決済権者に近い人物から連絡を取るということです。このケースでは社長です。

アポを取るのは必ず上のクラスを優先しましょう。

上からは話がすっと降りていきますが、逆に下から上げるのは大変です。

「**社長は忙しいだろうから、部長なら会ってくれるかも……**」**という考えは間違い**です。

ただ、大手企業だと社長に会うのは相当に大変な場合もあります。

もし、社長に会えない場合は部長に連絡します。その際、「社長にアポをいただこうとしているのですが」ということは言っておいた方がいいでしょう。黙っていても、結局は話が伝わることになるはずですから。

では、社長のアポが取れた場合、部長への連絡はどうすればいいでしょう。

私は、社長に会えた場合でも、部長にもアプローチしていました。多くの人に理解してもらった方がいいからです。

紹介者が、紹介した社長と部長の両者に前もって連絡する場合もあるでしょう。その際、営業マンが社長には連絡して部長にはしなかったら、部長は不快に感じるかもしれません。ですから、両者に連絡するべきでしょう。

深呼吸をしてから電話しよう

あなたは、ご自身でも何度かセールスの電話を受けたことがあると思います。おそらく**第一声を聞いただけで、営業の電話か、そうでないかは、なんとなくわかる**のではないでしょうか。

呼吸が荒く、早口で、焦って喋っている様子がわかるような相手に、あなたは会いたいと思いますか？

売れない営業マンは総じて呼吸が浅い傾向があります。呼吸が浅いと、売り込まれているような印象を相手に与えてしまいます。

このように、逆の立場として考えてみるとよくわかりますが、電話の声や雰囲気などの印象が悪いと、すでに最初の段階からハンディキャップを負ってしまいます。最初の印象はきわめて大事なのです。

紹介者に紹介をいただいたらなるべく早く連絡を取ることが大切ですが、勢い込んで電話するのではなく、**電話をする前にはクールダウンして何度か深呼吸をするようにしましょう。**

私が研修やセミナーで教えているメソッドであり、私自身がトレーニングを受けているプログラムの中に、「トップセールスマン」と「売れないセールスマン」の違いを説明した箇所があります。

売れないセールスマンは、電話で「あっ」とか「えっ」という焦りの言葉が出てしまいがちです。「あっ、A社の△△と申しますが」といった感じです。

私は、時間さえ合えば飛び込みの営業マンにはできるだけ会うようにしています。

しかし、先日電話してきた株式投資のセールスマンには第一声を聞いただけで、もう「会いたくない」と思ってしまいました。

呼吸がものすごく浅い人で、まさに、「あっ」とか「えっ」といった感嘆詞が極端に多かったのです。さらに矢継ぎ早に言葉を連発して、なかなか電話を切ろうとしないのです。

社員が笑っていました。「社長が会わないなんて珍しい」と。

売れないセールスマンは、「間」を埋めてでも話したいと焦ります。それが「あっ」とか「えっ」の感嘆詞になってしまうのです。

一方、**トップセールスマンは、会話の中で言葉と言葉の合間に「間」を多用し、沈黙でモノを伝えます。**

自分の話し方の癖などは、なかなか自分ではわかりにくいものです。ＩＣレコーダーなどに録音して、客観的に聞いてみてください。

そういう私もセミナーや講演を録画し、自らの話し方や「間」の使い方などを振り返り、日々研究しています。

もし、「あっ」や「えっ」を多用していたら、沈黙を怖がらず、その感嘆詞を「間」に変えるように心がけましょう。

ポイントは、言葉と言葉の合間に3秒の「間」をつくるイメージです。

低く落ち着いた声で淡々と話す

私の印象ですが、「ジャパネットたかた」の髙田元・社長のようなハイテンションで電話してくるセールスマンがとても多いと感じます。電話の声が妙に高いと、なんとなく「営業っぽいな」と思ってしまいます。

電話をかける営業マンにしてみれば、元気のよい高いトーンで話しかけた方が、自分の印象が明るくさわやかになるということを狙っていると思います。実際に、そういうセールス教育をしている会社も少なくありません。

髙田元・社長の話し方が悪いと言っているのではありません。むしろセミナーや講演の際には、髙田元・社長の話し方、声のトーンを研究して話すこともあるくらいです。

つまり無理なハイテンションで、営業の電話だと一発でわかるような話し方に問題があ

ると言っているのです、

それでは、電話を受ける側の気持ちになってみてください。

まず、突然かかってきた電話を取る相手の状況や心理を想像してみましょう。

当たり前のことですが、相手にとって初めての電話は、予期せぬタイミングでいきなりかかってきます。ほとんどの人は、電話に出る直前までデスクワークなり何かをしていることになります。

そんな状況で、妙に元気のよい高いトーンでマイペースに話されると、相手はかえってシラケてしまったり、苛立ちを感じたりするかもしれません。

営業マンの声のトーンと相手の感情のトーンにギャップがあると、電話でのコミュニケーションはなかなかうまくいきません。

私は、相手が電話を受ける状況がわからない以上、電話の声は低いトーンで落ち着いてゆっくりと話すようにするのがいいと思います。声を低くするためには、感情を抑制して落ち着いて話す必要があります。

そして、いわゆる営業の電話でありがちなのが、こちらが断る隙がないようにベラベラ喋るというパターンです。

あなたは、そういう営業マンに会いたいと思いますか？　おそらく、疲れるだけでしょう。

私が新入社員の頃に会社で教わったのも、そういったマシンガントークです。**相手に考えさせる余裕もないくらい一気に畳み込むように話し続けるパワートークで相手を押し切れ、と。**

実際にそうやっている先輩もたくさんいました。でも、それが成果に結びつくかどうかは疑問だと思います。

いかにも営業という感じで、立て板に水のようになめらかに話すより、むしろ低い声で淡々と話す方が相手に対する印象はよくなります。

たとえば、もし俳優の渡辺謙さんから電話がかかってきたらどう感じるでしょう。ちょっと渋すぎて怖いかもしれませんが、渡辺謙さんのエネルギーは伝わってくると思います。

もちろん、ベラベラ喋らないし、訥々《とつとつ》と必要なことだけを話すはずです。「あなたに売らなくても別に私は困りません」という雰囲気で話すでしょう。それで逆に、顧客見込の方が気になり始めてしまうのではないでしょうか。

実際、セールス業界のトップセールスマンたちは、話し上手より聞き上手な方が多いのです。

アポイントの電話でも多くを話すより「間」を持ち、相手がいまどのような状態で通話をしているのかを意識しながら話すことにトライしてみてください。

もう一つ大事なのは、電話は絶対に自分からは切らないということです。

テレアポはアポが取れればいいので、目的を達したらすぐ切りたくなるかもしれませんが、決してあなたから切ってはいけません。相手が切った音を確認してから、静かに受話器を置きましょう。

テレアポの目的は面談の約束を取りつけること

テレアポの目的は、顧客見込と面談の約束を取りつけることです。会ってもらうことを了承いただき、具体的に日時と場所を指定します。

テレアポの段階では「会う」ということ以外は考える必要がありません。

テレアポの最大の失敗は、会って話すべきことを電話で話して、お客様に断られてしまい、面談のアポイントが取れないというパターンです。

紹介いただいた顧客見込にテレアポの電話をする際に重要なのは、「よけいなことは喋らない」ということです。

その段階で商品の説明や詳しい会社案内などはしないようにしてください。

なんとか相手の興味を引こうとして、商品のメリットなどを強調すると「売り込み色」が強くなってしまいます。

ただ、商品について向こうから「どんなもの?」と聞かれたら、概要だけは説明してもいいでしょう。

お客様の質問に答えようと、テレアポの段階で下手に詳しい説明を始めてしまうと、断りのきっかけを与えるだけの結果に終わる懸念もあります。

テレアポのトーク例　第一声

実際にテレアポでどういったトークをすればよいか、文例を紹介しましょう。

まずは第一声です。

会社への電話の場合はこうなります。

「○○さんよりご紹介いただいた△△社の××と申します。いま1~2分よろしいでしょうか?」

会社に電話する場合、本人が出ないケースがあります。とくに、社長など上のクラスの人の場合、最初に本人が出ることはまずありません。

本人ではなく他の人が電話に出た場合、「○○さんより紹介いただいた～」と伝えれば、ただのセールスではなく、紹介があるということで、無下には扱われませんし、居留守を使われることもないでしょう。

携帯への電話の場合はこうなります。

「△△社の××と申します。○○さんよりご紹介いただいてお電話をしています。いま1～2分よろしいでしょうか？」

携帯への電話の場合は、当然、本人が出ます。そこで、いきなり「○○さんより紹介いただいた～」と言うと、やや押し付けがましい感じに聞こえます。「何だ、こいつは」と思われる可能性もあります。

最初に自分の名前を名乗ってから、紹介いただいたという経緯を話すという順番の方が好印象を与えます。

「いま1～2分よろしいですか？」「ちょっとだけいいですか？」は必ず言うべきです。

相手に「すぐに終わる」という安心感を与えるためです。もちろん、1〜2分で終わることはありませんが。

本当に忙しいとき以外は、**「1〜2分いいですか？」と言われて断る人はまずいません。そして、それに対するYESは、最終的なアポイントのYESにつなげるための布石になっています。**

ここで、「いまお忙しいですか？」と聞いてはいけません。そう聞かれると、相手は「はい」と言いやすいのです。これは日本人の特徴です。

「いま1〜2分いいですか？」を習慣づけるために、普段から同僚や友人との会話で「ねえねえ、今1〜2分いいかなぁ」と会話のはじめに使ってみてください。

テレアポのトーク例　用件の切り出し方

電話で話す許可を得たら、まず何の目的で電話をしたのか用件を端的に説明します。

ここで、話を聞いてくれるかどうかという相手の態度が決まってしまいます。相手が興味を持ちそうなフレーズや安心感を与える表現を工夫しましょう。

たとえば、次のような言い方がよいでしょう。


「〜の件でお話をさせていただきたいのですが、もし必要なければはっきり断っていただいてけっこうです。本音を言えば○○さんに買ってほしいと思っています。なぜならご紹介いただいた△△さんをはじめとする多くの方に喜んでいただいている商品（サービス）だからです」


ここでは会う目的を曖昧にしてアポイント依頼をしてはいけません。面談の目的は明確に伝えます。

会ってもらいたいことを正直に伝え、また営業であることをきちんと話すのです。

その上で、会うことが「自分に関係のある話だ」ということを相手に認識させます。つまり、「知らないと損する」と思ってもらうのです。

そして、「**必要なければ断ってもらってかまわない**」**という一言を付け加えることで、相手は「強引に売り込まれることはなさそうだ」と安心します。**

ただし、繰り返しますが、ここで詳しい商品説明をしてはいけません。

お客様の問題意識やニーズを喚起しなければ契約は不可能です。電話ではそんな時間の余裕はありません。

商品説明をすると、売り込みの印象が強くなり、相手の心の扉が閉じてしまいがちになります。

テレアポのトーク例　日時設定のコツ

面談を了解していただいたら、日時を確定します。いよいよ詰めの段階です。

その際、自分のスケジュールも考慮しながら、都合のよい日時を2パターン提示して、相手に選ばせるようにします。二者択一で少しずつ絞り込んでいきます。

こんな具合です。

営業マン「たとえば、今週と来週ではどちらがお時間をつくりやすいでしょうか？」

顧客見込「うーん、来週かな」

営業マン「来週の前半と後半ではどちらがよろしいですか？」
顧客見込「後半の方が」
営業マン「木曜か金曜ではいかがでしょう？」
顧客見込「金曜なら時間とれるかな」
営業マン「午前と午後ではどちらがご都合よろしいですか？」
顧客見込「午後遅くの方がいいです」
営業マン「それでは来週金曜日の午後４時にお伺いします」

このように、二択で聞かれると、人はその文脈に沿ってどちらかを選ぶ性質があります。それを利用するのです。

この例で、仮にあなたが来週は木曜しか空いてなかった場合、次のように打診してみてもいいでしょう。

「木曜か金曜はいかがでしょう？　できれば、私は木曜の方が時間を取りやすいのですが」

このように、仮に自分の選択肢は一つしかなくても、あくまでも二択の質問を投げかけながら相手を導いていくことが大切です。

一方、**日時の決定を最初から相手に委ねてしまうことにはリスクがあります。**相手が指定した日時とこちらのスケジュールが合わなかった場合、せっかく会う気になった相手の感情に水を差すことにもなりかねません。3回「NO」を言われると、人は嫌になってしまいます。

また、趣旨は理解してもらったものの、相手が面談することをなかなか決断できないケースもあるでしょう。

そういう場合、営業マンはこういう言い方をしてしまいがちです。

「**もしよろしければ、一度ご説明に伺いたいのですが**」

すると、顧客見込はこう返してくるかもしれません。

「**とりあえず、資料を送っておいてください**」

これではテレアポの目的を果たすことはできません。

そこで、顧客見込がどのくらい関心を持っているかにはかかわりなく、趣旨説明を終えたら、すぐにアポの日時の話に持っていくようにします。

　ここで、相手が迷っているような場合などに威力を発揮するのが、「たとえば」というフレーズです。

「もしよろしければ、一度ご説明に伺いたいのですが、たとえば、今週と来週ではどちらがお時間をつくりやすいですか？」

　このように、「たとえばですが〜どちらですか？」という聞き方は、相手にあまりプレッシャーを与えずに、答えやすい雰囲気をつくるという効用があります。

テレアポで絶対にやってはいけないこととは？

　顧客見込にアポイントの電話をするときは、緊張しますし、どうしても恐縮した物言いになってしまいます。

　そのため、つい「すみません」とへりくだってしまいがちです。

　でも、**必要以上にへりくだる営業マンは、売れる営業マンにはなれません。決してへり**

くだらないようにしてください。

一般的な日本の営業のスタンスとして、セールスマンは、「腰を低くして、お客様を持ち上げて、自分がへりくだる」というイメージがあります。営業マンは立場が弱いという意識があるからです。

でも、そんなことはありません。あくまでも**お客様と営業マンは対等な関係**にあります。「すみません」と妙に下手に出ると、「そんな商品を売っているのか」と相手に警戒されてしまうかもしれません。

もちろん謙虚な態度は必要ですが、無理にへりくだる必要はないのです。

また、同じように「ぜひ」「なんとか」というのもＮＧワードです。

「ぜひ、お話を聞いていただけませんか」「なんとか、お時間をいただけませんか」というのも、相手にしてみれば売り込まれているような気になるので、言ってはいけません。

売れる営業マンは決して下手に出たり、お願いしたりはしません。「興味があったらどうぞ」というスタンスを保ちます。

礼儀をわきまえた上で、積極性をもった営業マンはお客様から一目置かれます。

携帯の留守電には必ずメッセージを残そう

テレアポの電話を携帯にかけたけれど、相手が出なかった。そんな場合、どうすればいいでしょう。必ず、留守番電話にメッセージを残すようにします。

とくに、何度も同じ番号から着信が入っていると相手は警戒感を持ってしまいます。

その際の**留守番電話に残すメッセージで大切なのは、「○○さんからご紹介いただいた××です」という言い方**です。

「△△社の××と申します」では、留守番電話を再生した相手が「誰だろう？」と警戒します。「○○さんからご紹介いただいた〜」と最初に言った方が、聞く側のコンディションもいいでしょう。そして、「また、電話させていただきます」で終わります。

これは、携帯に本人が出た場合と逆になります。留守番電話では、紹介いただいたという経緯を最初に話し、次に自分の名前を名乗るのです。

このように留守番電話を残しておけば、紹介者が顧客見込に対して圧倒的な力を持っている場合、丁寧な方だと先方から折り返し電話がかかってきます。

ただ、**折り返し電話はかかってこないことを前提に、その日のうちに必ずもう一度こちらから電話します。翌日には持ち越さないようにしましょう。**

留守番電話を聞いていない人も意外と多いので、2回目にかけたときは相手が聞いていないことを前提にして話した方がいいと思います。

「先ほど留守電に残したのですが」という言い方をすると、相手は聞いていないことを責められているような気がします。

ですから、留守電に残したことにはあえて触れずに、たとえば、「2度目の電話になりますが」という言い方でメッセージを再度残すようにします。

不在が続いても、繰り返し電話をしよう

顧客見込の中には、いつ電話しても会社にいないような超多忙な方もいると思います。

不在がちの方の場合、伝言を残した上で、3日に2回くらいのペースで電話し続けるようにしましょう。

何度も電話をしたら先方に失礼だと思われるのではないかとか、いろいろと考えてしまい、めげてしまいがちです。そのうちに電話の間隔も開いてきて、せっかく紹介してもらったのに結局あきらめてしまうということにもなりかねません。

でも、**ここは我慢です。決して焦らずに、辛抱強く、何度でも電話するようにします。**

現在、弊社が付き合っている某銀行の営業の女性の話を紹介しましょう。

最初はおそらく企業リストを利用し、「ここは」と思ったところへ徹底的に電話するよう上司から指示されたのでしょう。

私はセミナーで全国を駆け回っているため、ほとんど会社にいないので、いつも社員が出て私に伝言を残していました。私は社員に「これだけ電話してきたから、私が受話器を取ったら『おめでとう』と言ってあげようと思っている」と話していました。

その何日か後に実際、私が会社にいるときに電話がかかってきて、ようやく話すことができました。

「○○銀行の△△です」

「△△さん、おめでとう！　三井です」

「社長さんですか！」

「よく、これだけ電話してきたね」

「本当に会いたかったので」

彼女はまさしくバリバリの営業です。よくもめげずに電話してきたと思います。

結局、その銀行に口座を開設して、いまでも取引を続けさせていただいています。

アポが取れたらすぐに紹介者へお礼の電話を

先ほどお話をしましたが、必ずすぐにその場で紹介者にお礼の電話をしましょう。

顧客見込とアポが取れると、安心して忘れてしまいがちですが、ここが重要です。

「ご紹介いただいた○○様と連絡が取れまして、△月×日にお伺いすることになりました。ありがとうございました」という報告はとても大事です。

メールよりも電話で報告した方がいいです。

紹介された顧客見込も、おそらく紹介者に経過を報告するはずです。その前に営業マンが電話をしなければいけません。

アポイントが取れたその場で、紹介者に即電話することがおすすめです。これがあなたの信頼感を高めることになるのです。

先日、こんなことがありました。

これまで私がお客さんを何人か紹介したＡさんという知人がいます。Ａさんは、紹介した相手とのアポが取れると即座に電話してきます。だからこそ、彼を信頼して何人ものお客さんを紹介してきたのです。

最近、Ａさんはかなり多忙になりました。そのせいかどうかはわかりませんが、私が紹介した人の方から直接私の元へ電話がきました。「Ａさんから電話が来ました。今度会います」と。正直、私は「ああ……」と思いました。

営業マンよりも先に、紹介した人から電話が来たら、おそらく同じように考える人は少なくないのではないかと思います。

なお、紹介者が不在である場合や電話に出られない状態であるときは、必ず留守番電話に残すか、どなたかに伝言を頼みます。その後はメールをしておくのもいいでしょう。

報告については、第5章でさらに詳しく説明します。ここが「紹介営業」の真髄となります。

第4章

顧客見込との面談

紹介だけで売れる仕組み③

第一声は「お会いできてうれしいです」

いよいよ顧客見込との面談当日。会社を訪ねると、応接室に通されました。

面談の場に臨む際、大切なのは第一声です。

あなたは相手に対して、まず何という言葉を投げかけますか？

「お忙しいところすみません」と下手に出るでしょうか？

妙にへりくだった言葉を発した瞬間に相手には下心が伝わってしまいます。

「ああ、こいつ、売りたいんだな」と。

セールスにおいては、へりくだる必要も、お願いする必要もありません。べつに、500円のものを800円で売ろうとしているわけではないのですから。

私がお勧めしたいキーワードは次のような第一声です。

「お会いできてうれしいです」

「お会いしたかったです」

「お会いできて光栄です」

こう言われて嫌な気持ちになる人がはたしているでしょうか？
こんな言葉をかけられたら、どんな人でもうれしくなるはずです。
これは、お客様の心を一瞬でつかむ魔法の言葉だと思います。

相手にどういう言葉をかけるか迷ったときに参考になるのが、Ｉメッセージ（アイメッセージ）というコミュニケーションの方法です。

Ｉメッセージとは、主観で話すということ。つまり、「私は○○だ」という自分の感情を伝える言い方です。

「（私は）お会いできてうれしいです」というのは、まさにこのＩメッセージです。
「お忙しいところすみません」と言われるよりも、はるかに相手の心の琴線に触れる言い方です。

Ｉメッセージは、アメリカの心理学者トーマス・ゴードンが提唱したコミュニケーションの方法です。もともとは、親の役割を効果的に果たすことを目的とするものですが、営業活動にも応用できると言われています。
これは、迷っているお客様を決断に導く際にも有効です。次のような言い方です。

「このサービスで貴社の業務が改善されれば、提案させていただいた私もとてもうれしいです」

人は感情で行動します。相手の行動を促すには、感情に訴えかける必要があります。見え透いたお世辞と違って、「私は〇〇だと（勝手に）思っています」と主語を「私」にした表現をすれば、相手には謙遜する余地はありません。
相手はその言葉を素直に受け入れ、自己肯定感が高まります。その結果、あなたへの信頼感が増すのです。

終了時間を決めて腕時計を机に置く

顧客見込への初回訪問では、商談にはどのくらいの時間をかけるのが適切なのでしょうか？

とくに決まってはいませんが、できれば30分、長くても1時間以内には終わらせるようにすべきだと思います。相手にしてみれば1時間以上の面談は負担になりますし、時間が長すぎると「暇な営業マンだな」と見透かされます。

ちなみに、先日、保険会社の営業マンから面談を申し込まれ、「どのくらい時間が必要ですか？」と聞くと、「2時間」と言うのです。これは3時間かかるなと思ったら、結局3時間半かかりました。ものすごく疲れました。

長く時間をかければ商談がうまくいくわけではありません。問題は中身です。相手の負担にならない時間内に終わらせることを心がけましょう。

商談を始める前に、終了予定時間をはっきりと伝えておくことが大切です。

最初に「今日はどのくらいお時間大丈夫ですか？」と聞いて、相手の答えに合わせた時間内に収めることを約束します。

もちろん、アポイントを取った際に、相手から終了時間を聞かされている場合は、その時間内に収めることは当然です。先方の予定が変わった可能性もあるので、その場で念のために終了時間を確認しましょう。

「今日は、1時間ほどお時間をいただけるということでしたので、○時にはおいとまします」

どのくらい時間がかかるのかはっきりしない状況では、お客様も落ち着いて話すことができません。

その際、**「では、○時までには終わりますので」と言って、腕時計を外して机の上に置くようにします。**

こうすれば相手に安心感を与えますし、「時間にルーズな営業マンではない」ということを印象づける効果もあります。

最近はスマホなどで時間がわかるので時計を持たない人も増えましたが、営業マンにとって腕時計は必須アイテムです。

商談中にポケットからスマホを出して時間を確認するのはスマートではありませんし、

そもそもマナー違反で、相手にしてみれば気分のいいものではありません。

かといって、スマホを机の上に出しておくと、相手に「どこかからの連絡でも待っているのか？」「録音されているのでは？」などとあらぬ疑念を抱かせかねません。

スマホは問題外としても、商談の最中に腕時計をチラチラ見るのは相手にとってあまり印象がよくありません。

最初に外して机の上に置いておけば、時計を見ても失礼ではありませんし、商談の時間配分もできます。

終了予定時刻が来たら、たとえ本題に入っていなくても面談をいったん終わらせます。そして、次のように尋ねます。

「そろそろ予定の時間ですが、あと５分だけよろしいでしょうか？」

「もし難しいようでしたら、また次回お時間をいただきたいのですがいかがですか？」

時間を少し延長してもらうか、次回アポを取ってもらうかを顧客見込に選んでもらうのです。紹介依頼と同じですね。

「小さなYES」を積み重ねることは面談の基本

挨拶を終え、いきなり本題に入ってしまう。意外とそんな営業マンが多いと感じています。

相手は必ず営業マンに対して「売り込まれるのではないか」と警戒し、身構えています。そうした不信感を払拭して、相手の心を開き、双方の心理的な距離感を縮めるために必要なのがアイスブレイク（リラックストーク）です。

アイスブレイクのネタは天気や時事ネタ、世間話など何でもかまいません。基本は、お客様との共通話題を選ぶことです。

ネタ探しの一つのヒントとしては、最寄り駅などから顧客見込の会社へ向かう途中に、何か印象的な風景やお店などを見つけておいて、話題にするのもいいでしょう。

営業マン自身がまず自己開示することで相手の警戒心がゆるむ場合もあります。

そして、前述したように、アイスブレイクにはもう一つ大きな目的があるのです。

「小さなＹＥＳ」を積み重ねるということです。その理由はすでにお話した通りです。商談冒頭のアイスブレイクは、「はい」を獲得するチャンスです。面談の最初だけではなく、すべてのプロセスで適宜挟み込むようにします。

求められるまで絶対に商品説明をしてはいけない

アイスブレイクを切り上げ、「さて」とばかりに前のめりになって本題に入ろうとする営業マンも少なくないと思います。でも、それでは成功は覚束ないでしょう。

先ほど説明しましたが、相手に意識させず、「いつの間にか本題に入っている」ことが重要です。そのために「小さなＹＥＳ」を積み重ねてきたのです。

しかし、その「本題」というのは商品やサービスについて説明することではありません。商品説明は相手から求められない限り、絶対にしてはいけません。

本題とは、顧客見込の「問題点の自覚」です。

いま自覚している問題点（ニーズ）よりも、将来このままではいけないんだと問題点を自覚してもらう方が次の動きにつながりやすくなります。

問題点の自覚には他人から指摘されるものと、自ら自覚する方法の2つあると認識してください。

売れないセールスマンは良かれと思い問題点を指摘しがちです。でも、トップセールスマンは問題点をうまく相手に自覚してもらうのです。

問題点を他人から指摘されると多くの人は「ムッ」として心の扉を閉じがちになります。

具体的な例をひとつ挙げましょう。

あなたは無意識に問題点を指摘していないか？
［保険営業の場合］

営業1「あー、この保険だと○○さんのご家族の保障が少なすぎますね。新しいプランをお持ちしたのでぜひ検討してください」

営業2「○○さんはきちんとした保険に入っていらっしゃいますね。もし、不安に思っ

ている部分があればお聞かせいただけませんか？　その部分をご提案させていただきます」

どちらが売れない営業マンで、どちらがトップセールスマンか、あなたはもうおわかりですよね。

営業1は、いきなり問題点を指摘してしまっているので、お客様は心を閉じてしまいます。営業2は、承認から始まっているので心の扉は閉じません。

問題点を自覚してもらうには、この営業2のように「承認（褒める）＋質問」の形で相手が自ら問題に気づいていくことを促すのです。

問題点を指摘してしまうと、説明や説教になりがちで、最悪の場合、相手と敵対してしまいます。

あなたは子どもの頃、母親に「宿題やりなさい！」と言われて「今やろうと思ったのに！」と反発したことはないですか？

この会話は問題点を指摘している状態なので、自覚を強要されると心の扉が閉じてしまうのです。これに対して、問題点を自覚することができれば、相手に「いまのままではマズイ」という気づきが生まれます。その結果、意思決定（契約）につながるのです。

先ほどの例に当てはめてみましょう。

「あー、この保険だと○○さんのご家族の保障が少なすぎますね」

と言われたら、お客様は

「わかってるから相談しているんだよ」

とムッとするはずです。

では、

「○○さんはきちんとした保険に入っていらっしゃいますね。もし、不安に思っている部分があればお聞かせいただけませんか？　その部分をご提案させていただきます」

と言われたら、お客様はどう思うでしょう？

おそらく、心の中で「実は少し不安に思っている部分がある」と問題点を自覚するのではないでしょうか。

問題点を自覚してもらうポイントは、相手に「本音」を話してもらうことです。

本音を話してもらうためには、承認（褒めること）によって相手に安心感を与えて、心を開かせる必要があります（心理学の承認欲求）。

お客様は、承認され評価されることで本音を出し、自ら進んで問題点を話し出します。

商品にも少しずつ興味を持ってくるでしょう。

この段階になったら、相手の話し出したことに対してさらに質問を重ねていきます。

「どうして問題だと思ったのですか？」

「それはどんな場面で思ったのですか？」

などです。

しかし、売れない営業マンはそこで問題を解決しようと自らが持つ商品を提案してしまうのです。

実は、そこでもまだ商品説明や売り込みはしません。

うまく問題点を自覚したからといって、ここで商品説明を始めてしまうと、お客様に「なんだ、結局は売り込みか」と思われてしまいます。

問題点の自覚のさせ方［ゴルフ会員権の場合］

この「問題点を自覚させる」という段階は重要です。

そこで、私がかつて扱っていたゴルフ会員権の営業活動を例に、顧客見込の問題点を自覚させていくプロセスをさらに具体的に紹介しましょう。

顧客見込は大手商社A社の社長です。商品はゴルフ会員権。

私は、こういう言い方で問題点を自覚してもらいます。

営業マン「A社さんのお名前はいろいろなところでお見かけしますが、やはりこれだけ大きな会社だと、良いゴルフ場の会員権をたくさんお持ちなんですね」

顧客見込「いやいや、そうなんだけど、実は○○の会員権は予約が取りづらくてね」

営業マン「そうですか。これだけお持ちなのに、まだまだ問題だと思っていらっしゃ

るわけですね」

ここで、「では、弊社ではこういう提案ができますが」と言ってしまうと、相手にとっては売り込まれている感じになります。

そこで、さらに承認＋質問を重ねていきます。

すると、相手の本音が少しずつ出てきます。たとえば、こんな感じです

顧客見込「実は、ここの会員権は前の相談役がまだ手放さないのでゴルフ場を使えなくてね（予約を取ることができない）」

営業マン「ゴルフ接待をする際に、秘書の方がもっと予約が取りやすく使いやすくなれば、良いとお考えなんですね？」

顧客見込「そう。もっと予約が取りやすい方がいいな」

営業マン「たとえば、いまお持ちになっている会員権と同じ金額で、もっと使いやすいゴルフ会員権が持てるとしたら少しは興味ありますか？」

顧客見込「まあ、そうだね」

このように、相手が「興味がある」ということを匂わせたら初めて、少しずつ具体的な話をしていきます。

ただし、商品に関連づけた話題を振っていきますが、まだ露骨に商品と結びつけることはしません。誘導尋問にならないよう気をつける必要があります。

そもそも、テレアポの段階で「必要がなければ断ってください」とは言っていますが、相手はこちらがゴルフ会員権の営業マンだということは重々承知しています。面談の目的も知っている。そこで、売り込みに走れば、「ああ、やっぱり」ということになってしまいます。

あなたはこんな誤った商品説明をしていないか？

顧客見込は、商品説明をまだしなくても、あなたが扱っている商品を意識しているはずです。

重要なのはこの先です。**相手に対し商品の良さを理詰めで話しては絶対にいけません。お客様は理屈ではなく、感情で動くことが圧倒的に多い**のです。

たとえば、仕事の会議で使うＩＣレコーダーを家電量販店に探しに行ったとしましょう。あなたは音声を録音して再生する必要があるからＩＣレコーダーが欲しいわけです。べつに機械そのものを買いたいのではありません。

ところが、店員は「音声データは○○形式でも保存できます」とか「軽量で○○グラムです」「何時間録音できます」とスペックばかりを説明します。

あなたは、説明ばかり聞いてうんざりすることはありませんか？

もちろんスペックを知りたい場合は説明を聞いて納得することもあるでしょう。

しかし、お客様はスペックよりも、簡単な操作方法だったり、その商品を購入した後にどれだけ仕事効率が良くなるかを知りたいのです。

よくセミナーで話すのですが、時代の流れでパソコン（インターネット）が普及し、商品のスペックを説明する必要がなくなりました。

パソコンのない時代はわれわれ営業マンがスペックを説明する必要がありました。でも、いまは説明書や仕様書はパソコンでダウンロードすれば済みます。

スペックや説明はパソコンに任せ、営業マンは人間にしかできないことをする必要があります。それは、商品を買った後のメリットを「イメージさせる」ことです。

「もし」を使ってメリットをイメージさせよう

顧客見込に購入後のメリットをイメージさせるには、相手の五感（視覚、聴覚、味覚、嗅覚、触覚）に訴える表現が効果的です。

また、その商品の購入後のイメージを伝える際に、相手に言葉で理解させようとしてはいけません。

人は、他人からメリットを直接言葉で伝えられたら、「そんなこと、言われなくてもわかっているよ」とカチンとくるものです。逆効果になります。

だから、理解させようとしてはいけません。イメージしてもらうのです。だから理詰めはNGなのです。

そのためには、ここでも説明ではなく、質問という手法を使います。

この場合の有効なキーワードは「もし」です。

「もし」で質問されると、人はつい答えてしまうという傾向があります。「もし」から始まる会話は、仮定の話なので否定できないからです。

身近な例を挙げましょう。よくある夫婦の会話です。

> **妻「ねえ、今日着る洋服、何がいいかな？」**
> **夫「なんでもいいんじゃない」**
> **妻「なんでもいいってなによ！」**

これに対して、「もし」を使うとこうなります。

> **妻「もし、仮に今日着る洋服、ワンピースとスカートどっちがいい？」**
> **夫「そうだなぁ。ワンピースかな」**
> **妻「ワンピースだとしたら白とベージュとどっちかな」**
> **夫「今日は天気がいいから白がいいんじゃない」**

だんだんと会話が広がっていきます。
これを営業のシーン（コピー機の販売）に当てはめてみましょう。

営業マン「もし、仮にいま使っているコピー機のコストを下げられるとしたら、御社の経費はどうなりますか？」
顧客見込「そうだな。もしコストを下げられるのであれば、経費は削減できるだろうね」

このように、「もし」は相手に想像力を働かせて未来をイメージさせる「魔法の接続詞」なのです。

キラートークは「うちの商品でなくてもいい」

この「メリットをイメージさせる」ための質問で、もう一つ重要なポイントがあります。
先ほどの例の営業マンの最初のセリフをもう一度挙げましょう。

営業マン「もし、仮にいま使っているコピー機のコストを下げられるとしたら、御社の経費はどうなりますか？」

ここに次のような一言を加えます。

営業マン「もし、いま使っているコピー機を、どちらのメーカーでも構わないのですが、もう少しコストを下げられるとしたらば、御社の経費はどうなりますか？」

「どこの物でも構いませんが」や「うちの商品でなくてもいいのですが」というフレーズは、セールスにおけるキラートークの一つです。

これは「売りを手放す」ということです。

手放すというのは、売らなくてもいいという意味ではありません。自社の商品のセールスはとりあえず保留するということです。

こういう言い方をされると、相手は「売り込まれている」というより、「相談している」といった感覚になり、心を開いて質問に答えようとします。

弊社が手がけている研修事業の一つを例に、もう少し具体的に説明しましょう。

営業マンが、

「研修は定期的にした方がいいですよ。弊社で研修やセミナーをやってますから社員を参加させてはどうでしょうか」

と言うのと、

「弊社でなくてもいいので、研修や成長する機会を作ることは必要だと思います。なぜかと言うと社員に対する研修などを定期的に実施している企業が伸びているからです」

と言うのでは、相手の受ける印象は大きく変わります。

相手の印象としては、前者は典型的な営業マンです。

でも、後者は研修、社員教育の専門家となります。「売り込まれている」という感じは受けません。

最後の最後まで売りは手放しておくのです。

そして、相手から「おたくでやりたいのだが」「おたくにお願いしたい」という言葉が出たら、「ありがとうございます。では、本気でお手伝いさせていただきます」と。

このとき、仮に1万円と3万円の商品・サービスがあったとします。

最初にしていたのは1万円の商品・サービスの話だったとしても、「ありがとうございます。もしトライしていただけるなら本当はこちらをやった方が私としてはいいと思います。」と3万円のものを勧めます。

もはや、「やる」「やらない」ではなく「1万円か」「3万円か」という選択になります。

こうなれば、もともとは1万円の話だったのが、3万円の契約につながる可能性も出てくるのです。

擬音や色でメリットをイメージさせる

顧客見込にメリットをイメージさせる際に、擬音や色を使って感覚に訴えるということが有効です。これが、相手の五感（視覚、聴覚、味覚、嗅覚、触覚）に訴える表現です。

たとえば、化粧品の効果を伝えるのに、

「このクリームには天然の保湿成分が配合されています」

と説明されるよりも、

「**このクリームを塗ればお肌がスベスベになります**」

と言われた方が、

「その化粧品を使うと自分の肌がどうなるか」

というメリットが一発で伝わります。

このように、**擬音語を使うと、言葉では伝えることの難しい状況を相手に感覚的に伝えることができます。**

また、**「若いお肌を取り戻せます」**よりも、**「お肌がピンクになります」**と言われた方が**イメージとして直感的に伝わります。**

この例のように、肌がスベスベ、ピンクというのは誰もが思いつく表現ですが、一見、音や色とは結びつきにくいような商品やサービスでも、音や色で表現することでイメージが伝わりやすくなります。

最近、お客様に料理の素材を説明する飲食店が増えてきました。

たとえば、「今日のスープは北海道産のとうもろこしを使っています」という説明ですが、こんな風に表現されるとどうでしょうか。

「北海道のバーっと広がる畑一面に、太陽のエネルギーをたくさん受けながら育ったとうもろこし。その中でもプリップリの採れたてを空輸してスープにしました」

どちらの方が美味しそうだと感じるでしょうか？

その商品がなぜそういう音、色なのかということは、べつに理論的に説明できなくてもよいのです。

思いつきでかまいません。ただ、それを瞬時に思いつくには、ある程度のトレーニングが必要です。

私はよく研修などで、身の回りにあるものを使ってこんなゲームをします。たとえば、応接室に「観葉植物」があったとします。それを使って自社と教育事業の特徴を説明してもらうものです。

こんな調子です。

「うちの会社はこの緑の植物のような会社です。観葉植物なんてなくても皆さん生きていけます。でも、この緑があることで話しやすい雰囲気ができたり、仕事の成果が上がったりします。そういう教育をしているのがうちの会社なんです」

理論的にはまったく説明になっていませんし、話のオチもありません。

でも、「ああ、なんとなくそういう感じの会社なんだ」ということは伝わると思います。あとは、相手にイメージを勝手に広げてもらいます。

逆に、変に結論づけない方がいいのです。というのは、人には「満たされると飽きる」「理解しきると悟る」という習性があります。そうなると興味を失ってしまうのです。だから、100％伝えない、詳しく説明しないことがポイントです。

「弊社は○年の創業で、営業マンは○人います」と説明されても興味は湧きませんが、「緑の観葉植物のような会社」と聞くと、「職場環境がいいのかな」とか「社員の仲が良いのかも」とイメージがふくらみます。

お客様にメリットをイメージさせる際のポイントは、相手の欲しい情報の7、8割で抑え、残りは相手の想像してもらうことが、理詰めで説明するより数段も有効なのです。

ストレスのないクロージング方法とは？

セールスの山場は言うまでもなくクロージングの段階です。商談もいよいよ佳境。お客様も営業マンも決着のときが近づいていることを意識し、やや緊張の面持ちになってきます。

しかし、ここで顧客見込に対して過剰なエネルギーを感じさせてしまうと、商談は失敗に終わってしまう可能性があります。

クロージングに際して、気をつけておくべきことがあります。

迷っている顧客見込に契約や紹介を決断させることがクロージングだと考えている人が多いのではないでしょうか。

それは実はクロージングではないのです。無理に決断を迫ればお客様も営業マンもストレスを伴います。

顧客見込に契約を迫ることで辛くなるのは、相手よりもむしろ、断られる恐怖を感じている営業マンの方です。

一方、クロージングとは「相手に選んでもらうこと」です。そこには、顧客見込にも営業マンにもストレスはありません。

相手が「欲しい」というまで徹底して待つ

顧客見込が自社の商品・サービスに興味を持っていることが伝わってくると、営業マンは**つい「もうひと押し」とばかりに、「いかがですか？」という一言を言ってしまいがち**です。

決断を迫ったがために、最後の最後で相手が頑なになってしまうというのは営業ではよくある話です。

私は、相手から「欲しい」と言われるまでは、絶対にこちらからは売り込みません。値引きの提案も一切しません。

商品に興味を持ち、真剣に検討しているときというのは、相手は沈黙することが少なくありません。**相手が沈黙しているときは、私からは絶対に喋りません。**

そのうちに、「どうしたらいいでしょうか？」とか「お願いしようかな」といった言葉が出たら、「本気でやります？」と確認し、「本気だったら、私はお手伝いしたいです」「本気で考えておられるなら、うちは何かお役に立てるかもしれません」とそこで初めて売り込みます。

商談が大詰めにさしかかって相手が沈黙するというのは、真剣に検討しているサインです。

ところが、多くの営業マンはここでよけいなことを喋ってしまったり、カバンからパンフレットを出したりしてしまいます。

あるいは、相手に考える隙を与えないように、またマシンガントークを繰り返します。

これでは、せっかく真剣に検討している相手の気持ちに水を差すことになります。

結果、商談はぶちこわしです。

相手の沈黙に対して、「高いですかね？」と値引きの提案をしてしまうケースも少なくありません。

「高いですか？」と聞けば、相手は「そうですね。ちょっとこれは高いかな」と言うに決まっています。安いに越したことはないわけですから。

でも、本当に高いと思っていたら、お客様は最初から「これは無理だよ」と言うはずです。「悩む」というのは価格の問題ではありません。

営業マンの方から「高いですか？」などと聞くのは愚の骨頂です。相手に断る口実を与えてしまっているからです。

「沈黙に耐えられない」という営業マンは少なくありません。売れない営業マンは相手の反応がないと不安になり、何か相手の気を引く次の話をしなければという強迫観念にかられます。

むしろ、変な「沈黙」ができたらチャンスだと考えましょう。相手が真剣に悩んでいる証拠です。

自分は動かず、相手に先に話させるようにするのです。沈黙が怖いのは相手も同じです。

実は、こうした言葉と言葉の「間」というものはとても大切です。商談などの交渉事でイニシアチブを取るには、「間」を制することができるかどうかが重要な鍵なのです。

１秒か２秒の沈黙でも、慣れていない人は窮屈に感じて、つい喋らなきゃと思ってしまいます。もし、間が耐えられないときは、ゆっくりと深く呼吸しましょう。

沈黙の間に、相手が静かに決断することも少なくありません。そして、「間」ができることによって次の言葉が生きてきます。

とくに大切なことほど、言葉を最小限に減らして「間」に変えることを心がけましょう。

商談では、こうした相手の心理を考慮したコミュニケーションが求められるのです。

紹介営業は、成約できなくても、見込み客を失わない

営業マンはすべての商談を成功させたいと願います。それができれば言うことはありません。でも、場合によっては潔く顧客見込を手放すことも必要です。

自然界の法則に「3・10・60・27の法則」というものがあります。成功者や優秀さの割合など、すべての人を集めると必ずこの構成比に分かれていくと言われます。これは営業マンのマーケティング理論としても用いられている考え方です。


反論もなくスムーズに購入してくれるのは3%の人です。

購入意欲があるにも関わらず、少し迷っているのが10%です。

27%は最初から買わないと決めている人です。

そして、60%が平均的な存在であり、マーケットのほとんどがここに含まれます。この

60%の顧客見込はプレゼン力次第で惹きつけることができます。

つまり、断られても落ち込むことはないのです。

今回会った顧客見込が、たまたま27%に含まれる人だったと割り切ればいいのです。


成約に至らなかったら、紹介営業の場合は、どうすればいいのか?

これが、一般的な営業であれば、これで終了です。顧客見込をひとり失ったということで、あらたにお客様を探す営業活動を開始しないといけません。


しかし、**紹介営業の考え方は違います。**

断りのあった顧客見込に、誰かを紹介してもらえばいいのです。

「うまくいかなかったのに、紹介などもらえるわけがない」とあなたは思ったかもしれませんね。

いいえ、そんなことはありません。**購入を断ってきたお客様でも紹介をもらえることは十分にあります。**

相手が商品にまったく興味を示さない場合でも、紹介を諦めるのは早すぎます。

私は、顧客見込にお会いしてしばらく話しても、相手の表情が硬かったり、嫌がるような表情をしたら、もうその人には売らないと決めます。

そんなとき、私は率直にこんな風に言ってしまいます。

「もしかして、私に何か売りつけられると思っていらっしゃいますか？」
「○○さんの紹介だから無理にお会いいただいたのでしょうか。もしそうでしたら申し訳ないのでお話をやめましょう」
「もし必要ではないと思っていらっしゃるなら帰りましょうか」

すると、なかには「そんなことはありません」と少し表情を和らげる方もいます。

そこから紹介依頼に移っていくのです。

「もし、○○さんのまわりに必要としていそうな方がいたらご紹介いただけませんか？」

皆さん、少し考えますが、だいたい具体的には出てきません。

そこで、**「では、私、こんなものを勝手につくってきたのですが」と言って、先ほど紹介をした「紹介依頼シート」を出します**（69ページ参照）。

相手はこれまでに何度か営業マンと会ってきているはずですが、そういうシートを出されたことはありません。ほとんどの方が、「へえ」と興味を示します。

その時点で相手はもう「自分は売り込まれない」と安心しています。

「誰かを紹介するだけなら」とハードルはだいぶ下がっています。

紹介先に対しても、こちらは売り込まないということは自分の経験でわかっています。

もちろん、そこでもこう付け加えて念を押します。

「ご紹介いただいた方にご迷惑をかけるようなことは絶対にしません。必要なければ断っていただいてけっこうです」

その際、第2章で述べたように、相手に秘書がいる場合はその人にも紹介依頼シートを渡しておきます。ですから、紹介依頼シートは同じものを最低2部用意しておきます。

秘書にも紹介依頼シートを渡すのは、紹介してもらったことを覚えておいてもらう保険としての意味合いがあります。

これは、成約に至らなかったケースをお話ししましたが、**成約した場合も、もちろん紹介依頼をします。**

顧客見込との面談がうまく運び、契約することができると、営業マンはそれに満足してあとは雑談などをして商談を終えてしまいがちです。

でも、「紹介営業」はここからが本番です。

商品を買ってくれた人には、躊躇なく魔法の「紹介依頼シート」を出しましょう。言うまでもなく、ここは最大のチャンスです。

お客様は基本的に、自分が気に入った商品やサービスであれば、誰かに紹介してくれるはずです。そもそも、あなたに好意を持ったからこそ商品を買ったわけです。

そういう相手に紹介依頼をしない手はありません。

顧客が顧客見込を次々と紹介してくれるというのが、紹介営業なのです。

この**「お客様がお客様を呼ぶという終わりのない円環」をつくるために有効なのが、「紹介依頼シート」です。**

顧客見込との面談には、「紹介依頼シート」を事前に用意しておくことが必須となります。

顧客見込と面談する前に準備しておくべきこと

商談を成功させるには、面談前に顧客見込の情報を集めておくことが必要です。そうした情報から話題が広がっていくこともあるでしょう。

さらに、**紹介営業においては情報収集は必須です。**

紹介してほしい人の情報をあらかじめ収集しておき、具体的な名前を記載した「紹介依頼シート」を準備しておく必要があるからです。

いまはフェイスブックもありますし、企業情報も数百円で入手できる時代です。

とくに、企業情報を調べるには帝国データバンクのサービスを利用するとよいでしょう。

帝国データバンクのサイトに入り、社名を入力すると所在地と代表者名が出てきます。そこをクリックすると、ある程度の基本情報を見ることができます。企業の基本情報（住所、電話番号、ホームページのURL、取引先、取引銀行、売上など）は490円で手に入れることができます（2015年11月現在）。

さらに、これは会社によってですが、帝国データバンクと取引がある企業の場合、社長の個人データも閲覧することができます。

というのは、企業を調査する際に、社長の情報も収集するからです。

これは調査の際、社長の情報もその会社を見るうえで重要な情報であるため、多くの社長が応じます。

そうした情報は帝国データバンクの会員企業であれば入手することができ、その会社の最近の動向や取引先、社長の出身校などさまざまな情報が得られます。

とくに社長の出身校の卒業名簿を名簿図書館などで調べて、それをプリントアウトして面談に持っていけば、「ああ、彼はいま○○社にいる」といった話題から次の紹介につながりやすくなります。ですから、事前にできるだけ多くの情報を収集しておくことは大切です。

なお、帝国データバンク以外では、東京商工リサーチでも同じように企業情報を収集することができます。

企業のホームページには多くの有益な情報が詰まっている

企業情報はその会社のホームページでも収集することができます。

私がとくに注目するのは、会社概要、会社の沿革などです。

なぜその会社が現在の状況にあり、そういう事業をしているかといったことなどが、企業の歴史から読み取ることができます。

また、紹介してほしいのはその企業の社長なので、社長のメッセージには必ず目を通します。

私は、面談で会った際に、そうやって調べた内容について本人に話すこともよくあります。

ホームページやフェイスブックにはオープンにしていい情報しか書きませんから、そこで調べた情報は相手にとって知られてもかまわないものです。むしろ、アピールしたい情報をアップしています。

インターネットがある以上、調べられる情報は調べた方がいいでしょう。「フェイスブックで拝見したのですが」「ホームページで拝見したのですが」と切り出せば、面談での話題のきっかけにもなります。

営業というのは人対人の営みです。

情報を得たことを伝えることで、多くの人は「そんなに調べてくれたんだ」と思うのではないかと思います。あなたやあなたの会社に興味を持っていると示すことで、相手によい印象を与えることができるのではないでしょうか。

情報はなるべく多く得た方がいいと思います。相手の出身地、趣味などのほか、支店がある場合はどこにブランチがあるかも知っておくといいでしょう。

とくに、**中小企業が支店を出すということは、社長がその土地に何らかの思い入れや縁**

のあることが少なくありません。

たとえば、自分の故郷にその支店があったとしたら、「ホームページを拝見したら、○○支店は私の実家のすぐ近くでして……」といった話をすれば親しみを感じてもらえます。

中小企業の場合、ホームページには社長の思いや発信したいニュースが載っているはずです。

ですから、そのことに触れられるのはとても嬉しいことだと思います。社長がブログを書いているのであれば必ず目を通すべきでしょう。

また私は、たとえば面談に行く予定の会社が比較的近くであれば、前もってその会社を見に行きます。

そして、**面談では「よく会社の前を通っています」とか「車がよく洗浄されているなとずっと思っていました」「通りかかると、いつも社員さんが掃除していますね」などとお話しします。**

相手に「興味を持っている」と伝えることはとても大事です。

面談で紹介者を話題にするのもお勧め

相手との接点を探し、共通点を話題にするというのはセールスの基本スキルです。紹介営業では、顧客見込との最も大きな共通点は「紹介者」です。紹介者にもともと紹介されて会っているわけですから。

ですから、面談では紹介者を話題に取り上げることもお勧めです。うまく話題にすることで、顧客見込の信頼を得ることができるでしょう。

たとえば、Aさんから紹介してもらったBさんと面談しているとしましょう。私はこんな言い方をします。

「Aさんに、『人を大事にされる方で、いちばんに思い当たる方を紹介してください』と言ったところ、いの一番にBさんのお名前を挙げられました」

相手は「いやいや」と謙遜するでしょう。

そこで、「本当にそうおっしゃっていましたよ」と強めに言うと、こちらが主導権を取ることができます。

相手を褒めるときもそうですが、「みんなにそんなこと言ってるんじゃないの」と言う方が少なくありません。

そういうときに私は、「いや、本音です。私は本音しか言わないので」と少しムッとして言います。

もちろん、本当にムッとしているわけではありませんが、言い方のエネルギーを少し高めます。すると、相手は「この人は本音で言ってくれている」と思うのです。

営業トークの基本は、相手本位の話題を選ぶことです。相手の土俵に乗ることで相手を気持ちよくさせて、有利な取引に持っていくわけです。

ですから、**紹介者のことを話題にする際も、その人のことを話題の中心にしてはいけません。あくまでも、紹介者を引き合いに出しながらも、暗に顧客見込を褒めるように話を持っていくテクニックが必要**です。

面談が終わったら当日に礼状を出す

顧客見込との面談が終わったら、必ず当日のうちに礼状を出してください。

本当は面談後すぐに書いた方がいいのですが、それは現実的ではないので、会社に戻ってからでもいいでしょう。

ハガキよりも封書をお勧めします。便箋、封筒の方が相手に「丁寧な人だ」という印象を与えます。

それは、こういうケースも想定されるからです。

相手は、誰かとの約束など別件を断って面談に臨んでくれたかもしれません。

たとえば、「昨日はお時間をいただきありがとうございました」といった文面のハガキが会社のデスクの上に乗っていて、それを誰かが見て気を悪くするといったことがないとも限りません。

ですから、他の人に文面が見えないように配慮する意味でも封書が望ましいのです。

もしハガキにするのであれば、誰に見られてもかまわない内容にすべきです。

メールでのお礼も、必ずしもNGというわけではありません。ただし、メールにするのであれば即日送るべきです。

礼状の内容としては、**面談での話題や二人にしかわからないような共通点について一言添えることをお勧めします。**ここでも、自分の主観や思ったことを伝えるアイメッセージが有効です。

たとえば、「**今日着ていらしたシャツ、とても素敵だと思いました。今度お会いしたときにどこで買えるか教えていただけると嬉しいです**」といった具合です。

きれいな文字で書かれた手紙でも、定型文的なものは相手の心に響きません。オリジナルな一文を必ず入れましょう。多少字は汚くても、その方が人間味はありますし、その人との共通話題に触れることで親近感が深まります。

礼状の一言メッセージに好きな格言や心に響く有名人の言葉などを入れるのもお勧めです。営業マンの人となりが想像できるからです。

私はかつて紹介営業をしていた頃、一日8人の方に会えばその日のうちに必ず礼状を8枚書いていました。一件のアポイントで2人の方とお会いしたらそれぞれに礼状を出しました。

「銀座のクラブのママからの手紙だと思った。クラブのママ以外からちゃんとした手紙をもらったのは久しぶりだよ」という社長もけっこういました。

丁寧な礼状をきちんと出しておくと、だいたい2回目の面談で向こうから言われます。

「手紙見たよ。ありがとう」と。

便箋、封筒は銀座にある鳩居堂のものがお勧めです。見る人が見ればわかりますから。

最近私は、ある方から教えていただいて、自分の顔写真を印刷したハガキを使っています。

第5章

紹介者への報告

紹介だけで売れる仕組み④

面談が終わったらすぐに紹介者に報告の電話をしよう

顧客見込との面談が終わり、その人からも新たな顧客見込を紹介してもらうことができたとします。すると、営業マンは次の紹介先のことばかりに頭が向きがちです。

しかし、それでは紹介営業はうまくいきません。

顧客見込との面談が終わったら、すぐに紹介者へ報告の電話をしましょう。紹介してもらった結果、どうなったかを報告するのです。

これは顧客見込とアポイントが取れたときと同じです。

ただし、紹介された段階では、紹介者に「必ず報告します」とはあえて言いません。何も言わずに、あとで「紹介していただいた◯◯さんにお会いしました」と報告した方が、相手にしてみればギャップがあって嬉しいと思います。

電話して不在だった場合、もし秘書がいるのであれば秘書に伝言をお願いします。

その場合、紹介を承諾してもらった際に、秘書にも渡しておいた「紹介依頼シート」が威力を発揮します。

会えたという事実だけでいいので秘書に報告し、伝言を頼みます。

こうした秘書とのコンタクトも重要です。秘書に「この人はちゃんと報告する人なんだ」と認識してもらえれば、秘書の心の扉も開きます。すると、次のアポイントや紹介依頼もスムーズにいくようになります。

結果報告は、メールよりも電話です。

もし、電話をして外出中だった場合は、取り急ぎメールをします。

その際、「会社にお電話しましたが、外出中とのことでしたのでメールにて失礼します」といった一言を添えましょう。そして、あとであらためて電話します。

最近はメールで報告する人が増えました。そもそも報告もしない営業マンも少なくありません。

人がやらないことを率先してやるように心がける。それが営業マンとしての差別化につながります。

「報告のために伺いたい」とアポを取ろう

報告は電話で終わりではありません。そのあとで直接、紹介者の元へ報告に出向きます。報告の電話では「報告のために伺いたいのですが」とアポイントを取ります。紹介者にとって「報告にわざわざ直接来てくれる」のはありがたいことです。その時点での心理状態は、その営業マンに非常に良い感情を持っています。

よほど忙しい人ではない限り、報告のための訪問を拒むことはないでしょう。

実は、紹介者自身は商品には興味がなかったものの誰かを紹介してくれた場合、紹介先との面談の結果などを報告するプロセスで、扱っている商品に興味を持ってくれて契約に至ることもあります。

こんなことがありました。弊社の教育事業は、いくつかのスクールがあって、最終的には企業研修という事業メニューにしています。

ある人から「企業研修を考えているようなので相談に乗ってほしい」と、Ａ社の社長を紹介されました。

企業研修ありきだったので、面談では企業研修の話しかしませんでした。

あまり乗り気ではないようだったので、「他でも検討されているのでしたら、うちでなくてもかまいません。ただ、うちは不動産に強いので、社長のところから独立したような方で、積極的に売上を上げたいと考えている経営者の方がいたら紹介してください」と言ったところ、「いいよ、思い当たる人物がいるから、いま電話してあげる」と紹介してもらいました。

紹介先の会社では、初めに「企業研修だと何百万円になるので、まず社長と役員の３人でスクールに来ませんか」と提案しました。そのスクールの受講料は５万円です。

後日、Ａ社の社長に報告に行きました。「実はこういう形で社長さん以下３人に今度スクールに入学してもらうことになりました」と。

すると、Ａ社の社長は「えっ、５万円のスクールがあるとは聞いていない。５万円ならうちの若い社員を何人か行かせたい。どうして言わなかったの？」と言うので、「社長はあまり興味がなさそうだったので言わなかったのです」と答えました。

結局、A社とはその後もつながって、600万のコンサルティング契約を結ぶことになりました。

私は基本的に「売り込み」はしないと決めているので、興味を示さない人にはすべての商品を説明することはしません。

「報告シート」が二度目の紹介依頼を成功に導く

紹介営業では、紹介者への報告という形でつながりは続きます。

つまり、報告の際に新たなプレゼンをすることが可能なのです。

紹介者の数は減ることはなく増え続け、それにともない顧客見込を紹介してもらえるチャンスも増え続けるのです。

無限に顧客見込が膨らんでいくのが、紹介営業の強みです。


紹介者に報告に訪れる際は必ず「報告シート」を持参します。ここが重要です。

報告シートはＡ４１枚の紹介依頼シートと同様の書式で、紹介後の進捗《しんちょく》状況を記入します。

個々の紹介先について、いつ面談をして、その結果どうなったかを記載します。

これが「２枚目の紙」です。

紹介者にしてみれば、電話で連絡は受けていますが、自分が紹介した人の反応がどうだったかは気になるところです。

報告シートを提出するのは、顧客見込に断られて契約に至らなかった場合も同じです。それが信頼感につながります。

この報告シートは2回目の紹介依頼への布石としての意味合いもあります。

「丁寧にありがとう」という話にとどまる場合もありますが、報告シートで紹介者に「なるほど」と思ってもらえれば、再度誰かを紹介してもらえます。

この紹介依頼の際も「3・10・60・27の法則」が当てはまります。

３％の人は黙っていても紹介してくれます。

10％の人も、電話や訪問して報告すれば「今後はこんな人を紹介してあげようか」と言ってくれるでしょう。

残り60％の人に「ここまでしっかりした人なら、また紹介してもいいかな」と思わせるために、フォーマルな雰囲気を出した報告シートをわざわざ手渡すのです。

報告シートを渡したら、いよいよ2度目の紹介依頼をします。ここでも紹介依頼シートを出します。

もちろん、あらかじめ次に紹介してほしい企業（人）を調べておき、具体的に名前を記入しておきます。「またか」と呆れられることもありますが、多くの方が2度目の紹介にも応じてくださいます。

私はこうした方法で、1人の紹介者から300人の顧客見込を紹介してもらったこともあります。

紹介依頼シート、報告シートという最強ツールを介して、1人の紹介者の方と長く付き合っていくと、深い信頼関係が構築されてきます。

平成　年　月　日

株式会社○○○○
代表取締役社長　　○○○○　様

株式会社○○○○
東京都○○区○○町１－１－１　○○ビル５階
電話○○－○○○○－○○○○
担当：○○○○

ご　報　告

日頃よりお心がけ頂きまして誠にありがとうございます。

先般ご紹介頂きました方々へ進捗状況をご報告させて頂きます。

株式会社○○○○

代表取締役　　○○○○　様

3/5（木）○○社長様にご面談の機会を頂戴しました。

弊社の研修トレーニング内容に大変興味をお持ちになり、幹部、マネージャーの研修を４月より実施させて頂く事になりました。

これもひとえに○○社長のご紹介のおかげです。心より御礼申し上げます。

○○○○株式会社

○○○○部長　　○○○○　様

3/11（水）○○○○部長様に弊社研修内容をご案内させて頂きました。

現在の研修内容及び研修後の成果についてご不満をお持ちで、新たなる研修プログラムを模索中とのことで、弊社の研修についても前向きにご検討頂けることとなりました。

株式会社○○○○

専務取締役　　○○○○　様

3/3（火）○○専務様にご面談の機会を頂戴しました。

現在の取り組まれていらっしゃる研修プログラムにつきご満足のご様子でしたので、取り組まれている内容のインタビューに留めさせて頂きました。

報告の際は意外性のあるお土産が効果的

紹介者のもとへ報告に訪れるときには、お礼の気持ちを込めて手土産を持参します。お礼の品は必ず出向いて手渡しするようにしましょう。

その際、相手の気持ちの負担になるようなお土産は避けましょう。**金額よりも心遣い、そして贈り物に対するストーリーを持って相手に伝えることが重要**です。

ちょっとしたものでいいのです。相手に「面白いね」と思ってもらえる意外性のあるお土産を選びましょう。

東京近辺の営業マンへのお勧めは、「麻布十番・浪花家総本店のたい焼き」です。この店はたい焼きの元祖で、かつてのヒット曲「およげ！　たいやきくん」のモデルにもなりました。こうした意外性や話題性のあるお土産をネタにすれば、顧客との会話も弾むでしょう。

その他、「神田・近江屋のアップルパイ」や「銀座・空也の最中」なども私がよく選ぶお土産です。

アイデアとして面白いなと思ったのは、ある営業の女性がお土産に持ってきた、コンビニエンスストアで売っている100円菓子です。「ちょっと近くまで来て私も買ったから、皆さんにもどうかと思って」とコンビニの袋のまま置いていきました。

これなら、もらっても誰も「悪いな」という気はしません。食べ物など、なくなるものの方がいいと思います。

以前、築地に会社があった頃は、600円くらいの箱に入った漬物や、テレビプロデューサー・タレントのテリー伊藤さんのお兄さんがやっているお店の玉子焼きなどを私はよく買っていきました。

これは報告のときの手土産とは違いますが、私は旅行先にはVIPの顧客の連絡先を記した住所録を持っていき、現地の名産品などに手紙を添えてよく送りました。

高価なものでなくてもいいのです。青森のニンニクなど道端で売っている200～300円のものです。

ともかく、相手の負担にならないようなものをということは心がけます。

「○○さんの喜ぶ顔が浮かんで」と一言添えた手紙とともに届いた贈り物は、受け取った方もきっと忘れないでしょう。

お土産や贈答品には徹底的なこだわりを持ちたいものです。並ばなければ買えないような希少価値のあるものもいいでしょう。

こうした贈答品の情報を仕入れておくことも営業マンとして大切な心得です。

第6章

紹介だけで売れる営業マンは「なに」を売っているのか？

紹介だけで売れる営業マンになるための心得

「紹介だけで売れる営業マン」になるために必要なのはスキルだけではありません。

この章では、営業マンとしての基本的な心得についてお話ししていきたいと思います。

なかなか契約に至らない、紹介がとれないという場合、その原因の根本にあるのは「セールスマンに魅力がない」ということです。

成果の上がらない営業マンにはいくつかの共通点があります。それは次のようなものです。

「服装や見た目に清潔感がない」「高級品を身につければ一流の営業マンになれると思っている」「顧客への礼を尽くさない」「ビジネスマナーが身についていない」「他人に対する気遣いが足りない」といったことです。

つまり、営業のスキル以前に、社会人としての基本的なセンスに欠けているケースが少なくありません。

できる営業マンに共通するのは、前述したように「人に好感を持たれる」ということです。

とはいえ、難しいものではありません。ちょっとしたポイントを押えるだけで、印象は見違えるように変わります。

では、すぐにでも実践できる、営業マンとしての心得の一端を紹介しましょう。

営業マンはプロに靴を磨いてもらいなさい

営業マンは「足元が命」です。できる営業マンの靴はいつもピカピカです。

スーツやネクタイには気を配っても、足元にまでは気が回らないという人も少なくありません。でも、見る人は見ています。

高級靴を買いなさい、と言っているのではありません。「靴の手入れは心の手入れ」です。お客様は常にあなたの足元を見ていると考え、こまめに靴を磨くように心がけましょう。

自分で磨いてもいいですが、できればプロに磨いてもらった方がいいと思います。自分で磨くとすぐに曇ってしまいますが、専門家に磨いてもらうとピカピカが長持ちします。

もし、あなたが東京や関東近郊を回っている営業マンでしたら、有楽町の駅前で営業している行列のできる靴磨き「千葉スペシャル」で磨いてもらうことをお勧めします。千葉スペシャルは、千葉尊さんとそのお弟子さんで構成されるプロの靴磨き集団です。15年にわたって有楽町のガード下で靴を磨いてきましたが、再開発や行政指導で一時、店舗での営業をやめてしまっていました。その間は「郵送」により営業を継続してきましたが、最近、有楽町の交通会館に復活しました。

根強いファンは数千人にも上ると言われ、営業再開は顧客の強い要望と協力で実現したそうです。

店名の千葉スペシャルというのは独自に開発した靴墨の名前です。この靴墨を使って鏡面磨きをすると、靴に空の景色が映りこむほどピカピカに仕上がります。

常連客には企業経営者、代議士、著名人なども多いのですが、どんな人が来ても分け隔てなく順番を待ってもらうそうです。こんなところにも人気の秘密があるようです。

千葉スペシャルには大切な商談を控えた営業マンも多数訪れます。験を担ぐ意味もあるようですが、何よりもよく磨かれた靴をはいていると、相手に与える印象がまったく違ってきます。

私は新入社員の頃、上司に「プロに靴を磨いてもらえ」と言われました。

新入社員で給料は安く、お金はなかったのですが、5000～6000円の靴を買って、800～900円かけて靴を磨いてもらっていました。

30歳前後からはもうずっと千葉スペシャルで靴を磨いてもらっています。私は千葉尊さんにしか磨いてもらいません。弊社の社員にも「靴を買ったら千葉さんのところで磨いてもらえ。ただし、千葉さん以外には磨いてもらうな」と言っています。

あるとき、千葉さんが弊社の社員の一人に訥々とこんなことを言ってくれたらしいのです。

「三井さんはうちがメジャーになってからひょっこり来たのではなく、ガード下でやっていた頃からずっと浮気せずに、靴を買ったら必ずうちに来ていた。あなたも、いいものを見分ける目を持ちなさい」

そんなことを言われたら浮気なんかできません。

ともかく千葉スペシャルはお勧めです。ただ、いつも10人以上は並んでいるので、もしも待つ時間がないのであれば、まとめて持ちこんで磨いておいてもらい、数日後に取りに行くのがいいと思います。

腕時計は薄型にする

営業マンにとって腕時計は必須のツールです。理由はすでにお話ししましたね。

腕時計は意外と人に見られています。名刺交換などの際にスーツの袖口からちらっと見える腕時計は、お客様に強い第一印象となって残ります。

では、営業マンはどんな腕時計を選べばよいのでしょうか？

時計は、着けている人の趣味が色濃く出てしまうものです。間違っても金ピカのROLEXなどは避けた方がいいでしょう。

お客様は営業マンの自慢の時計を見せられても少しも嬉しくありません。それどころか、派手で高価な腕時計は気になり、お客様に悪い印象を残してしまうことにもなりかね

ません。

私は、営業マンの腕時計は薄型のものを選ぶことをお勧めしています。シャツの袖の中に隠れる薄さのものを選びましょう。

プライドやモチベーションのために高級時計を買うのはいいと思います。でも、少なくともお客様に会うときの腕時計は薄型で、あまり目立たないものにすべきです。自分よりも高級そうな時計をしているような営業マンに対して、お客様は心の扉を開きません。

年賀状よりクリスマスカード

最近は虚礼廃止を進める会社も少なくありませんが、いまでも多くの会社では顧客に対して年賀状を出します。

ですから、**同じように年賀状を出しても、たくさんの年賀状の中に埋もれてしまい、営業活動にはまったく結びつきません。**

とくに、会社の経営者やポストの高い人になるほど、多くのところから年賀状が届きます。そうした相手に、他社と同じように年賀状を出してもインパクトを与えることはできません。

毎年年末になると年賀状の準備に余念のない営業マンも少なくないと思います。でも、できる営業マンは年賀状を出しません。トップセールスは普通の営業マンとは違う行動をします。同じことをしても仕方がないからです。

では、どうするか?

年賀状ではなく、「クリスマスカード」を出すのです。

考えてみてください。お客様の元には多くの年賀状が届きます。でも、クリスマスカードの数はそれほど多くはないはずです。

同じ切手代、印刷代を出すのであれば、他の営業マンとは差別化を図り、相手の印象に残ることが必要です。

私は毎年、起業して以降の顧客やセミナーの受講者など約3000人にクリスマスカードを送っています。準備は11月頃から始めます。

文面は基本的に印刷しますが、必ずすべてのカードに金の筆ペンで名前を書くようにしています。

私の場合、両親がクリスチャンだったので、シーズンになると家にクリスマスカードが飛び交う環境で育ちました。大事な人にはクリスマスカードを送って、その後に年賀状も書いていました。現在は年賀状はやめてクリスマスカードにしています。

クリスマスカードを送ると、年賀状が返ってくることも多いのです。相手はおそらく「三井さんからクリスマスカードが来たから年賀状を出そう」と思ってくださるのでしょう。

私のことを意識していない人は年賀状のリストには入れないでしょう。ということは、年賀状が来た人には紹介をもらえる可能性があります。

ですから、**クリスマスカードの返事として年賀状を送っていただいた方に、正月明けに飛び込みで挨拶に行きます。１月20日くらいまでは「年始の挨拶」ということで、飛び込みで行っても会っていただけることが少なくありません。**

同じ理由で、お中元、お歳暮よりも季節の届け物をした方が効果的でしょう。VIPになるほど、中元・歳暮はたくさん届くので効果は半減します。

また、とくに大切な顧客には、出張先や旅先から絵葉書を送るのもお勧めです。「旅先でもあなたのことを考えています」と相手に伝えているからです。

トイレを借りるときはいちばん遠くのトイレに

私が営業先の会社などに出向いた際に気をつけていることがあります。

それは、「トイレを借りるときにはいちばん奥を使う」ということです。

お手洗いに悠々と行く人は少ないでしょう。みんな必要に迫られて行くわけですから、できるだけ手前で早く済ませたいものです。だから、手前はお客様のために空けておくのです。

トイレが4つあったら、手前から1、2、3番目はお客様がいちばん使う場所です。自分はいちばん奥を使います。

小さなことだと思うかもしれません。でも、誰かが必ず見ているものです。

駐車場も同じです。手前はお客様の場所ですから、自分はいちばん遠いところに車を停めるようにします。

それから私は、トイレに入ったら、必ず洗面台の水の飛び跳ねをきれいにすることを心がけています。洗面台には注意しましょう。誰が見ているかわかりません。

また、トイレ使用後にトイレットペーパーの切れ端がダランとなっているのも言語道断です。

こうしたちょっとした気遣いをすることが、お客様の心を開くことにつながります。

実際にかつて私は、洗面台のまわりを拭いて仕事の契約が取れたことがあります。

ゴルフ場の洗面所で、置いてあるタオルで水の飛び跳ねを拭いていたところを見ていた人がいました。

実はその方はゴルフ場の支配人で、キャディさんに「あの人は誰か？」と聞いたらしいのです。

キャディさんから「同じ業界でゴルフのコンサルやっている人で、友だちと遊びに来たらしい」と聞いて、「よかったら、うちのサービスのコンサルをしてくれないか」と声をかけられて、仕事につながったことがあります。

服装は「相手がどう思うか」を考えて選ぶ

スーツは営業マンの戦闘服です。

スーツの色は黒か紺、ワイシャツは白がいいでしょう。**私の場合は、基本的にスーツは紺色を着るようにしています。**

営業マンの服装というのは、「自分が何を着たいか」ではなく、「相手がどう思うか」を考えて選ぶべきだと思います。

いちばん重要なのは、相手に清潔感を感じさせることです。オシャレをしたいのであればプライベートですればいいわけですから。

服装でお客様に嫌悪感をもたれたら、その時点で商談の失敗は目に見えています。

プレスのかかっていないズボンでお客様の前に出るのも論外です。プレスしていないズボンはだらしなく見えます。

シワのよったズボンをはいた営業マンからは、何かを買いたいとは思わないでしょう。

これは営業マンには限りません。だらしない銀行員とビシッとした銀行員がいて、同じ銀行だったらどちらにお金を預けたいと思うでしょうか。

私はホテルに宿泊する際は、必ず自分でズボンにアイロンをかけます。ズボンプレッサーではなく、アイロンを借りてかけるようにしています。

ネクタイの色にも気を配ります。私は、今日会う人がどんな人か、あるいは年齢などによってネクタイの色を決めます。たとえば、自分より上の年代の人に会うのであればシックな色を選びますし、若い方の場合は明るめのネクタイにします。

また、雨の日には明るい色のネクタイをするようにしています。雨の日は気分がふさぎこみがちなので、明るい色を見ればお客様も少しは晴れやかな気持ちになれるだろうと思うからです。

また、ワイシャツを白にする理由は「汚れが目立つから」です。汚れが目立たない方がいいと考えるかもしれませんが、それは逆です。

汚れが目立つからこそ、常に清潔を心がけるようになるのです。それはまた、仕事に臨む緊張感のあらわれでもあります。

自動車メーカー・ホンダの整備士などの技術者は皆、白いツナギの作業服を着ています。これは創業者である本田宗一郎さんの方針で、汚れが目立つように白にしているそうです。

白を着て汚れが目立つということは、作業に不具合があるということです。だから、本田宗一郎さんは作業服の汚れている人は、職人としては二流だと評価していました。

営業マンにとっても清潔感はとても大切です。お客様から見て、「ああ、この人はダメだな」と思われるようなポイントは一つでも減らさなければなりません。

同じ理由で、汗っかきも営業マンとしては失格です。汗をかいたままでお客様にお会いするのも失礼です。夏は小さなタオルが必需品です。

私は車で移動することが多いので、とくに夏場は必ず替えのワイシャツを車に置いておくようにしています。

また、ネイルケアにも気を配りましょう。爪は深爪くらいがちょうどいいのです。爪の伸びた白い部分が見えないように気をつけましょう。短すぎて不快感を与えることはありません。

顧客見込とのトラブルはチャンスだ！

営業の仕事をしていると、お客様とのさまざまなトラブルを経験することも少なくありません。

紹介営業では、顧客見込との行き違いなどでトラブルになると、紹介してくれた人の面目をつぶしてしまうリスクもあるため、飛び込み営業よりもやりにくさがあると思うかもしれません。

でも、**トラブルというのは逆にチャンスでもあるのです。対応の仕方次第では、紹介者のメンツもつぶさず、かえってあなたの株を上げるチャンスにもなります。**

実際、私もこれまでトラブルやミスをチャンスに変えてきました。私の経験をお話ししましょう。

ある方の紹介で、上場企業にゴルフ会員権を購入いただいたことがありました。しかし、ゴルフ場の説明不足により、お客様に750万円の追加出資が必要なことが判明。私はあわてました。

当然、企業としては予算があるので、追加出資には応じられない、という返答。しかも、私はコンサルとしての説明不足を追及されました。

ゴルフ場のミスが原因で起こったトラブルですが、すぐに訪問し謝罪しました。「前例はないか」「いまゴルフ場と、どのような交渉をしているか？」「対応策としては、どのようなことがあるのか？」ということを、ご迷惑をかけた企業の担当者のもとに日参し、事情報告を続けました。

一方で、**紹介してくれた方にすぐに電話で報告しました。**

「紹介していただいた〇〇会社さんにこんな迷惑をかけている状態です。きちんと対応しますので、まずはご報告までです」と。

結局、750万円の追加出資はまぬがれないまま、その企業にはご迷惑をおかけしたのですが、**紹介者にはその間「いまこういう状態です」と逐一連絡**しました。

するとどうでしょう。紹介してもらった企業に損害をかけてしまったのにも関わらず、紹介元のその方はいろいろと私をフォローしてくれたのです。

紹介してもらった先でトラブルがあると、紹介者には連絡しづらいものです。だから、黙っている営業マンも少なくありません。気持ちはわかりますが、結局は先方に伝わってしまいます。

こうしたトラブルの際にどう行動するかはとても大事です。誠意を持って対応することで、「災い転じて福」になることもあるわけです。

営業の仕事をしていると、ときにトラブルに見舞われます。

でも、トラブルになったらそれを解決すればいいのです。解決できないトラブルはないと思います。

逃げずに対応すれば、相手との関係はその後も続いていくし、そこからチャンスが生まれることもあります。

また、紹介してもらった顧客見込と契約には至らなかった場合でも、そのときの対応次第では将来的に仕事につながるという可能性もあります。

次の例は、私が、上場を準備しているA社の社長をB銀行の営業マンに紹介したときの話です。

紹介したものの、B銀行の対応が遅いこともあり、A社の社長は取引することには消極的でした。

その営業マンからこう連絡が入りました。

「アポの電話をしているけれども、社長が電話に出なくなった。私が機嫌を損ねるようなことをしたのか、うちの銀行がミスをしたのか、何か理由があると思うのですが」と。

そこでA社の社長に連絡を入れたところ、「B銀行だが、とある事情があって、今回はちょっと難しいかもしれない」とのことでした。

私は重ねて聞いてみました。「営業マンの彼が問題ですか？」と聞きました。

すると、「そうではない」と言うわけです。

「彼に会うのは嫌ではない？」と聞くと、「全然。ただ、上場準備のいまの段階で取引する銀行としては合わない」と。

私はそのことをB銀行の営業マンに伝えました。

結局、A社とB銀行の取引は成約には至りませんでした。

ところが、あとになってA社の社長がマンションを購入するときに、B銀行から融資を受けることになったのです。

経緯を聞いたところ、「会社としては取引できなかったけれど、三井さんが紹介してくれたあの人はすごく真面目だし、どこの銀行で借りようかと思ったときにあの営業マンの顔が浮かんだ」と言うのです。実際、「相談したらとても良くしてくれた」と。

このように、紹介があとになって生きたのは、B銀行の営業マンが紹介者である私に対して、**うまくいっていない状況もきちんと報告**してくれたからです。

たとえ紹介者には言いにくいことでも、真摯に、ありのままを報告することがどれだけ大事かがわかると思います。

営業は営業のプロに習え

営業マンの皆さんは営業のやり方をどのように学んだのでしょうか？　職場の先輩や、

会社の研修やＯＪＴなどの制度かもしれません。

私自身、営業という仕事に携わって、20年間自己流で営業をしてきました。

紹介営業という方法論を確立しましたが、その陰ではたくさんの失敗を経験し、悔しい思いや情けない思いをしてきました。

たくさん失敗をしてきたからこそ言えることがあります。営業で成果を出したいのであれば、プロの営業トレーナーに学んだ方が近道です。

もし仮に、あなたがレスリングの試合に出場することになったとしましょう。

自己流のトレーニングや練習だけで試合にでたらどうなりますか？　きっと勝てないばかりか、大怪我をするかもしれません。

やはり、その道のプロに教わるべきです。

多くの営業マンがプロに学ばずに現場に出てしまい、悩み困っているケースを私はよく見かけます。

ある程度の成果であれば自己流でも出せるでしょう。それ以上、上を目指すのであれば学ぶことが必要です。

もし20代の頃、私もプロの営業トレーナーに学んでいたならば、あれだけの回り道をしないで済んだかもしれません。20年間自己流でやってきましたが、プロの営業トレーニングを受けてからの成果、成長は数倍の早さでした。

セミナー講師としてのボイストレーニングはもちろん、わが社のメソッドである株式会社ソーシャル・アライアンスの心理学を用いたプログラムを、私は毎日欠かさず反復しています。

「この人から買いたい」と思われる営業マンになろう

さて、本書もいよいよ終わりに近づいてきました。

あなたには営業マンとしての未来の可能性が描けているでしょうか？

最後に、「営業という仕事の本質は何か」ということを考えてみたいと思います。

これを明らかにするには、売る側ではなく、買う側の心理に立ってみる必要があります。あなたが何かを買いたくなるのはどんな人でしょうか？

私はよくセミナーで企業の経営者にこんなたとえ話をします。

ここに、ラベルも貼っていないノーブランドのミネラルウォーターがあるとします。しかも、飲みかけです。

「この水ちょっとおいしいのですが、200円で買ってもらえますか？」と勧められたら、あなたは購入しますか？　飲みかけの水なんて、普通は買いません。未開封の新品がどこでも100円程度で買えるわけですから。

では、あなたが大ファンである女優さんから同じように勧められたらどうでしょう？　私なら迷うことなく200円で買います。その人から買えるなら200円でも安い。1000円でも買うでしょう。

多くの営業マンが「うちはブランドがない」とか「他社でも扱っているから値段を下げないと売れない」などと、売れない言い訳をします。

でも、お客様にとって、商品の内容やブランド、価格などは実はあまり関係ないのです。あなたがお客様にとっての「大ファン」になってしまえば、お客様は「あなたから買いたい」と思うのです。

つまり、**「あなたから買いたい」と思ってもらえるような誰かになるということ。それ**

こそが営業の極意なのです。

これは、あくまでも象徴的な例ですが、大好きな相手から勧められれば誰だってその人から買いたいと思うはずです。

「どうすれば営業がうまくいくのか?」「紹介してもらえるのか?」と多くの営業マンが悩んでいます。

答えはシンプルです。

お客様から「愛される人」になればいいのです。

紹介だけで売れる営業マンは、いったい何を売っているのでしょう?

商品を売っているのではありません。会社のブランドを売っているわけでもありません。

営業の仕事の本質は「信頼を売る」ことにあります。そして、信頼を売ることのできる営業マンは、何を売っても成功します。

と言うと、こんな風に思うのではないでしょうか。「初対面の相手からそう簡単に信頼など得られるものではない」と。たしかにそのとおりです。

でも、人間の直感にはとても鋭いものがありますし、ちょっとしたことで感情は大きく動きます。たとえ初対面でも、相手の雰囲気や物腰、話し方などから、「この人は信用できない」「この人は信頼できそうだ」ということを一瞬で見抜きます。

これだけＩＴなどが進歩した社会でも、コンピュータに営業はできません。営業という仕事ができるのは人間だけです。そして、人と人との関係、心理、感情などが生み出すダイナミズムこそが営業の醍醐味でもあります。

営業マンに根本的に問われているのは、商品説明やプレゼンテーション力などのスキル以前の、人間としての魅力であり底力なのです。

型を持ち、型にこだわらない

「営業のスキルやテクニックを学びたい」という若い営業マンが少なくありません。もちろん、テクニックは必要です。でも、テクニックの前に必要なことがあります。

「家」を建てるときのことを考えてみましょう。家を建てるにはまず基礎が必要です。土台があり、その上に壁や柱などを作り、最後に屋根を作ります。

営業で考えると、屋根の部分はいわばトップセールスです。みんなが「こうなりたい」という営業マンの完成形です。でも、一足飛びにそこへは到達できません。

まずは基礎、土台をしっかり作る必要があります。これは、人としてのあり方、社会人としての礼儀作法やビジネスマナー、仕事に対する考え方などです。

さて、基礎ができたら、壁や柱を作ります。これが基本的なテクニックやスキルに当たります。人としてのあり方と基本的なテクニックの2つがあって初めて応用ができるようになります。

基本的なテクニックを学ぶことは「型」を作るために大切です。なぜ型を作ることが必要か？　それは、意識しなくてもテクニックを発揮できるようにするためです。

セールストークを例に説明しましょう。

営業マンがセールストークを勉強し、ロープレなどで繰り返し練習することは重要です。基本トークを身につけることでその営業マンの型ができ上がります。型がないままに現場に出るのは、武器を持たずに戦場へ出ることと同じです。

ただし、この型に頼りすぎると、営業トークをべらべらと喋りすぎる並の営業マンで終わってしまいます。

〈型を持ち、型にこだわらない〉

これは、ＮＨＫのテレビ番組で見た、横綱・白鵬の言葉です。

これからの時代の営業の勝ち方もまさにここに凝縮されています。自らの価値観や解釈によるスキルを一つの型とすると、その価値観や解釈にとらわれない考え方や行動こそがこれからの営業に必要なのかもしれません。

その一つが、「強引にでも売れ」というかつての営業スタイルに対して、「売ろうとしなくてもいい」という発想を変えた考え方です。

営業の「型」を超えて、営業マンの人間力そのものが問われる紹介営業は、これからの時代に必要とされる有力な営業スタイルだと確信します。

おわりに

「営業がつらい」と感じている営業マンがたくさんいると思います。

そういう方に対して、私ならこう言葉をかけてあげます。

「営業しようと思わなくてもいいいんだよ」

冒頭でも触れたように、最近は「営業をしたくない」という若い人が増えており、多くの学生が営業職を敬遠します。

それは、先輩である社会人が営業の魅力や素晴らしさを、若い人に伝えることができていないからだと思います。

いつの間にか、「営業は数字に追われる。相手に断られる。断られるのがつらいから営業したくない」という図式ができてしまったのです。

私が担当したある住宅メーカーの企業研修での出来事を紹介します。

経理部のAさんは「自分は営業職ではないから、営業研修は必要ないのでは？」と研修に批判的でした。

ところが、回数を重ねるごとに彼女の研修に対する姿勢が前向きなものに変わっていきました。

何が彼女を変えたのかと思い、経理部の他の社員に聞いてみましたすると、Ａさんが自社の住宅を友人に紹介したところ、タイミングよく友人が家の建て替えを検討していて、彼女の会社に発注してくれたそうです。しかも完成後に、通常よりも高額な住宅だったにもかかわらず、Ａさんは友人から「紹介してくれてありがとう」と感謝されたそうなのです。

友人に感謝されて、「自分には営業なんて関係ない」と思っていたＡさんの中で何かが変わりました。そして、研修の終盤、Ａさんからこんな提案がありました。

「販売を営業さんに任せるのではなく、全員で営業できれば売上がアップすると思います。私たちだって営業してもいいじゃないですか」と。

私はこう思っています。

営業というのは、営業職だけが行う行為ではありません。職種には関係ありません。

それどころか、「人生そのものが営業」です。

繰り返しますが、アルバイトに応募して面接で自分をアピールするのも営業ですし、好きな異性に告白するための会話を考えることだってセールスなのです。

営業の基本は人と人とのリレーションシップ、つまり人間関係そのものです。営業とは、人と人が出会い、関係を築き、信頼を構築することです。

セールスとは決して目的ではなく、手段にすぎません。この手段を用いて、自分を磨き、お客様の利益や人生に貢献することが目的です。

これを少し飛躍させると、教育論にたどりつきます。

相手を知り、
相手と自分の違いを理解し、
相手を思いやり、
相手を尊敬し、
相手を愛する。

私は、小さい子どもが人生や世界を学ぶことも、営業職がスキルを身につけるために研鑽に励むことも、本質的には同じだと考えています。

営業という仕事の醍醐味を知り、楽しみながらトップセールスへの道を行く。そんな、営業マンが一人でも増えてくれたら、著者としてこれほど嬉しいことはありません。

この本を執筆するにあたり、多くの方々にお世話になっていることに気づきました。

まず、この世に私を誕生させてくれた父と母に感謝します。

学ぶことの楽しさを教えてくださった浜野清先生、教師を目指すきっかけをつくってくださった木村義徳先生。

営業マンとして鍛えてくださった髙松邦夫さん、川島利彦さん。起業の際に勇気をくれた桑原正守さん、木地本朋奈さん、鈴木章さん。経営者としてのアドバイスをくださる関浩二さん、西尾匠史さん。営業マン時代からの良き友である能勢智浩さんをはじめとする同期の仲間達。

オーシャンズ・アカデミーを全国に広めてくれている関係者の皆さん。

教育事業のメソッドをトレーニングしてくださる株式会社ソーシャル・アライアンスの

岡根社長をはじめとするスタッフの皆さん。

オーシャンズ設立当初から支えてくれ、頼りになる執行役員の黒田雅晴さん、環境事業を支えてくれる若林秀樹さん、オフィスでサポートしてくれる杉山愛さん。

全国のスクールでトレーニングを担当してくださっているトレーナーの皆さん。そして毎週土曜日のサタデーオーシャンズを支えてくれている富山達朗さん、宮本晴一さんをはじめとするオーシャンズのメンバーに感謝です。

また出版の機会をつくってくださった糸井浩さん、現代書林の松島一樹さんをはじめとする関係者の方々に感謝いたします。

そして執筆中に将来の夢を話してくれ、私に勇気をくれた息子の隆に感謝します。

2015年11月

三井　裕

読者特典
無料動画セミナー

トップセールスマンと
結果がでない営業マン、
動画ならその違いが一目瞭然！

ページ数の関係で、残念ながら
本書には掲載できなかった営業ノウハウを
【ワンポイント動画】
として収録しました。

「なるほど、こうすればよかったのか！」と
目からウロコの内容です。
営業の現場でご活用いただき、
そのすごい効果を体感いただければうれしいです。

読者特典のお申し込みは簡単！
今すぐ下記にアクセスください。
http://www.oceans595.com/

たった2枚《まい》の紙《かみ》が一生《いっしょう》、新規顧客《しんきこきゃく》に困《こま》らない営業《えいぎょう》マンに変身《へんしん》させる

2015年12月28日　初版第1刷

著　者 ―――――― 三井 裕《みつい ゆたか》
発行者 ―――――― 坂本桂一
発行所 ―――――― 現代書林
〒162-0053　東京都新宿区原町3-61　桂ビル
TEL／代表　03(3205)8384
振替00140-7-42905
http://www.gendaishorin.co.jp/
カバー・本文デザイン ―― 小口翔平・西垂水敦・岩永香穂(tobufune)

印刷・製本：広研印刷(株)
乱丁・落丁本はお取り替えいたします。
定価はカバーに
表示してあります。

ISBN978-4-7745-1553-3 C0063